Die gemischten und verbundenen Verträge im Internationalen Privatrecht

Studien zum vergleichenden und internationalen Recht - Comparative and International Law Studies

Herausgeber: Bernd von Hoffmann†, Erik Jayme und Heinz-Peter Mansel

Band 192

PL ACADEMIC RESEARCH

Melanie Kaspers

Die gemischten und verbundenen Verträge im Internationalen Privatrecht

PL ACADEMIC RESEARCH

Bibliografische Information der Deutschen Nationalbibliothek
Die Deutsche Nationalbibliothek verzeichnet diese Publikation in der Deutschen Nationalbibliografie; detaillierte bibliografische Daten sind im Internet über http://dnb.d-nb.de abrufbar.

Zugl.: Köln, Univ., Diss., 2015

D 38
ISSN 0930-4746
ISBN 978-3-631-66588-6 (Print)
E-ISBN 978-3-653-06036-2 (E-Book)
DOI 10.3726/978-3-653-06036-2

PL Academic Research ist ein Imprint der Peter Lang GmbH.

Peter Lang – Frankfurt am Main · Bern · Bruxelles · New York · Oxford · Warszawa · Wien

Diese Publikation wurde begutachtet.

www.peterlang.com

Meinen Eltern

Vorwort

Diese Arbeit lag der Rechtswissenschaftlichen Fakultät der Universität zu Köln im Juni 2014 als Dissertation vor. Für die Drucklegung konnte die bis Juni 2015 veröffentlichte Rechtsprechung und Literatur im Wesentlichen berücksichtigt werden.

Die Anregung für das hier behandelte Thema stammt von meinem Doktorvater Prof. Dr. Heinz-Peter Mansel. Aufgrund der bislang nur sehr eingeschränkten wissenschaftlichen Resonanz verbundener Verträge im Internationalen Privatrecht konnte ich mich für dieses Thema in besonderem Maße begeistern.

Von dem Hintergrund der Arbeit losgelöst bleibt dann noch der Dank.

Eines der wichtigsten Merkmale der juristischen Fachsprache ist die Eindeutigkeit der Begriffe. Ohne sie kann eine gemeinsame Basis der Verständigung nicht gefunden werden.

Was bleibt ist also die erforderliche Definition. Der Dank ist die wohlwollende Erwiderung empfangener Hilfe, auch selbstverständlicher Leistungen. Es folgt die Subsumtion.

Als selbstverständlich kann man die Leistungen der folgenden Personen mit Sicherheit nicht ansehen. Umso wohlwollender fällt meine Erwiderung auf ihre Hilfe aus:

Ganz besonders danke ich Herrn Prof. Dr. Heinz-Peter Mansel für die hervorragende akademische Betreuung der Dissertation. Seine wertvollen Ratschläge trieben das Fortkommen der Arbeit nicht nur in erheblichem Maße voran, sondern führten dazu, dass ich die Fertigung der Dissertation als eine spannende Zeit empfand. An die gemeinsame Arbeit mit einer derart herausragenden Persönlichkeit werde ich mich immer gerne erinnern.

Ebenfalls geht mein Dank an Prof. Dr. Klaus Peter Berger für die rasche Erstellung des Zweitgutachtens. Zugleich möchte ich mich an dieser Stelle für die lehrreiche Zeit als studentische Mitarbeiterin an seinem Lehrstuhl bedanken. Dabei möchte ich insbesondere Frau Heidi Potschka erwähnen, die stets ein offenes Ohr für mich hatte.

Für die kritische Durchsicht des Manuskriptes danke ich meiner Freundin Katharina Scheßler von Herzen.

Ein Dankeswort allein reicht nicht für die größte Unterstützung, die meiner Eltern, die ich während der gesamten Zeit erfahren habe. Ohne ihren immer währenden Zuspruch, ihr bedingungsloses Vertrauen und ihre Geduld hätte diese Arbeit niemals realisiert werden können. Ihnen ist diese Arbeit gewidmet.

Köln, August 2015 — Melanie Kaspers

Inhaltsverzeichnis

Literaturverzeichnis

Azzi, *Tristan:* La loi applicable à défaut de choix selon les articles 4 et 5 du règlement Rome I, in: D 2008, Seite 2169–2174.

Bamberger, *Heinz Georg /* ***Roth***, *Herbert:* Kommentar zum Bürgerlichen Gesetzbuch: Band 1. §§ 1–610. CISG. 3. Auflage, München 2012. (zitiert: Bamberger/Roth/*Bearbeiter*)

Bar, *Christian von:* Internationales Privatrecht. Zweiter Band • Besonderer Teil. München 1991. (zitiert: *Von Bar*, IPR II)

–: Wertpapiere im deutschen Interationalen Privatrecht, in: Festschrift für Werner Lorenz zum siebzigsten Geburtstag. Tübingen 1991, Seite 273–296. (zitiert: *Von Bar*, in: FS Lorenz)

Bar, *Christian von /* ***Clive***, *Eric /* ***Schulte-Nölke***, *Hans:* Principles, Definitions and Model Rules of European Private Law. Draft Common Frame of Reference (DCFR). München 2009. (zitiert: *Von Bar/Clive/Schulte-Nölke*, DCFR)

Basedow, *Jürgen:* Internationales Verbrauchervertragsrecht – Erfahrungen, Prinzipien und europäische Reform, in: Festschrift für Erik Jayme: Band I. München 2004, Seite 3–23. (zitiert: *Basedow*, in: FS Jayme)

Basedow, *Jürgen /* ***Hopt***, *Klaus J. /* ***Zimmermann***, *Reinhard:* Handwörterbuch des Europäischen Privatrechts: Band II. Kauf – Zwingendes Recht. Tübingen 2009. (zitiert: *Bearbeiter*, in: Basedow/Hopt/Zimmermann, Handwörterbuch des Europäischen Privatrechts)

Bassani, *Vittoria /* ***Mincke***, *Wolfgang:* Europa sine causa?, in: ZEuP 1997, Seite 599–614.

Beck'scher Online-Kommentar zum BGB *(hrsg. v.: Bamberger, Heinz Georg / Roth, Herbert):* 35. Auflage, München, Stand: 1.5.2015. (zitiert: BeckOK BGB/*Bearbeiter*)

Behnen, *Catrin:* Die Haftung des falsus procurator im IPR – nach Geltung der Rom I- und Rom II-Verordnungen, in: IPRax 2011, Seite 221–229.

Berger, *Maria:* Zu europäischen Entwicklungen im Internationalen Privatrecht und im Verbraucherschutz, in: ZEuP 2009, Seite 451–455.

Bernstorff, *Christoph Graf von:* Einführung in das englische Recht. 4. Auflage, München 2011. (zitiert: *Graf von Bernstorff*, Einführung in das englische Recht)

Bitter, *Anna-Kristina:* Auslegungszusammenhang zwischen der Brüssel I-Verordnung und der künftigen Rom I-Verordnung, in: IPRax 2008, Seite 96–101.

***Blanc**, Nathalie:* Les contrats du droit d'auteur à épreuve de la distinction de contrats nommés et innommées. Paris 2010. (zitiert: *Blanc*, Les contrats du droit d'auteur)

***Blaurock**, Uwe:* Verbraucherkredit und Verbraucherleitbild in der Europäischen Union, in: JZ 1999, Seite 801–809.

***Bollenberger**, Raimund:* Neue Verbraucherkredit-Richtlinie: Drittfinanzierung und Einwendungsdurchgriff, in: ÖBA 2008, Seite 782–795.

***Bräunig**, Günther:* Der Konsumentenkredit im französischen Recht. Berlin 1982. (zitiert: *Bräunig*, Der Konsumentenkredit im französischen Recht)

***Brenner**, Christoph:* Die verbraucherschützenden EG-Richtlinien im Bereich des Schuldrechts und ihre Umsetzung in Deutschland und Frankreich. München 2000. (zitiert: *Brenner*, Die verbraucherschützenden EG-Richtlinien und ihre Umsetzung in Deutschland und Frankreich)

***Brinkmann**, Moritz:* Der Vertragsgerichtsstand bei Klagen aus Lizenzverträgen unter der EuGVVO, in: IPRax 2009, Seite 487–492.

***Bruchner**, Helmut / **Ott**, Claus / **Wagner-Wieduwilt**, Klaus:* Verbraucherkreditgesetz. 2. Auflage, München 1994. (zitiert: *Bearbeiter*, in: Bruchner/Ott/Wagner-Wieduwilt, Verbraucherkreditgesetz)

***Bülow**, Peter:* Der Verbraucherbegriff des BGB – Missverständnisse zur Vollharmonisierung, in: WM 2006, Seite 1513–1514.

***Bülow**, Peter / **Artz**, Markus:* Verbraucherprivatrecht. 3. Auflage, Heidelberg 2011. (zitiert: *Bülow/Artz*, Verbraucherprivatrecht)

***Buffelan-Lanore**, Yvaine / **Larribau-Terneyre**, Virginie:* Droit civil. Les obligations. 13. Auflage, Paris 2012. (zitiert: *Buffelan-Lanore/Larribau-Terneyre*, Les obligations)

***Cabrillac**, Rémy:* Droit des obligations. 10. Auflage, Paris 2012. (zitiert: *Cabrillac*, Droit des obligations)

***Canaris**, Claus-Wilhelm:* Rücktritt vom Gastaufnahmevertrag bei Servicemangel, in: JuS 1970, Seite 219–220.

Charlton, Shaun: National Report on the transposition of the Consumer Credit Directive in France. abrufbar unter: http://www.zoll.jura.uni-osnabrueck.de/1334.htm (Stand: 1.6.2014). (zitiert: *Charlton*, National Report France)

–: National Report on the transposition of the Consumer Credit Directive in the UK. abrufbar unter: http://www.zoll.jura.uni-osnabrueck.de/1334.htm (Stand: 1.6.2014). (zitiert: *Charlton*, National Report UK)

***Čikara**, Emilia:* Gegenwart und Zukunft der Verbraucherkreditverträge in der EU und in Kroatien. Wien, Berlin, Münster 2010. (zitiert: *Čikara*, Gegenwart und Zukunft der Verbraucherkreditverträge)

Clausnitzer, *Jochen* / ***Woopen***, *Herbert:* Internationale Vertragsgestaltung – Die neue EG-Verordnung für grenzüberschreitende Verträge (Rom I-VO), in: BB 2008, Seite 1798–1808.

Cooke, *John* / ***Oughton***, *David:* The Common Law of Obligations. London, Edinburgh, Dublin 2000. (zitiert: *Cooke/Oughton* The Common Law of Obligations)

Crowther Committee *(Chairman: Lord Crowther):* Consumer Credit. Report of the Committee. Vol. 1 – Report. London 1971. (zitiert: *Crowther Report*)

Dageförde, *Carsten:* Internationales Finanzierungsleasing. München 1992. (zitiert: *Dageförde*, Internationales Finanzierungsleasing)

Dauner-Lieb, *Barbara:* Verbraucherschutz bei verbundenen Geschäften (§ 9 VerbrKrG), in: WM 1991, Sonderbeilage Nr. 6, Seite 1–31.

Dauner-Lieb, *Barbara* / ***Dötsch***, *Wolfgang:* Ein „Kaufmann“ als „Verbraucher“? – Zur Verbrauchereigenschaft des Personengesellschafters, in: DB 2003, Seite 1666–1669.

Dauses, *Manfred A.:* Handbuch des EU-Wirtschaftsrechts: Band 2. München, Stand: 34. EL Oktober 2013. (zitiert: *Bearbeiter*, in: Dauses, Handbuch EU-Wirtschaftsrecht)

Dehn, *Wilma:* Die neue Verbraucherkredit-Richtlinie: Geltungsbereich – Umsetzungsoptionen – Sanktionen, in: ÖBA 2009, Seite 185–198.

Dellios, *Georgios:* Zur Präzisierung der Rechtsfindungsmethode bei „gemischten“ Verträgen. Regensburg 1981. (zitiert: *Dellios*, Rechtsfindungsmethode)

Denkinger, *Fleur:* Der Verbraucherbegriff. Berlin 2007. (zitiert: *Denkinger*, Der Verbraucherbegriff)

Dicey, *Albert Venn* / ***Morris***, *John Humphrey Carlile* / ***Collins***, *Lawrence:* Dicey, Morris and Collins on The Conflict of Laws: Band 2. 15. Auflage, London 2012. (zitiert: *Dicey/Morris/Collins*, Conflict of Laws)

Dörner, *Heinrich:* Art. 7 ff. a.F. EGBGB (Deutsches Internationales Privatrecht). Zur Frage der Geltung deutschen Rechts aufgrund hypothetischen Parteiwillens für einen Kaufvertrag, der Aktien eines belgischen Unternehmens zum Gegenstand hat. Anmerkung zum Urteil des BGH v. 9.10.1986 – II ZR 241/85, in: JR 1987, Seite 198–203.

Dreher, *Meinrad:* Der Verbraucher – Das Phantom in den opera des europäischen und deutschen Rechts?, in: JZ 1997, Seite 167–178.

Dumitrescu, *Christian:* Bericht über den Vorschlag für eine Verordnung des Europäischen Parlaments und des Rates über das auf vertragliche Schuldverhältnisse anzuwendende Recht (Rom-I-VO), KOM(2005)0650 – C6-0041/2005 – 2005/0261 (COD). abrufbar unter: http://www.europarl.europa.

eu/sides/getDoc.do?pubRef=-//EP//NONSGML+REPORT+A6-2007-0450+0+DOC+PDF+V0//DE&language=DE (Stand: 1.6.2014). (zitiert: *Dumitrescu*, Bericht über den Vorschlag der Rom I-VO)

Dutta, *Anatol:* Das Statut der Haftung aus Vertrag mit Schutzwirkung für Dritte, in: IPRax 2009, Seite 293–299.

Ebenroth, *Carsten Thomas* / ***Boujong***, *Karlheinz* / ***Joost***, *Detlev* / ***Strohn***, *Lutz:* Handelsgesetzbuch: Band 2. §§ 343–475 h. Transportrecht. Bank- und Börsenrecht. 2. Auflage, München 2009. (zitiert: *Bearbeiter*, in: Ebenroth/Boujong/Joost/Strohn)

Ebers, *Martin:* Wer ist Verbraucher – Neuere Entwicklungen in der Rechtsprechung des BGH und EuGH, in: VuR 2005, Seite 361–365.

Eick, *Wolfgang:* Das Problem der gemischten Verträge. Würzburg 1984. (zitiert: *Eick*, Problem der gemischten Verträge)

Enneccerus, *Ludwig* / ***Lehmann***, *Heinrich:* Lehrbuch des Bürgerlichen Rechts: Band II. Recht der Schuldverhältnisse. Tübingen 1958. (zitiert: *Enneccerus/Lehmann*, Recht der Schuldverhältnisse)

Erman: *(hrsg. v.: Westermann, Harm Peter / Grunewald, Barbara / Maier-Reimer, Georg)* Bürgerliches Gesetzbuch. Handkommentar mit AGG, EGBGB (Auszug), ErbbauRG, LPartG, ProdHaftG, UKlaG, VBVG, VersAusglG und WEG. 14. Auflage, Köln 2014. (zitiert: Erman/*Bearbeiter*)

–: Bürgerliches Gesetzbuch. 13. Auflage, München 2011. (zitiert: Erman^{13}/*Bearbeiter*)

Eschmann, *Urs:* Das britische Abzahlungsrecht – Konsequenzen für die Schweiz. Diessenhofen 1976. (zitiert: *Eschmann*, Das britische Abzahlungsrecht)

Faber, *Wolfgang:* Elemente verschiedener Verbraucherbegriffe in EG-Richtlinien, zwischenstaatlichen Übereinkommen und nationalem Zivil- und Kollisionsrecht, in: ZEuP 1998, Seite 854–892.

Ferid, *Murad:* Das französische Zivilrecht. Erster Band. Allgemeine Lehren • Recht der Schuldverhältnisse. Frankfurt am Main, Berlin 1971. (zitiert: *Ferid*, Das französische Zivilrecht: Band 1)

Ferrari, *Franco* / ***Kieninger***, *Eva-Maria* / ***Mankowski***, *Peter* / ***Otte***, *Karsten* / ***Saenger***, *Ingo* / ***Schulze***, *Götz* / ***Staudinger***, *Ansgar:* Internationales Privatrecht. Rom I-VO • CISG • CMR • FactÜ. 2. Auflage, München 2012. (zitiert: Ferrari/Kieninger/Mankowski, u.a./*Bearbeiter*)

Flores, *Philippe* / ***Biardeaud***, *Gérard:* La protection de l'emprunteur: une notion menace, in: D 2000, Seite 191–196.

Flour, *Jacques* / ***Aubert***, *Jean-Luc* / ***Savaux***, *Éric:* Les obligations. 15. Auflage, Paris 2012. (zitiert: *Flour/Aubert/Savaux*, Les obligations)

***Flume**, Werner:* Allgemeiner Teil des Bürgerlichen Rechts. Zweiter Band – Das Rechtsgeschäft. 4. Auflage, Berlin, Heidelberg 1992. (zitiert: *Flume*, BGB AT II)

***Fréchette**, Pascal:* La qualification des contrats: aspects pratiques, in: Cah. de Dr. 2010, Seite 375–424.

***Freitag**, Robert / **Leible**, Stefan:* Von den Schwierigkeiten der Umsetzung kollisionsrechtlicher Richtlinienbestimmungen, in: ZIP 1999, Seite 1296–1301.

–: Ergänzung des kollisionsrechtlichen Verbraucherschutzes durch Art. 29 a EGBGB, in: EWS 2000, Seite 342–350.

***Gamillscheg**, Franz:* Rechtswahl, Schwerpunkt und mutmaßlicher Parteiwille im internationalen Vertragsrecht, in: AcP 157 (1958/1959), Seite 303–341.

***Geimer**, Reinhold / **Schütze**, Rolf:* Internationaler Rechtsverkehr in Zivil- und Handelssachen. Loseblattsammlung. München, Stand: 46. EL Oktober 2013. (zitiert: *Bearbeiter*, in: Geimer/Schütze, Internationaler Rechtsverkehr)

***Gernhuber**, Joachim:* Das Schuldverhältnis. Tübingen 1989. (zitiert: *Gernhuber*, Schuldverhältnis)

***Gitter**, Wolfgang:* Gebrauchsüberlassungsverträge. Tübingen 1988. (zitiert: *Gitter*, Gebrauchsüberlassungsverträge)

***Gottschalk**, Eckart:* Verbraucherbegriff und Dual-use-Verträge, in: RIW 2006, Seite 576–578.

***Grabinski**, Klaus:* Die kollisionsrechtliche Behandlung des Durchgriffs bei rechtlich verselbstständigten Unternehmen in privater oder öffentlicher Hand. Frankfurt am Main 1991. (zitiert: *Grabinski*, Die kollisionsrechtliche Behandlung des Durchgriffs)

***Greiner**, Stefan:* Das Finanzierungsleasing zwischen Vertrag und Gesetz, in: NJW 2012, Seite 961–966.

***Gsell**, Beate / **Herresthal**, Carsten:* Vollharmonisierung im Privatrecht. Tübingen 2009. (zitiert: *Gsell/Herresthal*, Vollharmonisierung im Privatrecht)

***Gsell**, Beate / **Schellhase**, Martin:* Vollharmonisiertes Verbraucherkreditrecht – Ein Vorbild für die weitere europäische Angleichung des Verbrauchervertragsrechts?, in: JZ 2009, Seite 20–29.

***Günes**, Menderes / **Freidinger**, Kathrin:* Gerichtsstand und anwendbares Recht bei Konsignationslagern, in: IPRax 2012, Seite 48–55.

***Habersack**, Matthias:* Drittfinanzierter Immobilien- und Beteiligungserwerb unter Geltung des § 9 VerbrKrG, in: ZHR 1992, Seite 45–63.

–: Das Recht der verbundenen Verträge, in: Festschrift für Eduard Picker zum 70. Geburtstag. Tübingen 2010, Seite 327–340. (zitiert: *Habersack*, in: FS Picker)

***Harvey**, Brian W. / **Parry**, Deborah L.:* The Law of Consumer Protection and Fair Trading. London, Edinburgh, Dublin 2000. (zitiert: *Harvey/Parry*, Consumer Protection)

***Henrich**, Dieter:* Anmerkung zum Urteil des BGH v. 19.10.1960 – VIII ZR 27/60, in: JZ 1961, Seite 261–263.

***Henrich**, Dieter / **Huber**, Peter:* Einführung in das englische Privatrecht. 3. Auflage, Heidelberg 2003. (zitiert: *Henrich/Huber*, Einführung in das englische Privatrecht)

***Herresthal**, Carsten:* Ein europäisches Vertragsrecht als Optionales Instrument, in: EuZW 2011, Seite 7–12.

Hibbert, William / ***Smith***, Julia: The scope of the Consumer Credit Act 1974, in: Philpott, Fred / Hibbert, William / Neville, Stephen / Popplewell, Simon / Say, Bradley / Sayer, Peter / Smith, Julia, The Law of Consumer Credit and Hire. Oxford 2009, Seite 13–70. (zitiert: *Hibbert/Smith*, in: Philpott/Hibbert/Neville, u.a., The Law of Consumer Credit)

***Hippel**, Eike von:* Verbraucherschutz in Europa, in: RabelsZ 45 (1981), Seite 353–376.

***Hoeniger**, Heinrich:* Die gemischten Verträge in ihren Grundformen. Mannheim, Leipzig 1912. (zitiert: *Hoeniger*, Die gemischten Verträge)

***Hoffmann**, Bernd von:* General Report on Contractual Obligations, in: Lando, Ole / Hoffmann, Bernd von / Siehr, Kurt, European Private International Law of Obligations. Tübingen 1975, Seite 1–41. (zitiert: *Von Hoffmann*, in: Lando/von Hoffmann/Siehr, European Private International Law of Obligations)

***Hoffmann**, Bernd von / **Thorn**, Karsten:* Internationales Privatrecht. 9. Auflage, München 2007. (zitiert: *Von Hoffmann/Thorn*, IPR)

***Hondius**, Ewoud / **Heutger**, Viola / **Jeloschek**, Christoph / **Sivesand**, Hanna / **Wiewiorowska**, Aneta:* Principles of European Law. Sales (PEL S). München 2008. (zitiert: *Hondius, u.a.*, PEL-Sales)

***Höpfner**, Clemens / **Rüthers**, Bernd:* Grundlagen einer europäischen Methodenlehre, in: AcP 209 (2009), Seite 1–36.

***Howells**, Geraint / **Weatherill**, Stephan:* Consumer Protection Law. 2. Auflage, Ashgate 2005. (zitiert: *Howells/Weatherill*, Consumer Protection Law)

***Hübner**, Ulrich / **Constantinesco**, Vlad:* Einführung in das französische Recht. 4. Auflage, München 2001. (zitiert: *Hübner/Constantinesco*, Einführung in das französische Recht)

***Jansen**, Nils:* Klauselkontrolle im europäischen Privatrecht. Ein Beitrag zur Revision des Verbraucheracquis, in: ZEuP 2010, Seite 69–106.

–: Revision des Verbraucher-*Acquis*? Zwölf Thesen zum Kommissionsvorschlag eines Gemeinsamen Europäischen Kaufrechts und zur Zukunft des europäischen Vertragsrechts, in: Zentrum für europäisches Wirtschaftsrecht, Vorträge und Berichte Nr. 196. Bonn 2012. abrufbar unter: http://www.zew.uni-bonn.de/publikationen/schriftenreihe-des-zentrums-fuer-europaeisches-wirtschaftsrecht/heft196jansen.pdf (Stand: 1 6.2014). (zitiert: *Jansen*, Revision des Verbraucher-Acquis)

***Jauernig**, Othmar (Hrsg.):* Bürgerliches Gesetzbuch. Mit Allgemeinen Gleichbehandlungsgesetz (Auszug). 15. Auflage, München 2014. (zitiert: Jauernig/*Bearbeiter*)

***Jayme**, Erik / **Kohler**, Christian:* Europäisches Kollisionsrecht 1997 – Vergemeinschaftung durch „Säulenwechsel"?, in: IPRax 1997, Seite 385–401.

***Joisten**, Christian:* Mehrkomponentengeschäfte im Handels- und Steuerbilanzrecht. Köln 2012. (zitiert: *Joisten*, Mehrkomponentengeschäfte)

***Juenger**, Friedrich K.:* Parteiautonomie und objektive Anknüpfung im EG-Übereinkommen zum Internationalen Vertragsrecht, in: RabelsZ 46 (1982), Seite 57–83.

***Jung**, Harald H.:* Das englische hire-purchase law und das deutsche Abzahlungsrecht. Frankfurt am Main 1977. (zitiert: *Jung*, Das englische hire-purchase law)

***Juris Praxiskommentar BGB** (hrsg. v.: Herberger, Maximilian / Martinek, Michael / Rüßmann, Helmut / Weth, Stephan):* Band 6 – Internationales Privatrecht. 7. Auflage, Saarbrücken 2014. (zitiert: *Bearbeiter*, in: JurisPK-BGB)

***Kabey**, Daniel:* Der Tatbestand des verbundenen Vertrags im Sinne des § 358 III 1, 2 BGB unter besonderer Berücksichtigung von Restschuldversicherungen. Frankfurt am Main 2010. (zitiert: *Kabey*, Der Tatbestand des verbundenen Vertrages)

***Kellermann**, Markus:* Der deutsche Verbraucherbegriff – eine Würdigung der streitigen Einzelfälle, in: JA 2005, Seite 546–549.

***Kenfack**, Hugues:* Le règlement (CE) n° 593/2008 du 17 juin 2008 sur la loi applicable aux obligations contractuelles (« Rome I »), navire stable aux instruments efficaces de navigation?, in: Clunet, 136 (2009), Seite 3–39.

***Kessedjian**, Catherine:* Party Autonomy and Characteristic Performance in the Rome Convention and the Rome I Proposal, in: Basedow, Jürgen / Baum, Harald / Nishitani, Yuko (Hrsg.), Japanese and European Private International Law in Comparative Perspective. Tübingen 2008, Seite 105–125. (zitiert: *Kessedjian*, in: Basedow/Baum/Nishitani (Hrsg.), Japanese and European Private International Law)

Kieninger, *Eva-Maria:* Der Rom-I-Vorschlag – eine geglückte Reform des Europäischen Schuldvertragsübereinkommens?, in: EuZ 2007, Seite 22–27.

–: Der grenzüberschreitende Verbrauchervertrag zwischen Richtlinienkollisionsrecht und Rom I-Verordnung, in: Die richtige Ordnung. Festschrift für Jan Kropholler zum 70. Geburtstag. Tübingen 2008, Seite 499–515. (zitiert: *Kieninger*, in: FS Kropholler)

Kilian, *Benno:* Der Verbraucherbegriff in der Europäischen Union. Augsburg 1998. (zitiert: *Kilian*, Der Verbraucherbegriff in der Europäischen Union)

Klunzinger, *Eugen:* Einführung in das Bürgerliche Recht. 16. Auflage, München 2013. (zitiert: *Klunzinger*, Einführung in das Bürgerliche Recht)

Kluth, *David:* Die Grenzen des kollisionsrechtlichen Verbraucherschutzes. Sipplingen 2009. (zitiert: *Kluth*, Die Grenzen des kollisionsrechtlichen Verbraucherschutzes)

Koeppen, *Herbert G.:* Kreditkarten und Verbraucherkreditgesetz, in: FLF 1991, Seite 86–91.

Kreutzer, *Karl:* Know-how-Verträge im deutschen internationalen Privatrecht, in: Festschrift für Ernst von Caemmerer. Tübingen 1978, Seite 705–735. (zitiert: *Kreutzer*, in: FS Caemmerer)

–: Zur Anknüpfung der Sachwalterhaftung (zu BGH, 9.10.1986 – II ZR 241/85, unten S. 27, Nr. 3), in: IPRax 1988, Seite 16–20.

Kroeger, *Helga Elizabeth:* Der Schutz der „marktschwächeren" Partei im Internationalen Vertragsrecht. Frankfurt am Main 1984. (zitiert: *Kroeger*, Schutz der „marktschwächeren" Partei im IPR)

Kronke, *Herbert:* Electronic Commerce und Europäisches Verbrauchervertrags-IPR. Zur Umsetzung der Fernabsatzrichtlinie, in: RIW 1996, Seite 985–993.

Kropholler, *Jan:* Internationales Einheitsrecht. Allgemeine Lehren. Tübingen 1975. (zitiert: *Kropholler*, Internationales Einheitsrecht)

–: Die Auslegung von EG-Verordnungen zum Internationalen Privat- und Verfahrensrecht, in: Aufbruch nach Europa. 75 Jahre Max-Planck-Institut für Privatrecht. Tübingen 2001, Seite 583–594. (zitiert: *Kropholler*, in: FS Max-Planck-Institut)

–: Internationales Privatrecht. 6. Auflage, Tübingen 2006. (zitiert: *Kropholler*, IPR)

Kropholler, *Jan* / **Hein**, *Jan von:* Europäisches Zivilprozessrecht. 9. Auflage, Frankfurt am Main 2011. (zitiert: *Kropholler/von Hein*, Europäisches Zivilprozessrecht.

Kümmerle, *Saskia:* „Güter und Dienstleistungen" – Vertragstypenbildung durch den EuGH, in: Santos, Francisco Javier Andrés / Baldus, Christian / Dedek,

Helge (Hrsg.), Vertragstypen in Europa – Historische Entwicklung und europäische Perspektiven. München 2011, Seite 295–341 (zitiert: *Kümmerle*, in: Santos/Baldus/Dedek (Hrsg.), Vertragstypen in Europa)

***Labarthe**, Françoise:* Les conflits de qualification – elements de réflexion a partir de la distinction entre le contrat d'entreprise et d'autres contrats, in: Les droits et le Droit – Mélanges dédiés à Bernard Bouloc. Paris 2007, Seite 539–558. (zitiert: *Labarthe*, in: Mélanges B. Bouloc)

***Lagarde**, Paul / **Tenenbaum**, Aline:* De la convention de Rome au règlement Rome I, in: Rev crit dip 2008, Seite 727–780.

***Lando**, Ole:* The EC Draft Convention on the Law Applicable to Contractual and Non-Contractual Obligations, in: RabelsZ 38 (1974) Seite 6–55.

***Larenz**, Karl:* Lehrbuch des Schuldrechts: Band II/1. Besonderer Teil. München 1986. (zitiert: *Larenz*, Lehrbuch des Schuldrechts Band II/1)

***Larenz**, Karl (Begr.) / **Canaris**, Claus-Wilhelm:* Lehrbuch des Schuldrechts: Band II/2. Besonderer Teil. München 1994. (zitiert: *Larenz/Canaris*, Lehrbuch des Schuldrechts Band II/2)

***Lecheler**, Helmut:* Einführung in das Europarecht. 2. Auflage, München 2003. (zitiert: *Lecheler*, Einführung in das Europarecht)

***Légier**, Gérard / **Tranchant**, Laetitia:* Les obligations. 20. Auflage, Paris 2011. (zitiert: *Légier/Tranchant*, Les obligations)

***Leible**, Stefan:* Kollisionsrechtlicher Verbraucherschutz im EVÜ und in EG-Richtlinien, in: Schulte-Nölke, Hans / Schulze, Reiner (Hrsg.), Europäische Rechtsangleichung und nationale Privatrechte. Baden-Baden, 1999, Seite 553–592. (zitiert: *Leible*, in: Schulte-Nölke/Schulze (Hrsg.), Europäische Rechtsangleichung)

***Leible**, Stefan / **Lehmann**, Matthias:* Die Verordnung über das auf vertragliche Schuldverhältnisse anzuwendende Recht („Rom I"), in: RIW 2008, Seite 528–544.

***Loacker**, Leander D.:* Der Verbrauchervertrag im internationalen Privatrecht. Frankfurt am Main, München 2006. (zitiert: *Loacker*, Der Verbrauchervertrag im IPR) Verbraucherverträge mit gemischter Zwecksetzung, in: JZ 2013, Seite 234–242.

***Looschelders**, Dirk:* Internationales Privatrecht – Art. 3–46 EGBGB. Berlin, Heidelberg 2004. (zitiert: *Looschelders*, IPR)

***Lorenz**, Egon:* Die Rechtswahlfreiheit im internationalen Schuldvertragsrecht, in: RIW 1987, Seite 569–584.

***Lorenz**, Werner:* Kollisionsrecht des Verbraucherschutzes: Anwendbares Recht und Internationale Zuständigkeit, in: IPRax 1994, Seite 429–431.

Lotmar, *Philipp:* Der Arbeitsvertrag nach dem Privatrecht des deutschen Reiches: Band I. Leipzig 1902. (zitiert: *Lotmar*, Der Arbeitsvertrag I)

Lowe, *Robert /* ***Woodroffe***, *Geoffrey:* Consumer Law and Practice. 5. Auflage, London 1999. (zitiert: *Lowe/Woodroffe*, Consumer Law and Practice)

Magnus, *Ulrich:* Article 4 Rome I Regulation: The Applicable Law in the Absence of Choice, in: Ferrari, Franco / Leible, Stefan (Hrsg.), Rome I Regulation – The Law Applicable to Contractual Obligations in Europe. München 2009, Seite 27–50. (zitiert: *Magnus*, in: Ferrari/Leible (Hrsg.), Rome I Regulation) Die Rom I-Verordnung, in: IPRax 2010, Seite 27–44.

Magnus, *Ulrich /* ***Mankowski***, *Peter:* The Green Paper on a Future Rome I Regulation – on the Road to a Renewed European Private International Law of Contracts, in: ZVglRWiss 103 (2004), Seite 131–189.

Mainguy, *Daniel:* Contrats spéciaux. 8. Auflage, Paris 2012. (zitiert: *Mainguy*, Contrats spéciaux)

Malaurie, *Philippe /* ***Aynès***, *Laurent /* ***Gautier***, *Pierre-Yves:* Les contrats spéciaux. 6. Auflage, Paris 2012. (zitiert: *Malaurie/Aynès/Gautier*, Contrats spéciaux)

Mankowski, *Dieter:* Neues deutsches internationales Vertragsrecht. Das Gesetz zur Anpassung der Vorschriften des Internationalen Privatrechts an die Rom I-Verordnung, in: RIW 2009, Seite 737–752.

Mankowski, *Peter:* Anmerkung zum Urteil des EuGH v. 20.01.2005 – Rs C-464. „Gemischte" Verträge und der persönliche Anwendungsbereich des Internationalen Verbraucherschutzrechts, in: IPRax 2005, Seite 503–509.

–: Art. 5 des Vorschlags für eine Rom I-Verordnung – Revolution im Internationalen Verbrauchervertragsrecht?, in: ZVglRWiss 105 (2006), Seite 120–163.

–: Der Vorschlag für die Rom I-Verordnung, in: IPRax 2006, Seite 101–113.

–: Verbraucherkreditverträge und europäisches IPR: Internationale Zuständigkeit und Eingriffsrecht. Anmerkung zur Entscheidung der französischen Cour de Cassation vom 23. Mai 2006, in: ZEuP 2008, Seite 845–863.

–: Anmerkung zum Urteil des EuGH v. 06.10.2009 – Rs C-133-08, in: TranspR 2009, Seite 497–499.

–: Dépeçage unter der Rom I-VO, in: Festschrift für Ulrich Spellenberg zum 70. Geburtstag. München 2010, Seite 261–281. (zitiert: *Mankowski*, in: FS Spellenberg)

Mann, *Marius E. /* ***Nagel***, *Alexander:* Zession und Drittwirkung im internationalen Kreditsicherungsgeschäft, in: WM 2011, Seite 1499–1506.

Mansel, *Heinz-Peter:* Kollisionsrechtliche Bemerkungen zum Arzthaftungsprozess, in: Einheit in der Vielfalt. Professor Dr. Hermann Weitnauer zum 75. Geburtstag. Heidelberg 1985, Seite 33–80. (zitiert: *Mansel*, in: FS Weitnauer)

–: Zum Kollisionsrecht der Eigenhaftung des Vertreters und des Vertragsabschlußhelfers wegen Verletzung von Informationspflichten, in: Grenzüberschreitungen. Festschrift für Peter Schlosser zum 70. Geburtstag. Tübingen 2005, Seite 545–559. (zitiert: *Mansel*, in: FS Schlosser)

***Martinek**, Michael:* Moderne Vertragstypen I: Leasing und Factoring. München 1991. (zitiert: *Martinek*, Moderne Vertragstypen I)

***Martiny**, Dieter:* Internationales Vertragsrecht zwischen Rechtsgefälle und Vereinheitlichung, in: ZEuP 1995, Seite 67–88.

–: Neues deutsches internationales Vertragsrecht. Das Gesetz zur Anpassung der Vorschriften des Internationalen Privatrechts an die Rom I-Verordnung, in: RIW 2009, Seite 737–752.

–: Die objektive Anknüpfung atypischer und gemischter Schuldverträge, in: Grenzen überwinden – Prinzipien bewahren. Festschrift für Bernd von Hoffmann. Bielefeld 2011. (zitiert: *Martiny*, in: FS von Hoffmann)

***Mayer-Maly**, Theo:* Römisches Recht. 2. Auflage, Wien 1999. (zitiert: *Mayer-Maly*, Römisches Recht)

***Medicus**, Dieter:* Durchblick: Drittbeziehungen im Schuldverhältnis, in: JuS 1974, Seite 613–622.

***Meller-Hannich**, Caroline:* Verbraucherschutz im Schuldvertragsrecht. Tübingen 2005. (zitiert: *Meller-Hannich*, Verbraucherschutz)

***Metz**, Rainer:* Aktuelle Rechtsfragen der Kreditkartenpraxis, in: NJW 1991, Seite 2804–2813.

***Michaels**, Ralf / **Kamann**, Hans-Georg:* Europäisches Verbraucherschutzrecht und IPR, in: JZ 1997, Seite 601–609.

***Michel**, Sandra:* Die Akzessorische Anknüpfung. Grundfragen und Grundprobleme. Göttingen 2004. (zitiert: *Michel*, Die Akzessorische Anknüpfung)

***Mückl**, Patrick:* Der Vertragsbruch des Dienstleisters. Deutsches Recht, Englisches Recht und Entwurf des Gemeinsamen Referenzrahmens. München 2010. (zitiert: *Mückl*, Der Vertragsbruch des Dienstleisters)

***Münchener Kommentar zum Bürgerlichen Gesetzbuch** (hrsg. v.: Säcker, Franz Jürgen / Rixecker, Roland / Oetker, Hartmut):* Band 2. Schuldrecht. Allgemeiner Teil (§§ 241–432). 6. Auflage, München 2012. (zitiert: MünchKomm/*Bearbeiter*)

***Münchener Kommentar zum Bürgerlichen Gesetzbuch** (hrsg. v.: Säcker, Franz Jürgen / Rixecker, Roland):* Band 3. Schuldrecht. Besonderer Teil I (§§ 433–610). 6. Auflage, München 2012. (zitiert: MünchKomm/*Bearbeiter*)

***Münchener Kommentar zum Bürgerlichen Gesetzbuch** (hrsg. v.: Säcker, Franz Jürgen / Rixecker, Roland / Oetker, Hartmut):* Band 4. Schuldrecht. Besonderer

Teil II (§§ 611–704). EFZG; TzBfG; KSchG. 6. Auflage, München 2012. (zitiert: MünchKomm/*Bearbeiter*)

Münchener Kommentar zum Bürgerlichen Gesetzbuch *(hrsg. v.: Säcker, Franz Jürgen / Rixecker, Roland):* Band 10. Internationales Privatrecht. Rom I-Verordnung. Rom II-Verordnung. Einführungsgesetz zum Bürgerlichen Gesetzbuche (Art. 1–24). 5. Auflage, München 2010. (zitiert: MünchKomm/*Bearbeiter*)

Münstermann*, Walter /* ***Hannes****, Rudi:* Verbraucherkreditgesetz. Aschendorff 1991. (zitiert: *Münstermann/Hannes*, Verbraucherkreditgesetz)

Nemeth*, Kristin:* Kollisionsrechtlicher Verbraucherschutz in Europa – Art. 5 EVÜ und die einschlägigen Verbraucherschutzrichtlinien. Wien 2000. (zitiert: *Nemeth*, Kollisionsrechtlicher Verbraucherschutz in Europa)

–: Kollisionsrechtlicher Verbraucherschutz in Europa, in: wbl 2000, Seite 341–350.

Nomos Kommentar Bürgerliches Gesetzbuch *(hrsg. v.: Dauner-Lieb, Barbara / Heidel, Thomas / Ring, Gerhard):* Band 2/1: §§ 241–610. (*hrsg. v. Dauner-Lieb, Barbara / Langen, Werner*). 2. Auflage, Baden-Baden 2012: Band 6. Rom-Verordnungen. (*hrsg. v. Hüßtege, Rainer / Mansel, Heinz-Peter*). 1. Auflage, Baden-Baden 2014. (zitiert: NK-BGB/*Bearbeiter*)

Oetker*, Hartmut /* ***Maultzsch****, Felix:* Vertragliche Schuldverhältnisse. 4. Auflage, Berlin, Heidelberg 2013. (zitiert: *Oetker/Maultzsch*, Vertragliche Schuldverhältnisse)

Omlor*, Sebastian:* Finanzierungsleasing unter der neuen Verbraucherkreditrichtlinie, in: NJW 2010, Seite 2694–2700.

Paisant*, Gilles:* À la recherche du consommateur – Pour en finir avec l'actuelle confusion née de l'application du critère du « rapport direct », in: JCP 2003, I (Nr. 121), Seite 549–554.

Palandt*, Otto (Begr.):* Bürgerliches Gesetzbuch. 74. Auflage, München 2015. (zitiert: Palandt/*Bearbeiter*) Bürgerliches Gesetzbuch. 72. Auflage, München 2013. (zitiert: Palandt[72]/*Bearbeiter*)

Peters*, Bernd /* ***Münscher****, Michael /* ***Lwowski****, Hans-Jürgen:* Verbraucherdarlehensrecht. Darlehensverträge – Immobiliardarlehen – Vollmachten – Verbundene Geschäfte – Leasing. 3. Auflage, Berlin 2008. (zitiert: *Bearbeiter*, in: Peters/Münscher/Lwowski, Verbraucherdarlehensrecht)

Pfeiffer*, Thomas:* Vom kaufmännischen Verkehr zum Unternehmensverkehr, in: NJW 1999, Seite 169–174.

–: Richtlinienkonforme Auslegung gegen den Wortlaut des nationalen Gesetzes – Die Quelle-Folgeentscheidung des BGH, in: NJW 2009, Seite 412–413.

Plaßmeier*, Guido:* Kollisionsrechtliche Probleme internationaler Franchisesysteme. Osnabrück 1999. (zitiert: *Plaßmeier*, Internationale Franchisesysteme)

***Plender**, Richard* / ***Wilderspin**, Michael:* The European Private International Law of Obligations. 3. Auflage, London 2009. (zitiert: *Plender/Wilderspin*, European Private International Law)

***Prütting**, Hans* / ***Wegen**, Gerhard* / ***Weinreich**, Gerd:* BGB Kommentar. 10. Auflage, Köln 2015. (zitiert: PWW/*Bearbeiter*)

***Puig**, Pascal:* Contrats spéciaux. 5. Auflage, Paris 2013. (zitiert: *Puig*, Contrats spéciaux)

***Rauscher**, Thomas (Hrsg.):* Europäisches Zivilprozess- und Kollisionsrecht – EuZPR/EuIPR. München 2011. (zitiert: *Bearbeiter*, in: Rauscher, EuZPR/EuIPR)

–: Internationales Privatrecht. 4. Auflage, Heidelberg 2012. (zitiert: *Rauscher*, IPR)

***Raymond**, Guy:* Loi n° 2010-737 du 1er juillet 2010 portant réforme du crédit à la consommation, in: Contrats conc. consom. 2010 (Nr. 10), étude 11.

***Rechberger**, Walter H.:* Verbraucherschutz im Verfahrensrecht nach europäischem Gemeinschaftsrecht und österreichischem Recht, in: Ikü Hukuk Fakültesi Dergisi 2004, Seite 89–103.

***Reder**, Wolfgang:* Die Eigenhaftung vertragsfremder Dritter im internationalen Privatrecht. Konstanz 1989. (zitiert: *Reder*, Die Eigenhaftung vertragsfremder Dritter im IPR)

***Reich**, Norbert:* Zur Theorie des Europäischen Verbraucherrechtes, in: ZEuP 1994, Seite 381–407.

–: Verbrauchergerichtsstand bei Vertrag mit doppeltem Zweck. Anmerkung zum Urteil des EuGH v. 20.01.2005 – C-264/01 (Gruber/BayWa AG), in: EuZW 2005, Seite 243–245.

–: Von der Minimal- zur Voll- zur „Halbharmonisierung“. Ein europäisches Privatrechtsdrama in fünf Akten, in: ZEuP 2010, Seite 7–39.

***Reinicke**, Dietrich* / ***Tiedtke**, Klaus:* Kaufrecht. 8. Auflage, München 2009. (zitiert: *Reinicke/Tiedtke*, Kaufrecht)

***Reinking**, Kurt:* Das Verbraucherkreditgesetz bei Kfz-Leasing und finanziertem Kfz-Kauf – Verbundene Geschäfte, in: FLF 1993, Seite 174–179.

***Reithmann**, Christoph* / ***Martiny**, Dieter (Hrsg.):* Internationales Vertragsrecht – Das internationale Privatrecht der Schuldverträge. 7. Auflage, Köln 2010. (zitiert: *Bearbeiter*, in: Reithmann/Martiny, IPR)

***Remien**, Oliver:* AGB-Gesetz und Richtlinie über mißbräuchliche Verbrauchervertragsklauseln in ihrem europäischen Umfeld, in: ZEuP 1994, Seite 34–66.

RGRK – Das Bürgerliche Gesetzbuch mit besonderer Berücksichtigung der Rechtsprechung des Reichsgerichts und des Bundesgerichtshofes (*hrsg. v. Mitgliedern des Bundesgerichtshofes):* Band II, 2. Teil. §§ 414–610. (Anhang nach § 455: Abzahlungsgesetz) 12. Auflage, Berlin, New York 1978. (zitiert: RGRK/*Bearbeiter*)

Riehm, *Thomas:* Die überschießende Umsetzung vollharmonisierender EG-Richtlinien im Privatrecht, in: JZ 2006, Seite 1035–1045.

Riesenhuber, *Karl (Hrsg.):* System und Prinzipien des Europäischen Vertragsrechts. Berlin 2003. (zitiert: *Riesenhuber*, System und Prinzipien des Europäischen Vertragsrechts)

–: Europäische Methodenlehre. 2. Auflage, Berlin, New York 2010. (zitiert: *Bearbeiter*, in: Riesenhuber, Europäische Methodenlehre)

Rondey, *Céline:* Clause abusive, rapport direct et contrat accessoire. Anmerkung zur Entscheidung Cass. civ., 2ième, Urt. v. 15.3.2004, in: D 2004, Seite 1018–1019.

Rösler, *Hannes:* Europäisches Konsumentenvertragsrecht. Marburg 2003. (zitiert: *Rösler*, Europäisches Konsumentvertragsrecht)

–: Erwiderungen auf Karl Riesenhuber: Kein Zweifel für den Verbraucher JZ 2005, 829, in: JZ 2006, Seite 400–402.

Rösler, *Hannes /* ***Siepmann***, *Verena:* Gerichtsstand bei gemischt privat-gewerblichen Verträgen nach europäischem Zivilprozessrecht, in: EWS 2006, Seite 497–501.

Roth, *Wulf-Hennig:* Angleichung des IPR durch sekundäres Gemeinschaftsrecht, in: IPRax 1994, Seite 165–174.

–: Zur stillschweigenden Rechtswahl in einem künftigen EU-Gemeinschaftsinstrument über das internationale Schuldvertragsrecht, in: Festschrift für Apostolos Georgiades zum 70. Geburtstag. Athen, München, Bern 2005, Seite 905–919. (zitiert: *Roth*, in: FS Georgiades)

Rott, *Peter:* Maximum Harmonisation and Mutal Recognition versus Consumer Protection, in: EuLF 2006, Seite I-61 – I-68.

Rümelin, *Gustav:* Dienstvertrag und Werkvertrag. Tübingen 1905. (zitiert: *Rümelin*, Dienst- und Werkvertrag)

Rust, *Mathis:* Regionale Steuerautonomie vor dem europäischen Beihilferecht. Baden-Baden 2013. (zitiert: *Rust*, Regionale Steuerautonomie)

Samuel, *Geoffrey:* Classification of contracts: A view from a common lawyer, in: Santos, Francisco Javier Andrés / Baldus, Christian / Dedek, Helge (Hrsg.), Vertragstypen in Europa – Historische Entwicklung und europäische Perspektiven. München 2011, Seite 117–152. (zitiert: *Samuel*, in: Santos/Baldus/Dedek (Hrsg.), Vertragstypen in Europa)

Schäuble, *Daniel:* Internationales Schuldvertragsrecht in der notariellen Praxis, in: BWNotZ 2015, Seite 2–12.

Schlechtriem / Schwenzer *(hrsg. v. Schwenzer, Ingeborg):* Kommentar zum Einheitlichen UN-Kaufrecht. CISG. 6. Auflage, Basel, München 2013. (zitiert: *Bearbeiter*, in: Schlechtriem/Schwenzer, UN-Kaufrecht)

Schmidt, *Dominique /* **Gramling**, *Philippe:* Commentaire de la loi du 10 janvier 1978 relative à l'information et à la protection des consommateurs dans le domaine de certaines opérations de crédit. Paris 1978. (zitiert: *Schmidt/Gramling*, Commentaire de la loi du 10 janvier 1978)

Schmidt, *Karsten:* Verbraucherbegriff und Verbrauchervertrag – Grundlagen des § 13 BGB, in: JuS 2006, Seite 1–8.

Schmidt-Kessel, *Martin:* Standards vertraglicher Haftung nach englischem Recht. Baden-Baden 2003. (zitiert: *Schmidt-Kessel*, Standards)

Schmitz, *Winfried F.:* Der finanzierte Abzahlungskauf im deutschen und französischen Recht – Zwei Wege, durch Verknüpfung von Kaufvertrag und Darlehensvertrag den Verbraucher zu schützen. Frankfurt am Main 1986. (zitiert: *Schmitz*, Der finanzierte Abzahlungskauf im deutschen und französischen Recht)

Schreiber, *Otto:* Gemischte Verträge im Reichsschuldrecht, in: Strohal/Ehrenberg (Hrsg.), Jherings Jahrbücher für die Dogmatik des bürgerlichen Rechts: Band 60, Jena 1912, Seite 106–228. (zitiert: *Schreiber*, in: JherJ 60 (1912))

Schulze, *Reiner:* Bürgerliches Gesetzbuch. Handkommentar. 8. Auflage, Baden-Baden 2014. (zitiert: Schulze/*Bearbeiter*)

Schulte-Nölke, *Hans:* Elf Amtssprachen, ein Recht? Folgen der Mehrsprachigkeit für die Auslegung von Verbraucherschutzrichtlinien, in: Schulze, Reiner (Hrsg.), Auslegung europäischen Privatrechts und angeglichenen Rechts. Baden-Baden 1999, Seite 143–160. (zitiert: *Schulte-Nölke*, in: Schulze (Hrsg.), Auslegung europäischen Privatrechts)

Schürnbrand, *Jan:* Darlehensvertrag und Restschuldversicherung als verbundene Verträge, in: ZBB 2010, Seite 123–128.

Seibert, *Ulrich:* Handbuch zum Gesetz über Verbraucherkredite, zur Änderung der Zivilprozessordnung und anderer Gesetze. Köln 1991. (zitiert: *Seibert*, Handbuch zum Verbraucherkreditgesetz)

Seipen, *Christoph von der:* Akzessorische Anknüpfung und engste Verbindung im Kollisionsrecht der komplexen Vertragsverhältnisse. Heidelberg 1989. (zitiert: *Von der Seipen*, Akzessorische Anknüpfung)

Selke, *Christopher:* Die Anknüpfung der rechtsgeschäftlichen Vertragsübernahme, in: IPRax 2013, Seite 205–214.

Soergel, *Hans Theodor (Begr.):* Bürgerliches Gesetzbuch mit Einführungsgesetz und Nebengesetzen: Band 2. Schuldrecht I (§§ 241–432). 12. Auflage, Stuttgart, Berlin, Köln 1990.

–: Bürgerliches Gesetzbuch mit Einführungsgesetz und Nebengesetzen: Band 10. Einführungsgesetz. 12. Auflage, Stuttgart, Berlin, Köln 1996. (zitiert: Soergel/*Bearbeiter*)

Spelsberg-Korspeter, *Ullrich:* Anspruchskonkurrenz im internationalen Privatrecht. Tübingen 2009. (zitiert: *Spelsberg-Korspeter*, Anspruchskonkurrenz im IPR)

Staudinger, *Ansgar:* Verbraucherverträge im Lichte der Rechtssache Emrek – Schutzgerichtsstand und anwendbares Recht, in: jm 2014, Seite 229–235.

–: Internationales Verbraucherschutzrecht made in Germany, in: RIW 2000, Seite 416–421.

–: Art. 29a EGBGB des Referentenentwurfs zum Fernabsatzgesetz, in: IPRax 1999, Seite 414–420.

Staudinger, *Julius von (Begr.):* Kommentar zum Bürgerlichen Gesetzbuch mit Einführungsgesetz und Nebengesetzen. Eckpfeiler des Zivilrechts. Neubearbeitung, Berlin 2012/2013.

–: Kommentar zum Bürgerlichen Gesetzbuch mit Einführungsgesetz und Nebengesetzen. Einleitung zum Bürgerlichen Gesetzbuch; Buch 1. Allgemeiner Teil (§§ 1–14; Verschollenheitsgesetz). Neubearbeitung, Berlin 2013.

–: Kommentar zum Bürgerlichen Gesetzbuch mit Einführungsgesetz und Nebengesetzen. Buch 2. Recht der Schuldverhältnisse (§§ 311, 311a, 312, 312a-i; Vertragsschluss). Neubearbeitung, Berlin 2012.

–: Kommentar zum Bürgerlichen Gesetzbuch mit Einführungsgesetz und Nebengesetzen. Buch 2. Recht der Schuldverhältnisse (§§ 346–361; Rücktritt und Widerruf). Neubearbeitung, Berlin 2012.

–: Kommentar zum Bürgerlichen Gesetzbuch mit Einführungsgesetz und Nebengesetzen. Buch 2. Recht der Schuldverhältnisse (§§ 516–534; Schenkungsrecht). Neubearbeitung, Berlin 2013.

–: Kommentar zum Bürgerlichen Gesetzbuch mit Einführungsgesetz und Nebengesetzen. Buch 2. Recht der Schuldverhältnisse (§§ 657–704; Geschäftsbesorgung). Neubearbeitung, Berlin 2006.

–: Kommentar zum Bürgerlichen Gesetzbuch mit Einführungsgesetz und Nebengesetzen. Einführungsgesetz zum Bürgerlichen Gesetzbuche/IPR. Art. 38–42 EGBGB. Neubearbeitung, Berlin 2001.

–: Kommentar zum Bürgerlichen Gesetzbuch mit Einführungsgesetz und Nebengesetzen. Einführungsgesetz zum Bürgerlichen Gesetzbuche/IPR. Einleitung zur Rom I-VO; Art. 1–10 Rom I-VO. Neubearbeitung, Berlin 2011.

–: Kommentar zum Bürgerlichen Gesetzbuch mit Einführungsgesetz und Nebengesetzen. Einführungsgesetz zum Bürgerlichen Gesetzbuche/IPR. Art. 11–29

Rom I-VO; Art. 46b, c EGBGB. (Internationales Vertragsrecht 2). Neubearbeitung, Berlin 2011. (zitiert: Staudinger/*Bearbeiter*)

–: Kommentar zum Bürgerlichen Gesetzbuch mit Einführungsgesetz und Nebengesetzen. EGBGB/IPR. Einleitung zu Art. 27 ff. EGBGB; Art 27 – 33 EGBGB; Anhang zu Art 33 EGBGB: Internationales Factoring; Art. 34 EGBGB; Anhang zu Art. 34 EGBGB: Internationales Währungs- und Devisenrecht; Art. 35–37 EGBGB; Anhang I zu Art 37 EGBGB: IPR der Versicherungsverträge; Anhang II zu Art 27–37 EGBGB: Internationale Zuständigkeit; Gerichtsstands- und Schiedsvereinbarungen. Dreizehnte Bearbeitung, Berlin 2002. (zitiert: Staudinger/*Bearbeiter* (2002))

***Stoffels**, Markus:* Gesetzlich nicht geregelte Schuldverträge. Tübingen 2001. (zitiert: *Stoffels*, Gesetzlich nicht geregelte Verträge)

***Stoll**, Hans:* Zur Neuordnung des internationalen Verbrauchervertragsrechts, in: Aufbruch nach Europa. 75 Jahre Max-Planck-Institut für Privatrecht. Tübingen 2001, Seite 463–477. (zitiert: *Stoll*, in: FS Max-Planck-Institut)

***Tang**, Zheng:* Law Applicable in the Absence of Choice – The New Article 4 of the Rome I Regulation, in: (2008) 71 (5) MLR, Seite 785–800.

***Tavakoli**, Anusch:* Das Leistungsverweigerungsrecht des Leasingnehmers – Der mangelhafte Land Rover, in: NJW 2010, Seite 2768–2770.

***Terré**, François / **Simler**, Philippe / **Lequette**, Yves:* Les obligations. 11. Auflage, Paris 2013. (zitiert: *Terré/Simler/Lequette*, Les obligations)

***Teufel**, Anne Julia:* Der finanzierte Verbrauchsgüterkauf im deutschen und französischen Recht. Baden-Baden 2008. (zitiert: *Teufel*, Der finanzierte Verbrauchsgüterkauf)

***Thorn**, Karsten:* Entwicklungen des Internationalen Privatrechts 2000–2001, in: IPRax 2002, Seite 349–364.

***Tiedtke**, Klaus:* Auswirkungen der Schuldrechtsreform im Leasingrecht, in: DB 2004, Seite 583–589.

***Tillmann**, Karl Otto:* Die rechtliche Behandlung des gemischten Vertrages. Bochum 1934. (zitiert: *Tillmann*, Rechtliche Behandlung des gemischten Vertrages)

***Tonner**, Klaus:* Das neue Fernabsatzgesetz – oder: System statt „Flickenteppich", in: BB 2000, Seite 1413–1420.

–: Erwiderungen auf Karl Riesenhuber: Kein Zweifel für den Verbraucher JZ 2005, 829, in: JZ 2006, Seite 402–404.

–: Das Gesetz zur Umsetzung der Verbraucherrechterichtlinie – unionsrechtlicher Hintergrund und Überblick, in: VuR 2013, Seite 443–456.

–: Die Umsetzung der Verbraucherrechterichtlinie – Auswirkungen der Vollharmonisierung, in: VuR 2014, Seite 23–27.

Tonner, *Klaus* / ***Tamm***, *Marina:* Der Vorschlag einer Richtlinie über Rechte der Verbraucher und seine Auswirkungen auf das nationale Verbraucherrecht, in: JZ 2009, Seite 277–290.

Vetter, *Eberhard:* Akzessorische Anknüpfung von Subunternehmerverträgen bei internationalen Bau- und Industrieanlagen-Projekten, in: NJW 1987, Seite 2124–2128.

Volkmann, *Uwe:* Der dezente Staat – Verhaltenssteuerung im Umweltrecht, in: JuS 2001, Seite 521–539.

Wagner, *Rolf:* Der Grundsatz der Rechtswahl und das mangels Rechtswahl anwendbare Recht (Rom I-Verordnung), in: IPRax 2008, Seite 377–386.

Wendehorst, *Christiane:* Das neue Gesetz zur Umsetzung der Verbraucherrechterichtlinie, in: NJW 2014, Seite 577–584.

Wendt, *Henning* / **Lorscheid-Kratz**, *Barbara:* Das Widerrufsrecht bei „zusammenhängenden Verträgen“, in: BB 2013, Seite 2434–2440.

Westphalen, *Friedrich Graf von (Hrsg.):* Der Leasingvertrag. 6. Auflage, Köln 2008 (zitiert: *Bearbeiter*, in: Graf von Westphalen, Der Leasingvertrag)

Wieczorek, *Bernhard* / **Schütze**, *Rolf:* Zivilprozeßordnung und Nebengesetze. 3. Auflage, Berlin, New York 1994. (zitiert: *Bearbeiter*, in: Wieczorek/Schütze, ZPO und Nebengesetze)

Wolf, *Manfred:* Störungen des Binnenmarkts durch das Verbraucherkreditgesetz, in: Festschrift für Theodor Heinsius zum 65. Geburtstag am 25. September 1991. Berlin, New York 1991, Seite 967–978. (zitiert: *Wolf*, in: FS Heinsius)

Woodroffe, *Geoffrey F.:* Goods and Services – The new law. London 1982. (zitiert: *Woodroffe*, Goods and Services)

Abkürzungsverzeichnis

Abl. EG	Amtsblatt der Europäischen Gemeinschaft
Abl. EU	Amtsblatt der Europäischen Union
Abs.	Absatz
A.C.	Law Reports, Appeal Cases
AGB	Allgemeine Geschäftsbedingungen
AEUV	Vertrag über die Arbeitsweise der Europäischen Union
All.E.R.	The All England Law Reports
Anh.	Anhang
Art.	Artikel
Artt.	Artikel (plural)
B.&S.	Best and Smith's Queens's Bench Reports
BAG	Bundesarbeitsgericht
BAGE	Entscheidungen des Bundesarbeitsgerichts
BauR	Zeitschrift für das gesamte öffentliche und zivile Baurecht
BeckRS	Rechtsprechungssammlung des Verlages C.H.Beck (beck-online)
Begr.	Begründer; Begründung
BERR	Department for Business, Enterprise and Regulatory Reform
BGB	Bürgerliches Gesetzbuch
BGH	Bundesgerichtshof
BGHZ	Entscheidungen des Bundesgerichtshofs in Zivilsachen
BIS	Department for Business, Innovation and Skills
bspw.	beispielsweise
Bull. civ.	Bulletin des arréts de la Cour de cassation. Chambres civiles
Bull. com.	Bulletin des arréts de la Cour de cassation. Chambres commerciale
BWNotZ	Zeitschrift für das Notariat in Baden-Württemberg
bzgl.	bezüglich
bzw.	beziehungsweise
B2C	Business to consumer
Cah. de Dr.	Les Cahiers de droit (Zeitschrift)
Cass. civ.	(französische) Cour de Cassation, Chambre civile (ggf. unter Angabe der Kammer)
CCA	Consumer Credit Act (1974 and 2006)
C. civ.	Code civil
CConsom	Code de la consommation

CISG	United Nations Convention on Contracts for the International Sale of Goods/Übereinkommen der Vereinten Nationen über Verträge über den internationalen Warenkauf vom 11.4.1980
CISG-online	Datenbank zum CISG (www.CISG-online.ch)
Clunet	Journal du Droit International (Zeitschrift)
comm.	commentaire
Contrats, conc., consom.	Contrats concurrence consommation (Zeitschrift)
D	Recueil Dalloz (Zeitschrift)
DB	Der Betrieb (Zeitschrift)
DCFR	Draft Common Frame of Reference
ders.	derselbe
dies.	dieselbe; dieselben
EG	Europäische Gemeinschaft; Vertrag zur Gründung der Europäischen Gemeinschaft
EGBGB	Einführungsgesetz zum Bürgerlichen Gesetzbuch
Egrd.	Erwägungsgrund
Einf.	Einführung
endg.	endgültig
EU	Europäische Union
EuGH	Europäischer Gerichtshof
EuLF	The European Legal Forum (Zeitschrift)
EUV	Vertrag über die Europäische Union
EuZ	Zeitschrift für Europarecht
EuZW	Europäische Zeitschrift für Wirtschaftsrecht
EVÜ	Römisches Übereinkommen über das auf vertragliche Schuldverhältnisse anzuwendende Recht vom 19.6.1980
EWR	Europäischer Wirtschaftsraum
EWS	Europäisches Wirtschafts- und Steuerrecht (Zeitschrift)
f.	folgende (Singular)
FernabsatzRL	Richtlinie 97/7/EG des Europäischen Parlaments und des Rates vom 20. Mai 1997 über den Verbraucherschutz bei Vertragsabschlüssen im Fernabsatz
ff.	folgende (Plural)
Fn.	Fußnote
FLF	Finanzierung Leasing Factoring (Zeitschrift)
FS	Festschrift

GA	Generalanwalt
GG	Grundgesetz
Hrsg.	Herausgeber/Herausgeberin; herausgegeben
ibid.	ibidem
i.d.R.	in der Regel
i.E.	im Ergebnis
IHR	Internationales Handelsrecht (Zeitschrift)
insb.	insbesondere
i.S.d.	im Sinne des
i.S.v.	im Sinne von
IPR	Internationales Privatrecht
IPRax	Praxis des Internationalen Privat- und Verfahrensrechts (Zeitschrift)
i.V.m.	in Verbindung mit
JherJ	Jherings Jahrbücher für die Dogmatik des bürgerlichen Rechts
JA	Juristische Arbeitsblätter (Zeitschrift)
JCP	Juris-Classeur périodique (La Semaine Juridique), édition générale (Zeitschrift)
jm	juris – Die Monatszeitschrift
JR	Juristische Rundschau (Zeitschrift)
JuS	Juristische Schulung (Zeitschrift)
JZ	Juristenzeitung (Zeitschrift)
K.B.	Law Reports, King's Bench
KlauselRL	Richtlinie 93/13/EWG des Rates vom 5. April 1993 über mißbräuchliche Klauseln in Verbraucherverträgen
KOM	Kommission der Europäischen Gemeinschaft
KSchG	Kündigungsschutzgesetz
Lit.	Litera
MLR	Modern Law Review (Zeitschrift)
MünchKomm	Münchener Kommentar
m.w.N.	mit weiteren Nachweisen
n. F.	neue Fassung
NJW	Neue Juristische Wochenschrift (Zeitschrift)
NJW-RR	Rechtsprechungsreport der Neuen Juristischen Wochenschrift (Zeitschrift)
NLJ	New Law Journal (Entscheidungssammlung)
Nr.	Nummer
NZA	Neue Zeitschrift für Arbeitsrecht
NZV	Neue Zeitschrift für Verkehrsrecht

o.g.	oben genannt
ÖBA	BankArchiv – Zeitschrift für das gesamte Bank- und Börsenwesen
obs.	observations
OGH	Oberster Gerichtshof (Österreich)
OLG	Oberlandesgericht
RabelsZ	Rabels Zeitschrift für ausländisches und internationales Privatrecht
RegE	Regierungsentwurf
Rev crit dip	Revue critique de droit international privé (Zeitschrift)
RGSt	Reichsgericht in Strafsachen (Entscheidungssammlung)
RGZ	Reichsgericht in Zivilsachen (Entscheidungssammlung)
Rn.	Randnummer
RIW	Recht der Internationalen Wirtschaft (Zeitschrift)
Rom I-VO	Verordnung (EG) Nr. 593/2008 des Europäischen Parlaments und des Rates vom 17. Juni 2008 über das auf vertragliche Schuldverhältnisse anzuwendende Recht
Rom II-VO	Verordnung (EG) Nr. 864/2007 des Europäischen Parlaments und des Rates vom 11. Juli 2007 über das auf außervertragliche Schuldverhältnisse anzuwendende Recht
Rspr.	Rechtsprechung
S.	Seite; Satz; siehe; section
SGSA	Supply of Goods and Services Act 1982
Slg.	Sammlung
sog.	so genannte/so genanntes
st. Rspr.	ständige Rechtsprechung
TranspR	Transportrecht (Zeitschrift)
TUB	Testo unico delle leggi in materia bancaria e creditizia (Italien)
Überbl.	Überblick
UCTA	The Unfair Contract Terms Act 1977
UK	United Kingdom
UKHL	United Kingdom House of Lords
u. U.	unter Umständen
v.	versus; von; vom; vor

VerbrKrG	Verbraucherkreditgesetz vom 17.12.1990 zuletzt geändert durch das Gesetz zur Anpassung der Formvorschriften des Privatrechts und anderer Formen an den modernen Rechtsgeschäftsverkehr vom 13. Juli 2001
VerbrKrRL	Richtlinie 2008/48/EG des Europäischen Parlaments und des Rates vom 23. April 2008 über Verbraucherkreditverträge und zur Aufhebung der Richtlinie 87/102/EWG des Rates
vgl.	vergleiche
VKrG	Bundesgesetz über Verbraucherkreditverträge und andere Formen der Kreditierung zu Gunsten von Verbrauchern (Österreich)
VO	Verordnung
VuR	Verbraucher und Recht (Zeitschrift)
wbl	wirtschaftliche blätter – Zeitschrift für österreichisches und europäisches Wirtschaftsrecht
WM	Wertpapier-Mitteilungen (Zeitschrift für Wirtschafts- und Bankrecht)
z.B.	zum Beispiel
ZBB	Zeitschrift für Bankrecht und Bankwirtschaft
ZGS	Zeitschrift für das gesamte Schuldrecht
ZHR	Zeitschrift für das gesamte Handels- und Wirtschaftsrecht
ZEuP	Zeitschrift für Europäisches Privatrecht
ZEV	Zeitschrift für Erbrecht und Vermögensnachfolge
ZfRV	Zeitschrift für Rechtsvergleichung, Internationales Privatrecht und Europarecht
ZMR	Zeitschrift für Miet- und Raumrecht
ZVglRWiss	Zeitschrift für die vergleichende Rechtswissenschaft

Einleitung

A. Problemaufriss

Die gemischten und verbundenen Verträge sehen sich im Internationalen Privatrecht einem gemeinsamen Zielkonflikt gegenüber: Ihr Entstehen verdanken sie größtenteils dem Postulat der Privatautonomie. Diese Privatautonomie ist es aber auch, die zu einer schier unüberblickbaren Fülle an möglichen Fallgestaltungen führen kann. Gleichzeitig versucht das Rechtssystem für bestimmte typische Fallkonstellationen verallgemeinerungsfähige Normen zu entwickeln und den Anwendungsbereich jener Regeln abzustecken.[1]

Es sind insbesondere die Rom-Verordnungen, die grenzüberschreitend eine ordnende Wirkung für Sachverhalte mit Auslandsbezug schaffen und Unterschiede in den bestehenden mitgliedstaatlichen Rechtsordnungen vereinheitlichen sollen. Ein gemeinsames Fundament wurde dadurch zweifellos geschaffen.[2]

Sowohl bei den gemischten als auch bei den verbundenen Verträgen gelangt das Kollisionsrecht jedoch an seine Grenzen. Gerade für jene Fälle, die bereits auf nationaler Ebene umstritten und komplex in ihrer Systematik sind, schweigt sich der europäische Gesetzgeber aus. Strukturierte und lückenlose Kollisionsnormen finden sich für diese Vertragsgestaltungen nicht.

Den Problemkreis des gemischten Vertrages hat der Gesetzgeber zumindest erkannt. Für eine Fallkonstellation hat er in Art. 4 Abs. 2 Rom I-VO eine ausdrückliche Regelung vorbehalten. Sollte der Vertrag nicht unter Abs. 1 fallen, oder aber die Bestandteile des Vertrages durch mehr als einen der Buchstaben a bis h des Abs. 1 abgedeckt sein, bestimmt sich das anwendbare Recht nach dem gewöhnlichen Aufenthaltsort der vertragscharakteristisch leistenden Partei. Dabei wurde die zweite Alternative, der Fall der Mehrfacherfassung, selbst erst im Rahmen der Verhandlungen mit dem Europäischen Parlament eingefügt.[3] Im Bericht *Dumitrescus* wurde auf die Notwendigkeit zur Aufnahme jener Regelung, insbesondere im Hinblick auf die den Parteien zugesicherte Parteiautonomie, hingewiesen.[4]

---

1 Vgl. auch *Santos/Baldus/Dedek*, Vertragstypen in Europa, S. vii (Vorwort).

2 So auch: *Berger*, ZEuP 2009, 451, 453.

3 *Martiny*, in: FS von Hoffmann, S. 283.

4 *Dumitrescu*, Bericht über den Vorschlag der Rom I-VO, Begründung zu Änderungsantrag 43, S. 29.

Für die gemischten Verträge wurde somit zumindest ansatzweise ein kollisionsrechtlicher Lösungsweg entwickelt. Die verbundenen Verträge warten hingegen bis heute auf eine kollisionsrechtliche Einbettung. Die Rom I-VO gibt keinen Hinweis für eine etwaige Anknüpfung der verbundenen Verträge. Obwohl die Rechtsfigur der verbundenen Verträge durch ihre Komplexität besonders geeignet ist, Gegenstand wissenschaftlicher Diskussion zu sein, wurde das Problem auch in der Literatur bislang nur am Rande gestreift.

Der Fokus der vorliegenden Arbeit liegt somit auf der Frage der kollisionsrechtlichen Behandlung gemischter und verbundener Verträge bei Sachverhalten mit Auslandsbezug. Bestenfalls soll sie zu einem kollisionsrechtlichen Lösungsansatz führen, der dem Rechtsanwender einen rechtssicheren Umgang für Fälle grenzüberschreitender gemischter und verbundener Verträge ermöglicht.

B. Gang der Untersuchung

Um das Ziel der Arbeit zu erreichen, müssen die gemischten und verbundenen Verträge auf ihre allgemeine Systematik hin untersucht und beurteilt werden. Erst in einem zweiten Schritt ist es dann möglich, Rückschlüsse für die kollisionsrechtliche Behandlung dieser Verträge zu ziehen.

Bereits in den nationalen Rechtsordnungen werfen die gemischten Verträge, die dadurch geprägt sind, dass verschiedene Vertragselemente in einem einheitlichen Gesamtvertrag zusammentreffen, vielfältige Fragen auf. Sie treten in mehreren Erscheinungsformen auf, wobei sich für alle die Frage stellen wird, welche der umfassten Rechtsnormen den Gesamtvertrag letztlich charakterisieren. Für das Auffinden der einschlägigen gesetzlichen Regelung ist es unerlässlich, eine Systematik zu entwickeln, die es dem Rechtsanwender ermöglicht, strukturiert zum anwendbaren Recht zu gelangen. Vergleichend wird dabei auf die deutsche, französische und englische Regelungsmethodik eingegangen. Den zentralen Ansatzpunkt der methodischen Analyse bilden dabei die Absorptions- und die Kombinationstheorie.

Um vor allem auch auf kollisionsrechtlicher Ebene zu abgrenzbaren Ergebnissen zu gelangen, werden die gemischten Verträge in der vorliegenden Arbeit, dem deutschen Vorbild entsprechend, in vier Gruppen unterteilt. Unterschieden wird insoweit zwischen den typischen Verträgen mit andersartiger Nebenleistung, Typenkombinationsverträgen, Verträgen mit atypischer Gegenleistung sowie den Typenverschmelzungsverträgen.

Ähnlich wie im Sachrecht stellt sich auch im Kollisionsrecht die Frage, ob ein Vertrag, der verschiedene Leistungen und Verpflichtungen enthält, noch insgesamt den (speziellen) Regelungen eines Vertragstypes zugeordnet werden kann und anhand welcher Zuordnungskriterien sich dies bestimmt.[5] Die gemischten Verträge, die, mit Blick auf das Grundprinzip der Parteiautonomie, in immer wieder neuen Formen auftreten können, spiegeln einen besonderen Zielkonflikt der Rom I-VO wieder: Gemäß Erwägungsgrund 16 der Rom I-VO gilt auch für die gemischten Verträge, dass sie kollisionsrechtlich zwar so ausgestaltet sein sollten, dass die zu ermittelnden Ergebnisse berechenbar sind. Dennoch muss der Rechtsanwender über ein bestimmtes Maß an Ermessen verfügen, um für die oftmals variierenden Fallkonstellationen das Recht zu finden, zu dem die engste Verbindung besteht.

So mag es auch dem Umfang an Fallgestaltungen und der dafür benötigten Flexibilität geschuldet sein, dass sich in der Rom I-VO eigenständige Kollisionsnormen zur Bestimmung des anwendbaren Rechtes für gemischte Verträge nicht finden. Soweit wie möglich werden daher die vorhandenen Normen der Verordnung auf Hinweise zum Umgang mit gemischten Verträgen untersucht und bewertet.

Dabei wird sich zeigen, dass der Verordnungsgeber mit Art. 4 Abs. 2 Rom I-VO bereits eine passende Lösungsstrategie entwickelt hat. Es wird sich aber auch zeigen, dass auf diesem Wege nicht für alle Konstellationen der gemischten Verträge ein kollisionsrechtlich befriedigendes Ergebnis gefunden werden kann. Die Arbeit wird daher in einem zweiten Schritt versuchen, die noch verbleibenden Konstellationen in das System der Rom I-VO einzuordnen und einer eigenständigen Lösung zuzuführen.

Besonderer Betrachtung bedürfen dabei gemischte Verträge, deren Elemente unter mehrere der in Art. 4 Abs. 1 lit. a-h Rom I-VO niedergelegten speziellen Vertragstypen fallen. Zentrum der Diskussionen wird das Leitprinzip der charakteristischen Leistung i.V.m. der, durch den Gesetzgeber in Erwägungsgrund 19 der Rom I-VO, vorgesehenen Schwerpunktbestimmung bilden.

Da sich die verbundenen Verträge im Gegensatz zu den gemischten Verträgen nicht durch eine derart große Vielfalt an Fallgestaltungen auszeichnen, stellen sie im Vergleich das greifbarere Rechtsinstitut dar. Insbesondere grenzüberschreitende Verbraucherkreditgeschäfte gewannen über die Jahre zunehmend an Bedeutung. Es ist vor allem auch die Verbraucherkomponente, die dazu führte, dass die verbundenen Verträge vermehrt zum Gegenstand unionsrechtlicher Vorgaben wurden.

Für die Erarbeitung eines in sich schlüssigen kollisionsrechtlichen Lösungsweges für den verbundenen Vertrag ist es von Vorteil, in einem ersten Schritt, die

5 Vgl. *Martiny*, in: FS von Hoffmann, S. 283, 285.

Systematik der verbundenen Verträge auf nationaler Ebene einschließlich ihrer Tatbestandsvoraussetzungen herauszuarbeiten. Erst ein Blick auf verschiedene mitgliedstaatliche Rechtsordnungen kann zeigen, welche kollisionsrechtlichen Probleme, v.a. durch nationale Umsetzungen bestehender Richtlinienvorgaben, bei grenzüberschreitenden Sachverhalten entstehen können. Dazu wird auch hier vergleichend das deutsche, englische und französische Recht herangezogen.

Im zweiten Teil wird dann erneut der kollisionsrechtliche Bezug hergestellt.

Trotz der Tatsache, dass in vielen mitgliedstaatlichen Rechtsordnungen Begriff und tatbestandliche Voraussetzungen des verbundenen Vertrages entwickelt und kodifiziert wurden[6], lässt sich der Rom I-VO eine verbindliche Begriffsdefinition nicht entnehmen. Begriffsdefinitionen helfen, die Reichweite des jeweils in Frage stehenden kollisionsrechtlichen Sachverhaltes festzulegen. Aus diesem Grund soll somit zunächst, anhand der für eine autonome Auslegung geltenden allgemeinen Auslegungsmethoden, versucht werden, den Systembegriff des verbundenen Vertrages für die Rom I-VO herauszufiltern.

Die Untersuchung wird zeigen, dass es, zumindest für eine kollisionsrechtliche Beurteilung der verbundenen Verträge nach Art. 6 Rom I-VO, einzig auf das Vorliegen der Verbrauchereigenschaft im konkreten Fall ankommt.

Im Fortgang der Arbeit wird daher die Konzeption des Verbraucherbegriffes gesondert besprochen. Der Verbraucherbegriff wird dabei sowohl aus vertragsautonomer, als auch aus ausgewählter mitgliedstaatlicher Sicht beleuchtet.

Unter Zugrundelegung der gefundenen Ergebnisse wird auf die kollisionsrechtliche Anknüpfung der verbundenen Verträge unter der Rom I-VO eingegangen. Die Analyse setzt dabei an verschiedenen Punkten an. Diskutiert werden insbesondere die Auswirkungen einer möglichen Rechtswahl auf den verbundenen Vertrag, die relevante Sonderanknüpfung nach Art. 6 Rom I-VO und das mangels Rechtswahl auf den verbundenen Vertrag anwendbare Recht. Für letzteren Teil stellt sich die Verfasserin schließlich die Frage, ob das anwendbare Recht einer getrennten Anknüpfung nach der charakteristischen Leistung gem. Art. 4 Abs. 1 bzw. 2 Rom I-VO folgen sollte, oder aber eine akzessorische Anknüpfung an den Hauptvertrag gem. Art. 4 Abs. 3 Rom I-VO vorzugswürdig ist.

Den Abschluss der Arbeit bildet schließlich eine zusammenfassende Schlussbetrachtung.

---

6 Vgl. insb. § 358 Abs. 3 BGB; Art. L. 311-1 Nr. 9 CConsom; s. 12 (b) und (c) CCA; § 13 VKrG; Art. 121 Abs. 1 lit. d TUB; ausführliche Darstellung zu den deutschen, französischen und englischen Bestimmungen noch in Kapitel 2 A III.

Zusammenfassend wird für die Aufteilung der Arbeit schließlich die folgende Struktur gewählt:

Die Arbeit wird in zwei voneinander getrennte Kapitel geteilt. Das erste Kapitel setzt sich mit dem Problemfeld der gemischten Verträge auseinander. Im zweiten Kapitel wird der Bereich der verbundenen Verträge bearbeitet.

Um einen entsprechenden Überblick zu bekommen, wird dabei in beiden Kapiteln zunächst die für das jeweilige Rechtsinstitut vorherrschende Systematik auf nationaler Ebene herausgestellt (jeweils unter A.). Erst mit Blick auf verschiedene, im Zweifel voneinander abweichende Rechtsvorstellungen, die zwischen den nationalen Systemen der einzelnen Staaten bestehen, können Rückschlüsse für eine gemeinsame konsistente kollisionsrechtliche Lösung gezogen werden. Die Analyse wird dabei beispielhaft anhand der deutschen, französischen und englischen Rechtsordnung stattfinden.

In einem zweiten Schritt wird dann der kollisionsrechtliche Bezug hergestellt (jeweils unter B.). Für den Bereich der gemischten Verträge konzentriert sich die Arbeit auf bereits bestehende, durch Literatur und Gesetzgebung geschaffene, Lösungsstrategien in grenzüberschreitenden Sachverhalten. Insbesondere die Analyse von Art. 4 Rom I-VO wird dabei eine entscheidende Rolle spielen.

Da für die verbundenen Verträge bisher weder im Schrifttum noch durch den Gesetzgeber Ansatzpunkte zur kollisionsrechtlichen Einordnung entwickelt wurden, stellt sich die Bearbeitung für den grenzüberschreitenden Teil breiter und ergebnisorientierter dar. Die Entwicklung einer eigenen Lösungsstrategie für Sachverhalte mit Auslandsbezug ist hier Ziel und Zweck.

Kapitel 1. Die gemischten Verträge im Internationalen Privatrecht

Das Kollisionsrecht hält neben allgemeinen Regelungen auch spezielle, für bestimmte Vertragstypen geltende Vorschriften bereit. Zugleich hat es sich dem Prinzip der Vertragsfreiheit verschrieben. Damit hat es den Vertragsparteien nicht nur den Weg eröffnet, von jenen festgeschriebenen Regelungen abzuweichen. Ihnen bleibt es auch überlassen, verschiedene (festgeschriebene) Regelungen miteinander zu kombinieren – und das selbst in einem sonst einheitlichen Vertragsgeflecht.

Im ersten Kapitel der vorliegenden Arbeit soll analysiert werden, auf welche Weisen solche Konstellationen im grenzüberschreitenden Rechtsverkehr kollisionsrechtlich gelöst werden können. Eine beispielhafte Darstellung wird dabei anhand der deutschen, französischen und englischen Regelungen vorgenommen.

A. Gemischte Verträge im System des nationalen Schuldvertragsrechts

Die vom römischen Recht beeinflussten Rechtsordnungen zeichnen sich vor allem durch eine strikte Einordnungsdogmatik aus. Die Vertragstypenlehre stand damals im Zeichen der Bindung an jene Typen („Typenzwang").[7] Alle Klagearten mussten jeweils auf bestimmte Typen vertraglicher Vereinbarungen gestützt werden. Die Gestaltungsfreiheit der vertragsschließenden Parteien war somit erheblich eingeschränkt.[8] Heute erfüllen die Vertragstypen indes eine andere Funktion. Sie stellen vom Gesetzgeber zur Verfügung gestellte Modelle dar[9], die insbesondere eine Vertragsergänzungs- und Leitbildfunktion übernehmen.[10] Was die vom *civil law* geprägten Rechtsordnungen auch heute noch teilen, ist die Tatsache, dass, zur Qualifizierung von Verträgen, zunächst immer auf die im Gesetz ausdrücklich benannten Vertragstypen zurückgegriffen wird. Dies stellt solange kein Problem dar, wie sich der durch die Parteien vereinbarte Vertrag insgesamt

---

7 *Mayer-Maly*, Römisches Recht, S. 2.

8 Staudinger/*Oechsler*, Eckpfeiler (2012) M. Rn 1; vgl. auch *Flume*, BGB AT, § 12 II 1.

9 *Mayer-Maly*, Römisches Recht, S. 2; *Oetker/Maultzsch*, Vertragliche Schuldverhältnisse, § 16 A I Rn 1.

10 Staudinger/*Oechsler*, Eckpfeiler (2012) M. Rn 4 ff.; *Oetker/Maultzsch*, Vertragliche Schuldverhältnisse, § 16 A I Rn 1 ff.

einem bestimmten Vertragstyp zuordnen lässt.[11] Schwierigkeiten entstehen aber dann, wenn der Vertrag Charakteristika mehrerer verschiedener Vertragsmodelle aufweist. Eine vollumfängliche Regelung aller Vertragsvariationen können die komprimierten Gesetzestexte schließlich nicht liefern. Neue Vertragstypen entstehen im Wesentlichen erst durch Richterrecht und unter Anwendung der im Gesetz enthaltenen allgemeinen Regelungen.

Eine dem *civil law* entsprechende Vetragstypendogmatik, bei dem spezifische Regelungen für bestimmte Vertragsarten dem Gesetz zu entnehmen sind, kennt das *common law* hingegen nicht. Mit dem „*bottom-up approach*"[12] fand bzw. findet vielmehr eine aktive Entwicklung durch die Praxis oder den Gesetzgeber selbst statt.[13] Die Unterscheidung verschiedener Vertragstypen wird hier nicht „von oben" durch vom Gesetzgeber geschaffen und in eine Kodifikation implementiert. Charakteristische Fallkonstellationen bilden sich vielmehr in der Praxis heraus. Teilweise sind sie aber auch auf den Gesetzgeber selbst zurückzuführen, der sich, im Interesse einzelner Personengruppen (insb. Verbraucher), um die Schaffung einheitlicher Regeln bemüht.[14]

Angesichts der bestehenden Unterschiede bleibt es für das Verständnis der rechtlichen Einordnungsdogmatik unabdingbar, zunächst das in den einzelnen Mitgliedstaaten vorherrschende Begriffsverständnis gemischter Verträge herauszustellen. Im Anschluss soll dann erörtert werden, welche Systematik sich auf nationaler Ebene als effektiv erwiesen hat, um eine probate rechtliche Qualifikation der gemischten Verträge zu erreichen.

I. Begriff

1. *Im deutschen Recht*

Die Terminologie der gemischten Verträge im deutschen Recht ist nicht einheitlich.[15] Überwiegend wird unter einem gemischten Vertrag aber ein solcher

---

11 *Oetker/Maultzsch*, Vertragliche Schuldverhältnisse, § 16 A I Rn 5.

12 *Samuel*, in: Santos/Baldus/Dedek (Hrsg.), Vertragstypen in Europa, S. 150.

13 *Ibid.*

14 Was größtenteils aber auch auf vorhergehende Regelungsinitiativen des europäischen Gesetzgebers zurückzuführen ist, vgl. *Samuel*, in: Santos/Baldus/Dedek (Hrsg.), Vertragstypen in Europa, S. 150.

15 MünchKomm/*Emmerich*, § 311 BGB Rn 28.

verstanden, der verschiedene Elemente gesetzlich kodifizierter (typischer) oder/und verkehrstypischer Verträge in einem einheitlichen Vertrag verbindet.[16]

Manche der Vertragskonstellationen weichen allerdings so stark von den tatbestandlichen Voraussetzungen gesetzlich geregelter Vertragstypen ab, dass sie im Ergebnis einem atypischen Vertrag entsprechen.[17]

Dabei gilt es zu beachten, dass nicht schon jede Abweichung vom gesetzlich geregelten Vertragstypus eine atypische Konstellation darstellt. Werden Modifikationen vorgenommen, mögen zwar im Einzelnen die tatbestandlichen Voraussetzungen des jeweiligen Vertrages nicht vorliegen. Das heißt aber nicht, dass der modifizierte Vertrag nicht doch noch vom „zulässigen Änderbarkeitsspektrum des gesetzlichen Vertragstyps" gedeckt ist, mit der Konsequenz, dass seine Regelungen doch, ergänzend und/oder analog, zur Anwendung gelangen können.[18]

Infolge ihrer zunehmenden Verbreitung haben sich zudem einzelne atypische zu verkehrstypischen Verträgen entwickelt. Für diese Vertragstypen hat die Rechtsprechung, ähnlich einer gesetzlichen Kodifikation, bisweilen ausdifferenzierte Regelungen entworfen.[19] Als Beispiele hierfür sind u.a. der Leasingvertrag[20] und der Factoringvertrag[21] zu nennen.[22]

Erst wenn der Vertrag keine Zuordnung zu einem gesetzlichen oder verkehrstypischen Vertrag (mehr) zulässt[23] und er auch nicht als Mischung mehrerer

---

16 Vgl. Jauernig/*Stadler*, § 311 BGB Rn 30; *Larenz/Canaris*, Lehrbuch des Schuldrechts II/2, § 63 I 1, S. 42; MünchKomm/*Emmerich*, § 311 BGB Rn 24, 28; Palandt/*Grüneberg*, Überbl v § 311 BGB Rn 19; PWW/*Stürner*, § 311 BGB Rn 16; Staudinger/*Löwisch/Feldmann*, § 311 BGB Rn 31.

17 So auch MünchKomm/*Emmerich*, § 311 BGB Rn 24; Staudinger/*Löwisch/Feldmann*, § 311 Rn 31, 34; NK-BGB/*Krebs*, § 311 Rn 29 versteht hierunter Verträge *sui generis* und grenzt diese von *atypischen Verträge im engeren Sinn* ab, die zwar im Wesentlichen mit einem geregelten Vertragstyp übereinstimmen, sich aber doch zumindest in einem entscheidenden Punkt von diesem Typ unterscheiden.

18 *Martinek*, Moderne Vertragstypen I, § 2, S. 19 f.

19 Bamberger/Roth/*Gehrlein*, § 311 BGB Rn 18.

20 Beispielhafte Darstellung der Rechtsnatur des Finanzierungsleasings in: BGHZ 158, 19, 25; BGH NZV 1998, 459.

21 Beispielhafte Darstellung der Rechtsnatur des „unechten" Factorings in: BGH NJW 1972, 1715.

22 Weitere Beispiele verkehrstypischer Verträge: Bamberger/Roth/*Gehrlein*, § 311 BGB Rn 18.

23 Wie es bei den sog. Verträgen mit andersartiger Nebenleistung der Fall sein wird, *Martinek*, Moderne Vertragstypen I, § 2, S. 19; vgl. dazu im Folgenden noch unter A III 1.

typischer bzw. verkehrstypischer Vertragstypen[24] zu verstehen ist, kann er als „atypisch" bezeichnet werden.[25] Als Beispiel für einen gemischten Vertrag, der i.E. als atypischer Vertrag zu qualifizieren ist, kann der Verbandstrainervertrag[26] herangezogen werden, bei dem zusätzlich vereinbart wird, dass der Hauptsponsor des Sportvereines bzw. Verbandes, dem Trainer 5.000 Euro Belohnung für den Fall zahlt, dass die Mannschaft die Meisterschaft gewinnt[27].

Bei gemischten Verträgen sollte somit, sprachlich als auch inhaltlich, zwischen zwei Konstellationen unterschieden werden. Gemischte Verträge, die sich aus Elementen gesetzlich kodifizierter (typischer) oder/und verkehrstypischer Verträge zusammensetzen, sollten als *gemischttypische* Verträge bezeichnet werden.[28] Die von den Parteien gewählte Regelung kann hier, zumindest partiell, unter einen der gesetzlich geregelten Verträge subsumiert werden. Können die Elemente ihrem Inhalt nach unter keinen gesetzlich kodifizierten oder verkehrstypischen Vertrag gefasst werden, handelt es sich schließlich um einen *atypischen Vertrag* im engen Sinne.

2. *Im französischen Recht*

Eine eindeutige Begriffsdefinition des gemischten Vertrages (*contrat mixte ou complexe*) lässt sich auch den französischen Gesetzen nicht entnehmen. Ähnlich dem deutschen Recht, das nach „typischen" und „atypischen" Verträgen kategorisiert, wird auch hier versucht die gemischten Verträge einer beschreibenden Oberkategorie zuzuordnen. Mitbestimmend ist dabei die Frage, ob jene gemischten Verträge unter die Kategorie der benannten (*contrats nommés*) oder aber der unbenannten Verträge (*contrats innommés*) fallen. Aber selbst die Abgrenzung der letztgenannten Fallgruppen gestaltet sich problematisch. Erste Ansatzpunkte einer Begriffsdefinition lassen sich aus Art. 1107 C. civ. entnehmen. Danach unterliegen grundsätzlich alle Verträge, ob benannt oder unbenannt, den allgemeinen Regeln.

---

24 Insb. Typenkombinationsvertrag, Vertrag mit atypischer Gegenleistung und Typenverschmelzungsvertrag (A III 2–4).

25 Tw. wird insoweit auch von „typenfremden" Verträgen gesprochen, vgl. *Larenz/Canaris*, Lehrbuch des Schuldrechts II/2, § 63 IV 1, S. 60.

26 BAG BB 1999, 1118.

27 Vgl. dazu BGH NJW 2009, 2737.

28 Diese Bezeichnung wählt auch NK-BGB/*Krebs*, § 311 Rn 29; vertretbar ist es auch, bei den gemischten Verträgen zumindest von „atypischen Verträgen im weiten Sinne" zu sprechen. Schließlich ist eine derartige Kombination der verschiedenen Vertragstypen im Ergebnis ein Vertrag, der weder gesetzlich verankert noch von der Rechtsprechung verkehrstypisch ausgeformt wurde, vgl. *Martinek*, Moderne Vertragstypen I, § 2, S. 20.

Besondere Bestimmungen für einzelne Verträge finden sich in den jeweiligen, für sie vorgesehenen, Regelungsabschnitten.

Die herrschende Lehre leitet hieraus eine stark restriktive Begriffsdefinition ab.[29] Benannte Verträge sind nur solche, die durch das Gesetz selbst vorgesehen und geregelt werden. Das Projekt des Bundeskanzleramtes zur Reform des Vertragsrechtes[30] bestätigt jene enge Begrifflichkeit in seinem Art. 14. Danach sind unbenannte Verträge solche, die im Gesetz nicht durch eine eigene Bezeichnung geregelt wurden.[31] Im Umkehrschluss handelt es sich daher nur dann um benannte Verträge, wenn sie auch im Gesetz eine eigene Bezeichnung erhalten haben.[32] Für die gemischten Verträge, die in mannigfachen Varianten in Erscheinung treten können, hätte dies i.d.R. zur Folge, dass sie als unbenannte Verträge einzuordnen wären.

Eine derart formale Trennung überzeugt jedoch nicht. Die von der herrschenden Lehre favorisierte Begriffsauslegung ist veraltet[33] und vor allem mit Blick auf die heutigen Rechtserkenntnisquellen nicht mehr vertretbar. Indem sie alleine die durch Gesetz ins Leben gerufenen Verträge als „benannt" akzeptiert, lässt sie insbesondere jene Vertragsgestaltungen außer Betracht, die erst durch Praxis und Rechtsprechung entwickelt werden.[34]

Unter einem benannten Vertrag sollte daher vielmehr ein Vertrag verstanden werden, der durch Gesetz, Praxis oder die Rechtsprechung ausdrücklich bezeichnet wurde und einem besonderen juristischen Regelwerk, das durch einen eigenen Normensatz ausgefüllt wird, gleicht.

---

29 *Cabrillac*, Droit des obligations, S. 37 Rn 36; *Flour/Aubert/Savaux*, Les obligations, S. 76 Rn 89; *Légier/Tranchant*, Les obligations, S. 16; *Puig*, Contrats spéciaux, S. 3 Rn 1; *Terré/Simler/Lequette*, Les obligations, S. 78 Rn. 61; dazu auch *Blanc*, Les contrats du droit d'auteur, S. 24 f. Rn 23, m.w.N. auf S. 25 in Fn. 1.

30 „Le projet de réforme du droit des contrats", abrufbar unter: http://www.chairejlb.ca/pdf/reforme_all.pdf (Stand: 1.6.2014).

31 „Les contrats innommés sont ceux que la loi ne réglemente pas sous une dénomination propre."

32 Vgl. *Blanc*, Les contrats du droit d'auteur, S. 24 f. Rn 23.

33 Dass nur die im Gesetz benannten Verträge rechtliche Konsequenzen nach sich ziehen, geht ursprünglich auf das römische Recht zurück. Heute beherrscht das Konsensualprinzip die Vertragsgestaltung. Der Vertrag kommt durch den gemeinsamen Willen der beteiligten Parteien zustande, nicht durch eine bestimmte Vertragsform oder Handlung, vgl. *Blanc*, Les contrats du droit d'auteur, S. 26 Rn 23.

34 Wie sich aus Art. 1135 C. civ. ergibt, scheint der französische Gesetzgeber selbst eine Symbiose aller drei Bereiche – Gesetz, Praxis und Rechtsprechung – für die Vertragsauslegung zu bevorzugen, *Blanc*, Les contrats du droit d'auteur, S. 28 Rn 25.

Weil der benannte Vertrag für sich genommen eine eigene juristische Kategorie bildet, sollten für dessen Vorliegen drei Merkmale kumulativ erfüllt sein. Er sollte (1) einem spezifischen Vorgang entsprechen; (2) gewisse charakteristische Merkmale aufweisen, die es erlauben den entsprechenden Vertrag zu identifizieren und von anderen Verträgen abzugrenzen und schließlich (3) einen Satz spezieller Regelungen, wenn auch nicht vollumfänglich, zur Anwendung gelangen lassen.[35]

Tatsächlich, so wird hervorgehoben, ist die (zugegebenermaßen doch sehr theoretische) Unterscheidung zwischen benannten und unbenannten Verträgen nur dann von Interesse, wenn durch sie Rückschlüsse auf die Anwendbarkeit eines bestimmten rechtlichen Regelwerkes geschlossen werden können. Ein Vertrag sollte daher insbesondere dann als „benannt" gelten, wenn durch ihn Sonderregelungen zur Anwendung gelangen.[36]

Die herrschende Meinung in Rechtsprechung und Literatur ordnet den gemischten Vertrag schließlich als einen Vertrag ein, der sich aus zwei oder mehreren speziellen (benannten) Vertragstypen zusammensetzt.[37]

Die Kombination dieser Vertragstypen ist, je nach Parteiintention, in vielfacher Weise variabel. Nicht alle Verträge wurden bisher einer eindeutigen gesetzlichen Regelung zugeführt oder haben durch die Praxis ihren unverwechselbaren Charakter per Namensgebung erhalten.

Solange sich aber – wenn auch nach entsprechender Qualifikation – Regeln herausfiltern lassen, die es ermöglichen den Vertrag bzw. die sich im Einzelfall daraus ergebenden Rechte und Pflichten einer eindeutiger gesetzlicher Reglungen zuzuführen, sollte auch der gemischte Vertrag unter die Kategorie der benannten Verträge fallen.

3. *Im englischen Recht*

Nach Analyse einschlägiger Rechtsquellen, hat sich der Verfasserin dieser Arbeit eine allgemeingültige Begriffsdefinition des gemischten Vertrages im englischen Recht nicht erschlossen. In Gesetz und Rechtsprechung finden sich keine

---

35 Dazu im Ganzen: *Blanc*, Les contrats du droit d'auteur, S. 34 Rn 31.

36 *Blanc*, Les contrats du droit d'auteur, S. 35 Rn 31.

37 Vgl. Cass. civ., 1ère, Urt. v. 3.7.2001, Contrats, conc., consom. 2001, comm. 169; vgl. auch Cass. civ. 3ième, Urt. v. 16.3.1977, Bull. civ. 1977, III, Nr. 131 (alle in der Arbeit zitierten Urteile des Cour de cassation sind zudem abrufbar unter: http://www.legifrance.gouv.fr/initRechJuriJudi.do); *Buffelan-Lanore/Larribau-Terneyre*, Les obligations, S. 258 Rn 711; *Terré/Simler/Lequette*, Les obligations, S. 99 f. Rn 76.

Ansatzpunkte. Auch englische Autoren verzichten vollends auf die Entwicklung bzw. Auseinandersetzung mit einer umfassenden Begriffsbestimmung.

Unabhängig davon, dass sich die aus dieser Arbeit zu gewinnenden Ergebnisse nicht auf rechtsvergleichende Darstellungen stützten werden, sollen zumindest mögliche Gründe für diesen (Theorie-) Mangel im englischen Recht aufgeführt werden:

Anders als in den vom *civil law* geprägten Ländern wie Deutschland und Frankreich, steht im pragmatischen *common law* die Rechtsfindung durch den Richter im Vordergrund. Eine Kodifikation, in der sich allgemein umfassende Regelungen zu den verschiedenen Vertragsarten finden, gibt es nicht. Vielmehr ist das englische Recht durch eine Bandbreite an Gesetzen und Verordnungen geprägt, die, jede für sich, Regelungen für den jeweils in Frage stehenden Vertragstyp gesondert aufstellt. Die Entwicklung einer allgemeingültigen Begrifflichkeit für gemischte Verträge gestaltet sich daher besonders mühsam.

Zudem wurde gerade für den Bereich, in dem der gemischte Vertrag mit hoher Sequenz auftritt, nämlich im Rahmen der Abgrenzung von Kauf- und Dienstleistungsverträgen (*supply of goods*; *supply of services*) eine (scheinbar) klare Aussage getroffen: S. 12 (3) SGSA statuiert, dass es für die Anwendung der dienstvertraglichen Regelungen nicht relevant ist, ob der Vertrag zusätzlich die (geschuldete) Übertragung oder Hinterlegung (auch im Wege der Vermietung) beinhaltet.

Kommende Gesetzesinitiativen wählen ähnliche Begriffseingrenzungen, ohne jedoch einen Ausschluss bestimmter Regelungsmaterien vorzunehmen. So bspw. der *Draft Consumer Rights Bill*[38], der für alle B2C Verträge den *Supply of Goods and Services Act 1982* ablösen soll[39]. Er erläutert in Klausel 1 Abs. 4 des ersten Kapitels, dass unter gemischten Verträgen (*mixed contracts*) solche Verträge zu verstehen sind, die unter mehrere der behandelten Kapitel (Warenkauf, digitale Inhalte und Dienstleistungen) fallen.

4. *Zusammenfassung und Stellungnahme*

Im Rahmen der Begriffsbestimmung des gemischten Vertrages weisen die deutschen und französischen Einordnungsbemühungen starke Bezüge zueinander auf. In beiden Rechtsordnungen sieht der Großteil der Literatur den gemischten Vertrag als gemischt*typischen* Vertrag an, der aus verschiedenen gesetzlich kodifizierten bzw. verkehrstypisch ausgeprägten Verträgen besteht. Gemischte

38 Abrufbar unter: https://www.gov.uk/government/uploads/system/uploads/attachment_data/file/206367/bis-19-925-draft-consumer-rights-bill.pdf (Stand: 1.6.2014).

39 Vgl. Draft Consumer Rights Bill – Explanatory notes, S. 10.

Verträge, die nicht einem kodifizierten bzw. verkehrstypisch ausgeprägten Vertragstyp zugeordnet werden können, werden als *atypische* bzw. *unbenannte* Verträge qualifiziert.

Zumindest in Teilbereichen verfolgt auch der englische Gesetzgeber eine ähnliche Begriffsabgrenzung.

Ein derartiges Verständnis des gemischten Vertrages erleichtert – jedenfalls in einem ersten Schritt – das Auffinden des auf den Vertrag anwendbaren Rechtes. Regelmäßig wird der Vetrag als typischer bzw. benannter Vertrag einegordnet werden können. Er entspricht dann bestimmten Merkmalen, die den Rechtsanwender schließlich berechtigen, den Vertrag einer bestimmten Vertragsart zuzuordnen.[40] Unabhängig davon, wie die konkrete rechtliche Behandlung im Einzelnen erfolgt[41], wird so bereits auf einer ersten Stufe klargestellt, dass regelmäßig ein abgrenzbarer Normensatz bestimmter kodifizierter bzw. verkehrstypischer Vertragsordnungen zur Anwendung gelangt.

II. Rechtliche Behandlung: Typenabgrenzung bei gemischten Verträgen

Gemischte Verträge können in mannigfachen Variationen auftreten. Deshalb entstehen bereits auf nationaler Ebene besondere Probleme mit Blick auf die Bestimmung des auf den Vertrag anwendbaren Rechtes. Wie dieses schwierige Rechtsanwendungsproblem durch die deutsche, französische und englische Rechtsprechung und Literatur gelöst werden soll und ob sich daraus ein hilfreiches Konzept entwickeln ließ bzw. lässt, soll im Folgenden dargestellt werden. Die dargestellten Typenabgrenzungsversuche beziehen sich dabei insbesondere auf die Fälle der gemischttypischen Verträge. Vor allem in diesem Bereich verlangt die Frage des anwendbaren Rechtes die Entscheidung, ob den Regeln der einen oder der anderen Vertragsart der Vorrang einzuräumen ist.[42]

1. Deutschland

Für die gemischttypischen Verträge haben sich in der deutschen Literatur insbesondere drei Theorien entwickelt, die das Problem der Qualifizierung jener Verträge adäquat zu lösen suchen. Unterschieden wird zwischen der Absorptionstheorie, der Kombinationstheorie und der Theorie der analogen Rechtsanwendung.

---

40 *Gernhuber*, Schuldverhältnis, § 7 V 1.

41 Dazu im folgenden Abschnitt.

42 Bamberger/Roth/*Gehrlein*, § 311 BGB Rn 20.

Die Vertreter der Absorptionstheorie[43] wenden auf den Vertrag das Recht der Hauptleistungspflicht an. Auf den gesamten Vertrag wird dann das dominierende Recht angewandt, während die übrigen Elemente „absorbiert“ werden.[44]

Die Kombinationstheorie[45] trennt hingegen den Vertrag in seine einzelnen Bestandteile und lässt das Recht Anwendung finden, das die jeweilige (gestörte) Leistungspflicht charakterisiert. Kollidieren die gesetzlichen Vorschriften, soll der (mutmaßliche) Parteiwille als Auslegungshilfe dienen.[46]

Einen anderen dogmatischen Ansatz wählt dann noch die Theorie der analogen Rechtsanwendung.[47] Sie geht davon aus, dass das Gesetz Mischformen überhaupt nicht regelt. Die Vorschriften des besonderen Schuldrechts seien insoweit nur analog anwendbar.[48]

Gemischte Verträge, die i.E. einem atypischen Vertrag entsprechen, da sie nicht unmittelbar unter einen der gesetzlich verankerten oder verkehrstypisch aufgeformten Verträge subsumiert werden können, werden nach den allgemeinen Regeln des Schuldrechts beurteilt. Feste Regeln lassen sich für diese Fallkonstellationen nur schwer entwickeln. Hier kommt es entscheidend auf die Umstände des Einzelfalles und die mit dem Vertrag verbundenen Partei- und Verkehrsinteressen (§§ 133, 157 BGB) an.[49]

2. Frankreich

In Frankreich konkurrieren im Ergebnis die Stimmen zweier großer Strömungen. Unterschieden wird zwischen jenen, die eine ausschließende Qualifikation („*qualification exclusive ou unique*“) vornehmen und jenen, die eine gemischte Qualifikation („*qualification distributive ou mixte*“) bevorzugen.[50]

Setzt sich ein Vertrag aus mehreren, gesetzlich normierten Vertragstypen zusammen, filtern die Vertreter der gemischten Qualifikation denjenigen Vertragstypus heraus, zu dem der gemischttypische Vertrag die meiste Ähnlichkeit aufweist. Auf den gesamten Vertrag finden dann die Regeln dieses, als „Hauptvertrag“

---

43 Begründet von *Lotmar*, Der Arbeitsvertrag I, S. 176 ff., 686 ff.

44 *Larenz/Canaris*, Lehrbuch des Schuldrechts II/2, § 63 I 3, S. 44; *Oetker/Maultzsch*, Vertragliche Schuldverhältnisse, § 16 A III 3 Rn 21.

45 Begründet von *Rümelin*, Dienst- und Werkvertrag, S. 320 ff. und *Hoeniger*, Die gemischten Verträge, vgl. insb. S. 360 ff.

46 Palandt/*Grüneberg*, Überbl v § 311 BGB Rn 24.

47 Begründet von *Schreiber*, in: JherJ 60 (1912), S. 106 ff.

48 *Schreiber*, in: JherJ 60 (1912), S. 106, 210 ff.

49 MünchKomm/*Emmerich*, § 311 BGB Rn 26.

50 Vgl. Cass. civ., 1ère, Urt. v. 3.7.2001, Contrats, conc., consom. 2001, comm. 169.

(„*principal*") qualifizierten, Vertrages Anwendung.[51] Der Richter folgt insoweit dem Grundsatz: *accessorium sequiter principale* (Die Nebensache teilt notwendig das Schicksal der Hauptsache).[52]

Bei der gemischten Qualifikation wird der Vertrag hingegen in seine einzelnen, jeweils vertragscharakteristischen Bestandteile aufgeteilt.[53]

Dabei kann die Spaltung des Vertrages auf zwei unterschiedliche Weisen erfolgen: Entweder man unterscheidet nach (i) der Natur der Leistungspflichten (dépeçage „*dans l'espace*") oder (ii) der verschiedenen Zeitperioden der Vertragsausführung (dépeçage „*dans le temps*").[54]

Eine Unterscheidung nach der Natur der Leistungspflichten findet sich oftmals bei Verträgen, die sowohl Kauf- als auch Dienstleistungselemente enthalten. Der Verkäufer verpflichtet sich dazu, die gekaufte Sache zu liefern und zugleich eine Dienstleistung auf Rechnung des Käufers zu erbringen. Ist der Pflichtenkreis des Verkäufers betroffen, finden die Regeln des Kaufvertrages Anwendung. Sind hingegen die Verpflichtungen des Dienstleisters betroffen, richtet sich der Vertrag nach dem Dienstleistungsrecht.[55]

Prädestiniert für eine Differenzierung nach den verschiedenen Zeitperioden der Vertragsausführung ist hingegen der im französischen Recht entwickelte Kaufvertrag über ein geplantes und noch zu errichtendes Gebäude („*la vente d'immeuble à construire*"). Der in Art. L 261–1 Code de la construction et de l'habitation definierte Vertrag durchläuft letztlich zwei Zeitphasen. Während der Errichtungsphase stehen die Regeln des Dienstleistungsvertrages im Vordergrund. Nach Fertigstellung dominieren hingegen die Regeln des Kaufes den Vertrag.[56]

3. England

In England findet sich weder im Gesetz noch in Rechtsprechung oder Literatur eine theoretische Aufarbeitung zur Qualifikation der gemischten Verträge.

---

51 *Malaurie/Aynès/Gautier*, Contrats spéciaux, S. 12.

52 *Labarthe*, in: Mélanges B. Bouloc, S. 539, 556; *Malaurie/Aynès/Gautier*, Contrats spéciaux, S. 12; *Puig*, Contrats spéciaux, S. 31 ff. Rn 31–34, mit ausführlicher Darstellung des Merkmals der „Nebensache" („*accessoire*").

53 *Puig*, Contrats spéciaux, S. 31 ff. Rn 31–34.

54 Cass. civ., 1ère, Urt. v. 3.7.2001, Contrats, conc., consom. 2001, comm. 169; *Mainguy*, Contrats spéciaux, S. 20 f. Rn 15 f.; *Malaurie/Aynès/Gautier*, Contrats spéciaux, S. 13.

55 Vgl. *Mainguy*, Contrats spéciaux, S. 21 Rn 16.

56 *Ibid.*

Allgemeingültige Lösungsansätze gibt es nicht.[57] Durch die rechtstechnische Herangehensweise des *common law* geprägt, bedienen sich die Autoren vielmehr an Beispielsfällen, um im Zweifel zu einer adäquaten Lösung zu gelangen.[58] Lediglich vereinzelt wurde versucht eine übergreifende schematische Lösung zu entwickeln. *Cooke/Oughton* favorisierten zum Beispiel – zumindest im Rahmen der Abgrenzung zwischen *supply of goods* und *supply of services* – auf den Schwerpunkt des Vertrages abzustellen.[59]

Auch die Rechtsprechung entwickelte bisher keine eigene Theorie, sondern entscheidet je nach Faktenlage des Einzelfalles.[60] Schematische Vorgehensweisen lassen sich insoweit nur in Randbereichen erkennen. So erfolgt zum Beispiel die Abgrenzung von Kauf- und Dienstleistungsverträgen i.d.R. nach dem jeweils gewollten Endergebnis (entweder das Werk an sich oder aber die Arbeitskraft).[61]

Zumindest für das Verbraucherrecht scheint aber erstmals eine klare Antwort auf die Frage der rechtlichen Einordnung gemischter Verträge („*mixed contracts*") gesucht worden zu sein. In den „*Explanary notes*"[62] zum Draft Consumer Rights Bill[63] wird klar gestellt, dass die in Frage stehenden Rechte und Rechtsbehelfe nach dem jeweils betroffenen Teil des gemischten Vertrages beurteilt werden sollen. Ist bspw. das Dienstleistungselement betroffen, richten sich die betroffenen Rechte nach diesem Recht, für Streitigkeiten im Bereich von Warenkaufverträgen gelten die kaufvertraglichen Rechte, u.s.w. Gesetzliche Verankerung finden diese Grundsätze in Klausel 1 Abs. 3–5 des ersten Kapitels des Consumer Rights Bills. Unberührt bleiben die sich für die jeweiligen Vertragstypen aus den einzelnen Kapiteln ergebenden Spezialregelungen.[64]

---

57 *Mückel*, Der Vertragsbruch des Dienstleisters, S. 105.

58 Vgl. *Woodroffe*, Goods and Services, S. 108 f.; *Schmidt-Kessel*, Standards, S. 295 f.

59 „The test employed to distinguish between a supply of goods and a supply of services is to enquire what is the substance of the contract", *Cooke/Oughton*, The Common Law of Obligations, S. 571; *Mückel*, Der Vertragsbruch des Dienstleisters, S. 105, der aber darauf hinweist, dass diese Schwerpunktbetrachtung mit s. 12 (3) SGSA nicht zweifelsfrei zu vereinbaren ist.

60 Vgl. *Hondius, u.a.*, PEL-Sales, Chapter 1, Art. 1:101, Notes, 1.

61 Robinson v. Graves [1935] 1 K.B. 579; Lee v. Griffin (1861) 1 B. & S. 272; Cammell Laird & Co Ltd. v. The Manganese Bronze and Brass Co Ltd. [1934] A.C. 402; Lockett v. A & M Charles Ltd. [1938] 4 All. E.R. 170.

62 Abrufbar unter: https://www.gov.uk/government/uploads/system/uploads/attachment_data/file/206561/bis-13-926-draft-consumer-rights-bill-explanatory-notes.pdf (Stand: 1.6.2014).

63 S.o. Fn. 38.

64 Vgl. Draft Consumer Rights Bill – Explanatory notes, S. 10.

Dass hieraus indes keine allgemeingültige Aussage getroffen werden kann, zeigen die entsprechenden Regelungen in den Public Contracts Regulations 2006.[65] Das Öffentliche Vergaberecht, das sich mit den Regeln und Verfahrensvorgängen beim Vertragsabschluss über Waren, Werk- oder Dienstleistungen zwischen der öffentlichen Hand und den jeweiligen privaten Versorgungsunternehmen beschäftigt, nimmt eine Einordnung von Verträgen, die sowohl Kauf- als auch Dienstleistungselemente enthalten, anhand des Wertes vor. Nach Klausel 2 Absatz 2 des ersten Teiles liegt somit ein Dienstleistungsvertrag nur dann vor, wenn der Wert der in Frage stehenden Dienstleistung den Wert der Ware übersteigt.[66]

4. *Stellungnahme*

Die Absorptionstheorie vermag gerade jenen Fallgestaltungen nicht gerecht zu werden, bei denen nicht eine bestimmte Vertragspflicht überwiegt, sondern alle Elemente des gemischttypischen Vertrages für die Vertragsparteien gleichwertig nebeneinanderstehen. Oftmals lässt sich eine Hauptleistungspflicht gar nicht herausfiltern. Paradebeispiel ist der Beherbergungsvertrag. Er setzt sich im Wesentlichen zusammen aus Elementen des Miet- (§§ 535 ff. BGB), Kauf- (§§ 433 ff. BGB), Dienst- (§§ 611 ff. BGB), Werk- (§§ 631 ff. BGB), Werklieferungs- (§ 651 BGB), Verwahrungsvertrages (§§ 688 ff. BGB) und Auftrages (§§ 662 ff. BGB).[67] Insoweit sind alle vom Wirt zu erbringenden Leistungen wesensbestimmend für den Beherbergungsvertrag.[68] Will man einen solchen oder ähnlich gelagerten Vertrag einseitig unter einen, insoweit willkürlich ausgesuchten, Vertragstyp subsumieren, könnte dies letztlich dazu führen, dass die von den Parteien im konkreten Fall gesetzten wirtschaftlichen Vertragsschwerpunkte bewusst missachtet werden.[69] So kommt es dem Vertragspartner u.U. nicht nur auf die ordnungsgemäße Überlassung des gemieteten Zimmers an. Das Interesse an

---

65 Abrufbar unter: http://www.legislation.gov.uk/uksi/2006/5/pdfs/uksi_20060005_en.pdf (Stand: 1.6.2014).

66 Diese Grundsätze gelten im Übrigen auch für die später erlassenen *Defence and Security Public Contracts Regulations 2011*, vgl. Kapitel 6 Absatz 20; abrufbar unter: https://www.gov.uk/government/uploads/system/uploads/attachment_data/file/27656/06feb_dspcr_c6_class_contracts.pdf (Stand: 1.6.2014).

67 Staudinger/*Werner*, Vorbem zu §§ 701 ff BGB Rn 7.

68 Palandt/*Sprau*, Einf v § 701 Rn 3; Staudinger/*Werner*, Vorbem zu §§ 701 ff. BGB Rn 8; *Canaris*, JuS 1970, 219.

69 *Schreiber*, in: JherJ 60 (1912), S. 106, 199 spricht insoweit von einer „Vernachlässigung wirtschaftlicher Abweichungen zugunsten der juristischen Schablone" und *Enneccerus/Lehmann*, Recht der Schuldverhältnisse, § 100 B, S. 395 sogar von einer

einer ordnungsgemäßen Erfüllung der danebentretenden Leistungen, die u.a. aus der Verpflegung, diversen Serviceleistungen und der Verwahrung des Gepäcks bestehen können, kann durchaus gleich bedeutend für ihn sein.

Die französische Literatur hat ebenfalls starke Zweifel an der Geeignetheit des Konzepts der ausschließenden Qualifikation, dem französischen Pendant zur deutschen Absorptionstheorie. Durch die Komplexität der jeweils zusammentreffenden Verträge sei es nahezu unmöglich zwischen den einzelnen Vertragspflichten eine Hierarchie herzustellen.[70] Selbst die ausgefeilteste, von Rechtsprechung und Literatur entwickelte Theorie zur Abgrenzung von Haupt- und Nebenpflichten schafft es nicht, eine (rechts-)sichere Handhabung der Qualifizierung gemischttypischer Verträge zu gewährleisten.[71] Als taugliches Lösungskonzept kommt die Absorptionstheorie daher allenfalls bei einer eindeutigen Dominanz einer Hauptleistung in Betracht.[72]

Aber auch das Kombinationsmodell führt nicht immer zu befriedigenden Lösungen. Durch die Aufspaltung in die einzelnen Bestandteile mag dieses Modell, vor allem im Vergleich zur Absorptionsmethode, eine höhere Flexibilität aufweisen.[73] Oftmals aber lassen sich gemischttypische Verträge nicht trennscharf in ihre Bestandteile dividieren. Das zeigt sich vor allem am Beispiel der gemischten Schenkung, bei der eine Sache für einen niedrigeren Preis als ihrem Marktwert mit dem Zweck verkauft wird, den Käufer in Höhe der Differenz zu beschenken. Der Vertrag umfasst sowohl Elemente der Schenkung als auch des Kaufs, da der Preis, obgleich er niedriger als der Marktpreis ist und die Differenz zwischen Preis und Marktpreis die Bereicherung begründet, jedenfalls eine Gegenleistung darstellt.[74] Bei Anwendung der Kombinationsmethode müsste der gesamte Vertrag, trotz eines nicht teilbaren Gegenstandes, in fiktive Teile zerlegt werden.[75]

„Vergewaltigung des einzelnen Schuldverhältnisses"; in diesem Sinne auch *Oetker/Maultzsch*, Vertragliche Schuldverhältnisse, § 16 A III 3 Rn 21.

70 „C'est le cas de nombreux contrats complexes au sein desquels il est souvent impossible d'établir une hiérarchie entre les obligations.", *Puig*, Contrats spéciaux, S. 33 Rn 35.

71 Vor allem die französische Jurisprudenz entwickelte eine Bandbreite an Theorien zur Abgrenzung von Haupt- und Nebenleistungspflichten bei gemischten Verträgen. Zu einer kritischen Analyse der verschiedenen Konzeptionen siehe *Puig*, Contrats spéciaux, S. 31 ff. Rn 31–35.

72 *Joisten*, Mehrkomponentengeschäfte, S. 35.

73 Vgl. *Oetker/Maultzsch*, Vertragliche Schuldverhältnisse, § 16 A III 3 Rn 22.

74 Staudinger/*Chiusi*, Vorbem zu §§ 516 ff BGB Rn 159.

75 *Oetker/Maultzsch*, Vertragliche Schuldverhältnisse, § 16 A III 3 Rn 22.

Dass der gemischttypische Vertrag aus einzelnen Vertragsstücken mit jeweils fest zugeordneten Rechtsfolgen besteht, erscheint dabei insbesondere mit Blick auf die Parteiautonomie und der daraus resultierenden Gestaltungsvarianten ein allzu optimistischer Gedanke zu sein.[76] Letztlich bildet auch der gemischttypische Vertrag eine Sinneseinheit, dessen Regelungen sich aufeinander beziehen und ergänzen[77] und einer isolierten Betrachtung nicht ohne Weiteres zugänglich sind.[78] Zudem können Besonderheiten des Einzelfalles und insbesondere der Zweck der Norm dazu führen, dass bestimmte Rechtsvorschriften Geltung für den gesamten Vertrag beanspruchen.[79] Das gilt insbesondere für solche Normen, die über die Wirksamkeit und den Fortbestand des Vertrages entscheiden.[80] So muss beispielsweise für eine Kündigung eines Vertrages, der sich aus Arbeits-, Miet- und Dienstleistungselementen zusammensetzt, regelmäßig das KSchG gelten.[81]

Kritik erfährt ebenfalls das französische Modell der gemischten Qualifikation. In Rechtsprechung und Lehre findet es nur in Ausnahmefällen Anwendung.[82] Es entspreche oftmals nicht dem Willen der Parteien, denen es sehr wohl darauf ankommen mag, den Vertrag nur einem einzigen Regime zu unterwerfen. Im besten Falle führe dieses Modell zu Doppelspurigkeiten, im schlimmsten Falle jedoch zu Widersprüchen und Ungereimtheiten.[83]

Nicht zu überzeugen vermag auch die im deutschen Recht entwickelte Theorie der analogen Rechtsanwendung. Ob eine Norm direkt oder analog anwendbar ist, stellt für den Rechtspraktiker im Zweifel – eine mehr oder minder – vernachlässigenswerte Vorfrage dar. Entscheidend ist, ob die Norm überhaupt auf den Vertrag bzw. einzelne seiner Bestandteile Anwendung finden soll.[84] Maßgebend für jene Beurteilung sollen die Interessenlage und der Gesetzeszweck des

---

76 *Stoffels*, Gesetzlich nicht geregelte Verträge, S. 156.

77 So auch *Stoffels*, Gesetzlich nicht geregelte Verträge, S. 156, der von einem „organischen Beziehungsgeflecht" spricht.

78 *Schreiber*, in: JherJ 60 (1912), S. 106, 208, 210; *Eick*, Problem der gemischten Verträge, S. 64; *Martinek*, Moderne Vertragstypen I, § 2 II, S. 23 f.; *Stoffels*, Gesetzlich nicht geregelte Verträge, S. 156.

79 Staudinger/*Löwisch/Feldmann*, § 311 BGB Rn 38; *Larenz/Canaris*, Lehrbuch des Schuldrechts II/2, § 63 I, S. 44.

80 *Oetker/Maultzsch*, Vertragliche Schuldverhältnisse, § 16 A III 3 Rn 22.

81 BAGE 21, 340 = BAG NJW 1969, 1192.

82 *Puig*, Contrats spéciaux, S. 31 ff. Rn 31–34 mit einer Auswahl der (wenigen) von der Rechtsprechung anerkannten Fallvariationen im Bereich der gemischten Qualifikation.

83 *Puig*, Contrats spéciaux, S. 36 Rn 37.

84 *Gernhuber*, Schuldverhältnis, § 7 V 4; *Stoffels*, Gesetzlich nicht geregelte Verträge, S. 157.

jeweiligen Rechtssatzes sein.[85] Mit derart vagen und subjektiven Bestimmungsmerkmalen zur Ergebnisermittlung werden aber kaum vorhersehbare Ergebnisse erzielt werden können.[86] Rechtssicherheit kann mit der Theorie der analogen Rechtsanwendung jedenfalls nicht erreicht werden.[87]

Unabhängig davon, dass sich in der englischen Rechtsprechung und Literatur keine Theoriendiskussion herausgebildet hat, sind auch die in jüngerer Zeit von der englischen Gesetzgebung angestrebten Einordnungsbemühungen für gemischte Verträge wenig praktikabel. So löst bspw. eine reine Abgrenzung nach dem Wert der jeweils in Frage stehenden Elemente zwar einen Großteil der Fallkonstellationen, hilft aber auch dann nicht weiter, wenn nahezu identische Wertverhältnisse vorliegen.

Die dargestellten Theorien sind daher nicht dazu geeignet, alle Fallkonstellationen gemischttypischer Verträge sachgerecht zu lösen. Führen sowohl Absorptions- als auch Kombinationstheorie zu keinen angemessenen Ergebnissen, muss für das auf einen gemischttypischen Vertrag anwendbare Recht, bei Fehlen einer ausdrücklichen Abrede, auf den mutmaßlichen Parteiwillen abgestellt werden. Entscheidend ist dabei eine sorgfältige Analyse der im konkreten Vertrag jeweils zusammengeführten Lebensvorgänge und Rechtsverhältnisse. Erst eine Gesamtschau dieser Umstände ermöglicht es, mit Blick auf den Zweck und die Funktionsweise der in Betracht kommenden Normen, die jeweils passenden Regeln zur Anwendung gelangen zu lassen.[88] Dieser Gedanke findet sich grenzüberschreitend auch im französischen Schrifttum wieder. Auch hier wird

---

85 *Schreiber*, in: JherJ 60 (1912), S. 106, 212.

86 *Stoffels*, Gesetzlich nicht geregelte Verträge, S. 157; vgl. auch *Dellios*, Rechtsfindungsmethode, S. 205; *Tillmann*, Rechtliche Behandlung des gemischten Vertrages, S. 53 ff., der die in der Schreiberischen Fassung noch zu vage formulierten Bedingungen des Gesetzeszwecks und der Interessenlage durch gleichzeitige Anwendung der Kombinationstheorie auszufüllen sucht.

87 *Eick*, Problem der gemischten Verträge, S. 68; *Stoffels*, Gesetzlich nicht geregelte Verträge, S. 157.

88 Dazu im Ganzen: RGZ 161, 323; BGH NJW 2002, 1336, 1337; BGH NJW 2008, 1072, 1073; Bamberger/Roth/*Gehrlein*, § 311 BGB Rn 20; MünchKomm/*Emmerich*, § 311 BGB Rn 29; Palandt/*Grüneberg*, Überbl v § 311 BGB Rn 25 f.; Staudinger/*Löwisch/Feldmann*, § 311 BGB Rn 39; *Enneccerus/Lehmann*, Recht der Schuldverhältnisse, § 100 B, S. 395 f.; *Oetker/Maultzsch*, Vertragliche Schuldverhältnisse, § 16 A III 3 Rn 23 f.

für die Qualifizierung des gemischttypischen Vertrages auf die Finalität i.S.d. vertraglichen Zieles abgestellt.[89]

Für den Rechtsanwender bedeutet dies jedoch, dass er bei jedem Vertrag, aufgrund der Vielgestaltigkeit der auftretenden Mischformen, eine einzelfallabhängige Ergebnissuche mit Blick auf den Charakter und die Zusammensetzung des Vertrages vorzunehmen hat.[90] Die dargestellten Theorien können insoweit zumindest als Richtlinien fungieren.[91] So kann es sein, dass in manchen Fällen die Anwendung der Absorptionsmethode, in anderen wiederrum eine Lösung nach der Kombinationsmethode zu bevorzugen ist. Die Methoden können im Ergebnis auch kombiniert oder modifiziert zur Anwendung gelangen.[92]

III. Arten von gemischttypischen Verträgen

Ohne jedwede Kategorisierung auftretender Fallkonstellationen gestaltet sich die Suche nach dem anwendbaren Recht jedoch besonders schwierig. Erst nach einer gemeinsamen Erörterung durch Rechtspraxis und Rechtslehre ist es überhaupt möglich, eine verallgemeinernde Systematisierung für gemischte Verträge zu schaffen.[93] Die Entwicklung eines vernünftigen Einordnungssystems, zumindest für die gemischttypischen Verträge, ist daher ein langwieriger Prozess. Adäquate Systematisierungsversuche aus der französischen und englischen Literatur und/oder Rechtsprechung haben sich der Verfasserin nicht erschlossen.

Unter Beachtung der Eigenarten der verschiedenen Erscheinungsformen, haben sich aber insbesondere in der deutschen Literatur und Rechtsprechung verschiedene Arten von gemischttypischen Verträgen herausgebildet, wobei die Grenzen flüssig und in den einzelnen Fällen häufig umstritten sind.[94] Dennoch sollen diese Fallgruppen zumindest das Auffinden des anwendbaren Rechtes

89 „La qualification de l'opération dépend alors de la finalité du contrat entendue comme le but vers lequel convergent les obligations non monétaires assumées par l'une des parties au contrat", *Puig*, Contrats spéciaux, S. 34 Rn 36; vgl. auch *Mainguy*, Contrats spéciaux, S. 22 Rn 17.

90 Ähnlich auch: MünchKomm/*Emmerich*, § 311 BGB Rn 29; *Oetker/Maultzsch*, Vertragliche Schuldverhältnisse, § 16 A III 3 Rn 23.

91 Vgl. auch: *Gitter*, Gebrauchsüberlassungsverträge, § 6 B.

92 *Enneccerus/Lehmann*, Recht der Schuldverhältnisse, § 100 B, S. 396; *Larenz/Canaris*, Lehrbuch des Schuldrechts II/2, § 63 I 3, S. 45 f.; *Oetker/Maultzsch*, Vertragliche Schuldverhältnisse, § 16 A III 3 Rn 23.

93 Staudinger/*Löwisch/Feldmann*, § 311 BGB Rn 39; *Martinek*, Moderne Vertragstypen I, § 2, S. 29 ff.

94 MünchKomm/*Emmerich*, § 311 BGB Rn 28.

vereinfachen und eine Trennung von den typischen und atypischen Verträgen sicherstellen.[95] Das Spektrum reicht hier von den typischen Verträgen mit andersartiger Nebenleistung (1) über die Kombinationsverträge (2) und die gemischten Verträge mit atypischer Nebenleistung (3) bis hin zu den Typenverschmelzungsverträgen (4).

1. Typischer Vertrag mit andersartiger Nebenleistung

Eine erste Fallgruppe gemischttypischer Verträge entsteht dadurch, dass die Parteien zwar einen typischen Vertrag vereinbaren, dieser jedoch mit einer Nebenleistung verknüpft wird, die – isoliert betrachtet – einem anderen Vertragstyp zugeordnet wird.[96]

Derartige Fallkonstellationen trifft man in der Rechtsprechung besonders häufig an. Beispielhaft sei hier die Zimmervermietung in Verbindung mit der Verpflichtung zur wöchentlichen Reinigung der Wäsche genannt, wobei die Miete als Hauptleistung und die Reinigung als untergeordnete Nebenleistung qualifiziert werden kann.[97] Klassisch ist auch der Fall des Kaufes mit anschließender (untergeordneter) Montageverpflichtung.[98]

In diesen Fällen ist das Recht vorrangig nach dem Recht des Hauptvertrages zu beurteilen. Im Prinzip orientiert sich die Lösung daher an der *Absorptionsmethode*.[99] Dennoch ist es in Einzelfällen nicht ausgeschlossen, dass auch das Recht des die Nebenleistung charakterisierenden Vertragstypes Anwendung findet, sofern dies nicht dem Zweck und der Eigenart des gesamten Vertragsgefüges entgegensteht.[100]

95 *Enneccerus/Lehmann*, Recht der Schuldverhältnisse, § 100 B, S. 396.
96 MünchKomm/*Emmerich*, § 311 BGB Rn 33; Soergel/*Wolf*, § 305 BGB Rn 28.
97 RGSt 20, 417.
98 BGH NJW 1998, 3197; BGH NJW-RR 2004, 850; OLG Stuttgart BB 1971, 239, hier jedoch als Typenkombinationsvertrag mit gleichwertigen Pflichten qualifiziert; mit weiteren Fallbeispielen auch: Bamberger/Roth/*Gehrlein*, § 311 BGB Rn 21; Soergel/*Wolf*, § 305 BGB Rn 28; Staudinger/*Löwisch/Feldmann*, § 311 BGB Rn 45.
99 Bamberger/Roth/*Gehrlein*, § 311 BGB Rn 21; MünchKomm/*Emmerich*, § 311 BGB Rn 33; ähnlich: Soergel/*Wolf*, § 305 BGB Rn 28; Staudinger/*Löwisch/Feldmann*, § 311 BGB Rn 45.
100 BGH NJW 1951, 596; BGH NJW 1975, 305, 306 (= zahnprothetischer Behandlungsvertrag: „Schmerzbehandlung" richtet sich nach § 611 BGB; Das Anfertigen der Zahnprothese hingegen nach den §§ 651, 434 ff. BGB); Bamberger/Roth/*Gehrlein*, § 311 BGB Rn 21; Soergel/*Wolf*, § 305 BGB Rn 28; Staudinger/*Löwisch/Feldmann*, § 311 BGB Rn 45.

Widersprechen sich die Regelungsvorschriften von Haupt- und Nebenleistung jedoch, ist grundsätzlich dem Recht der Hauptleistung, als dem rechtlichen oder wirtschaftlichen Schwerpunkt, der Vorrang einzuräumen.[101]

Abweichungen zugunsten des Rechtes des Nebenleistungstypes bleiben dennoch mit Blick auf § 242 BGB möglich, wenn dies im konkreten Fall geboten erscheint.[102]

2. Typenkombinationsvertrag

Der Typenkombinationsvertrag zeichnet sich dadurch aus, dass sich die Hauptleistung aus Elementen verschiedener Vertragstypen zusammensetzt. Dabei stehen alle Vertragsbestandteile im Wesentlichen gleichberechtigt nebeneinander.[103] Hierunter fällt insbesondere der bereits oben angesprochene Beherbergungsvertrag, der neben mietvertraglichen Elementen auch Elemente des Kauf-, Dienst-, Werk- und Verwahrungsvertrages enthalten kann.[104]

Für die Bestimmung des anwendbaren Rechtes bei Vorliegen eines Typenkombinationsvertrages hat sich in Rechtsprechung und Literatur eine ausdifferenzierte Vorgehensweise herausgebildet: Zweckgerecht ist es, zunächst für jede Leistung die Vorschriften des jeweiligen Vertragstypes heranzuziehen.[105] Beim Typenkombinationsvertrag kann prinzipiell eine isolierte Betrachtung der abspaltbaren Vertragselemente vorgenommen werden, sodass zur Ermittlung des anwendbaren Rechtes die *Kombinationsmethode* am geeignetsten ist. Etwaige Störungen innerhalb der Vertragsabwicklung sollten daher nach dem für die „Teilleistung" einschlägigen Gewährleistungsansprüchen des jeweiligen Vertragstyps beurteilt werden.

Erst wenn und soweit die gesetzlichen Vorschriften kollidieren, sollte das Recht des rechtlichen oder wirtschaftlichen Schwerpunktes angewendet werden.[106] Das

---

101 BGH NJW 1981, 341, 342; BGH NJW 1951, 705; Soergel/*Wolf*, § 305 BGB Rn 28.

102 Soergel/*Wolf*, § 305 BGB Rn 28; Staudinger/*Löwisch/Feldmann*, § 311 BGB Rn 45.

103 Dazu: Soergel/*Wolf*, § 305 BGB Rn 29; Staudinger/*Löwisch/Feldmann*, § 311 BGB Rn 40; *Enneccerus/Lehmann*, Recht der Schuldverhältnisse, § 100 B II, S. 399 f.; *Oetker/Maultzsch*, Vertragliche Schuldverhältnisse, § 16 A III 3 Rn 24.

104 Siehe oben A II 4.

105 BGH NJW 2008, 1072, 1073; so auch im englischen *Draft Consumer Rights Bill* vorgesehen, vgl. oben unter A II 3.

106 BGH NJW 1963, 1449; BGH NJW 1981, 341, 342; BGH NJW 1995, 324, 326; BGH NJW 2005, 2008, 2010; BGH NJW 2007, 213, 214; BGH NJW 2010, 150, 151; Bamberger/Roth/*Gehrlein*, § 311 BGB Rn 20; Palandt/*Grüneberg*, Überbl v § 311 BGB Rn 25 f.

betrifft vor allem jene Regelungen, die die Wirksamkeit oder den Bestand des gesamten Vertragsgefüges betreffen (Formvorschriften, Kündigung und Rücktritt etc.).[107] Hier lässt sich der Vertrag nicht in seine einzelnen Elemente zerlegen. Will sich ein Gast aufgrund diverser Mängel der Hoteleinrichtung vom Beherbergungsvertrag lösen, müssen die Vorschriften des mietvertraglichen Kündigungsrechtes umfassend für den gesamten Vertrag Anwendung finden.[108] Bei gemischttypischen Verträgen wie dem Beherbergungsvertrag entspricht es regelmäßig nicht dem Parteiwillen, dass untergeordnete Vertragselemente die Abstandnahme vom gesamten Vertrag konterminieren. Hier muss der Vertrag, vor allem auch mit Blick auf den jeweiligen Schutzzweck der Normen, als einheitliches Ganzes bewertet werden.[109]

3. Vertrag mit atypischer Gegenleistung

Bei gegenseitigen Verträgen ist es nicht zwingend erforderlich, dass eine der synallagmatisch verknüpften Hauptleistungen aus der Vergütung in Geld besteht. Beide Hauptleistungen können, je nach vertraglicher Vereinbarung, ganz oder teilweise, verschiedenen Vertragstypen entspringen.[110] Paradebeispiel ist der Hausmeistervertrag, bei dem als Gegenleistung für die zu erbringenden Dienste die Überlassung einer Wohnung vereinbart wird.[111] Hier stehen sich Elemente aus dienst- bzw. arbeitsvertraglichen Regelungen und mietvertraglichen Regelungen gegenüber.

---

107 Dazu bereits oben unter A II 4; *Oetker/Maultzsch*, Vertragliche Schuldverhältnisse, § 16 A III 3 Rn 24; vgl. auch MünchKomm/*Emmerich*, § 311 BGB Rn 30; Soergel/*Wolf*, § 305 BGB Rn 31; Staudinger/*Löwisch/Feldmann*, § 311 BGB Rn 42.

108 MünchKomm/*Henssler*, § 701 BGB Rn 6; am Beispiel des Altenheimvertrages: *Oetker/Maultzsch*, Vertragliche Schuldverhältnisse, § 16 A III 3 Rn 26; zum Altenheimvertrag auch: BGHZ 73, 350 = BGH NJW 1979, 1288; mit weiteren Beispielen: Staudinger/*Löwisch/Feldmann*, § 311 BGB Rn 42; im Übrigen sind die mietrechtlichen Vorschriften im Rahmen eines Beherbergungsvertrages jedoch nicht anwendbar. Die über die Vermieterpflichten hinausgehenden Pflichten aus dem Beherbergungsvertrag sind so umfangreich, dass eine unkündbare Verpflichtung des Wirtes nicht gerechtfertigt ist, Staudinger/*Werner*, Vorbem zu §§ 701 ff. BGB Rn 8.

109 Vgl. *Oetker/Maultzsch*, Vertragliche Schuldverhältnisse, § 16 A III 3 Rn 26; Soergel/*Wolf*, § 305 BGB Rn 31.

110 MünchKomm/*Emmerich*, § 311 BGB Rn 32; PWW/*Stürner*, § 311 BGB Rn 28; Soergel/*Wolf*, § 305 BGB Rn 34; Staudinger/*Löwisch/Feldmann*, § 311 BGB Rn 50; *Enneccerus/Lehmann*, Recht der Schuldverhältnisse, § 100 B III, S. 400.

111 Vgl. BAGE 21, 340; MünchKomm/*Emmerich*, § 311 BGB Rn 32; *Oetker/Maultzsch*, Vertragliche Schuldverhältnisse, § 16 A III 3 Rn 27; Staudinger/*Löwisch/Feldmann*,

Letztlich handelt es sich auch bei dem gesetzlich verankerten Tauschvertrag um einen Vertrag mit atypischer Gegenleistung, wenn § 480 BGB schließlich bestimmt, dass auf den Tausch die kaufvertraglichen Vorschriften entsprechende Anwendung finden.[112]

Anders als im Falle der Typenkombination liegt hier die Kombination der verschiedenen Vertragselemente nicht in den zu erbringenden Leistungen der Parteien, sondern im Verhältnis der synallagmatisch geschuldeten Leistungen zueinander.[113] Da die synallagmatischen Leistungen für beide Parteien gleichbedeutend sind, können die Grundsätze zur Frage des auf den Vertrag anwendbaren Rechtes, die im Rahmen der Typenkombinationsverträge entwickelt wurden, nicht ohne Weiteres übertragen werden. Ein bei Kollision der gesetzlichen Vorschriften zu ermittelnder Schwerpunkt lässt sich in den Fällen der typischen Verträge mit andersartiger Gegenleistung gerade nicht ausfindig machen.[114]

Im Grunde ist aber auch bei Verträgen mit atypischer Gegenleistung zunächst die *Kombinationsmethode* anzuwenden. Jede Leistung ist nach den Vorschriften des für sie einschlägigen Vertragstypes zu beurteilen.[115] Im Falle des Hausmeistervertrages gilt daher für die Verpflichtungen des Hausmeisters Dienst- bzw. Arbeitsrecht, für die Gegenleistung finden hingegen die mietvertraglichen Vorschriften Anwendung.

Auch hier kann es aber dazu kommen, dass die zur Anwendung gelangenden Vorschriften, je nach Regelungsmaterie, im Widerspruch zueinander stehen. Schutzgesichtspunkte bestimmter Vertragstypen können dann dazu führen, dass der Vertrag in seiner Gesamtheit nach einer einheitlichen Regelung beurteilt werden muss.[116] In manchen Fallkonstellationen, wie bspw. für

---

§ 311 BGB Rn 50; Soergel/*Wolf*, § 305 BGB Rn 34; *Enneccerus/Lehmann*, Recht der Schuldverhältnisse, § 100 B III, S. 401.

112 MünchKomm/*Emmerich*, § 311 BGB Rn 32; *Oetker/Maultzsch*, Vertragliche Schuldverhältnisse, § 16 A III 3 Rn 27; a.A. Soergel/*von Hoffmann*, Art. 28 EGBGB Rn 46, der den Tausch unter die eigene Kategorie der Verträge mit „gleichtypischer Gegenleistung“ fasst.

113 *Oetker/Maultzsch*, Vertragliche Schuldverhältnisse, § 16 A III 3 Rn 27; PWW/*Stürner*, § 311 BGB Rn 28.

114 Dazu im Ganzen: *Oetker/Maultzsch*, Vertragliche Schuldverhältnisse, § 16 A III 3 Rn 27.

115 MünchKomm/*Emmerich*, § 311 BGB Rn 32; PWW/*Stürner*, § 311 BGB Rn 29; Soergel/*Wolf*, § 305 BGB Rn 35; Staudinger/*Löwisch/Feldmann*, § 311 BGB Rn 50.

116 *Martiny*, in: FS von Hoffmann, S. 283, 287; i.d.S. auch PWW/*Stürner*, § 311 BGB Rn 29.

die Werkdienstwohnung in § 576 b BGB, wurde bereits durch Gesetz eine Wertung vorgenommen und den Regelungen eines Vertragstypes der Vorrang eingeräumt.[117]

Die Anwendung der Normen nur eines Types auf das gesamte Vertragsverhältnis ist allerdings dann bedenklich, wenn die Voraussetzungen der jeweils zur Anwendung gelangenden Normen selbst nicht vorliegen. Insbesondere im Bereich der Vertragsbeendigung würde es dem Schutzzweck der gegenüberstehenden – nicht erfüllten – Beendigungsvorschriften nicht gerecht werden, wenn sie trotz alledem auf den gesamten Vertrag anzuwenden wären.[118] Für diese Fälle bevorzugen daher einige Literaturstimmen auch weiterhin ein Vorgehen nach der Kombinationsmethode und lassen an die Stelle der entfallenen Leistungspflicht im Wege der ergänzenden Vertragsauslegung eine Geldzahlungspflicht treten.[119]

4. *Typenverschmelzungsvertrag*

Ein Typenverschmelzungsvertrag[120] liegt dann vor, wenn die vertragstypische Hauptleistung Elemente verschiedener Vertragstypen untrennbar miteinander verbindet.[121] Die untrennbare Verbindung der Elemente unterscheidet den Typenverschmelzungsvertrag vom Typenkombinationsvertrag. Im Gegensatz zur Typenverschmelzung sind bei der Typenkombination die entsprechenden Elemente zwar wirtschaftlich miteinander verbunden, lassen sich aber rein faktisch voneinander trennen.[122]

Dieser Unterschied lässt sich am Besten am klassischen Beispiel der gemischten Schenkung erkennen: Bei einer gemischten Schenkung vereinbaren die Parteien, dass ein objektives Missverhältnis von Zuwendung und Gegenleistung bestehen

---

117 Staudinger/*Löwisch/Feldmann*, § 311 BGB Rn 50; vgl. auch PWW/*Stürner*, § 311 BGB Rn 30; *Oetker/Maultzsch*, Vertragliche Schuldverhältnisse, § 16 A III 3 Rn 28.

118 *Oetker/Maultzsch*, Vertragliche Schuldverhältnisse, § 16 A III 3 Rn 28; i.E. auch PWW/*Stürner*, § 311 BGB Rn 29.

119 *Oetker/Maultzsch*, Vertragliche Schuldverhältnisse, § 16 A III 3 Rn 28; PWW/*Stürner*, § 311 BGB Rn 29 nehmen dies nur bei einem deutlichen Anzeichen eines dementsprechenden Parteiwillens an und *Larenz/Canaris*, Lehrbuch des Schuldrechts II/2, § 63 II 3 c, S. 52 bevorzugen einen bereicherungsrechtlichen Ausgleich.

120 *Enneccerus/Lehmann*, Recht der Schuldverhältnisse, § 100 B III, S. 401 f. sprechen insoweit von „gemischte Verträge im engeren Sinne".

121 Soergel/*Wolf*, § 305 BGB Rn 32; *Oetker/Maultzsch*, Vertragliche Schuldverhältnisse, § 16 A III 2 Rn 17.

122 Soergel/*Wolf*, § 305 BGB Rn 32.

soll und sind sich einig, dass der Mehrwert unentgeltlich zugewendet werden soll.[123] Die privatautonome Gestaltungsfreiheit ermöglicht es den Parteien schließlich eine teilweise entgeltliche und teilweise unentgeltliche Zuwendung in einem Vertrag zu verbinden.[124] Die Zuwendung der Sache weist somit sowohl Elemente des Kaufes als auch der Schenkung auf, ohne dass diese Leistung tatsächlich in zwei Teile getrennt werden könnte.[125]

Hiermit wird klar, dass sich die Verbundenheit i.R.d. Typenverschmelzung bereits aus dem von den Parteien vereinbarten Vertragsgegenstand an sich und daher kraft Natur der Sache ergibt. Bei der Typenkombination ergibt sich die Verbundenheit erst aus der konkreten Verknüpfung verschiedener Leistungspflichten zu einem Gesamtgefüge.[126]

Im Rahmen der rechtliche Behandlung von Typenverschmelzungsverträgen, versagt sowohl die Absorptions- als auch die Kombinationstheorie.[127] So ist es bei der gemischten Schenkung nicht möglich eine dominierende Hauptleistung zu bestimmen. Auch eine Aufspaltung des Entgelts i.R.d. gemischten Schenkung in einen kauf- und einen schenkungsrechtlichen Teil wäre nicht nur unsinnig[128], sondern auch eine reine Fiktion.

Letztlich wird der Rechtsanwender, infolge der untrennbaren Verschmelzung der verschiedenen Vertragstypen zu einem einheitlichen Vertragsgegenstand, dazu gezwungen sein, das auf den gesamten Vertrag anwendbare Recht individuell für jeden Einzelfall neu zu bestimmen. Leitend für die Auffindung des jeweiligen Rechtes sollten dabei vor allem der Parteiwille sowie der Zweck der in Rede stehenden Normen sein.[129]

---

123 Staudinger/*Chiusi*, § 516 BGB Rn 63; ähnlich: *Larenz/Canaris*, Lehrbuch des Schuldrechts II/2, § 63 III 1 a, S. 54.

124 RGRK/*Mezger*, § 516 BGB Rn 11; Staudinger/*Chiusi*, § 516 BGB Rn 63; *Larenz*, Lehrbuch des Schuldrechts II/1, § 47 I, S. 198.

125 *Oetker/Maultzsch*, Vertragliche Schuldverhältnisse, § 16 A III 2 Rn 17.

126 Ähnlich: *Oetker/Maultzsch*, Vertragliche Schuldverhältnisse, § 16 A III 2 Rn 18.

127 *Oetker/Maultzsch*, Vertragliche Schuldverhältnisse, § 16 A III 3 Rn 29.

128 Vgl. dazu auch *Larenz/Canaris*, Lehrbuch des Schuldrechts II/2, § 63 III 1 a, S. 54.

129 *Enneccerus/Lehmann*, Recht der Schuldverhältnisse, § 100 B IV, S. 401 f.; *Oetker/Maultzsch*, Vertragliche Schuldverhältnisse, § 16 A III 3 Rn 29; insb. im Zusammenhang mit der gemischten Schenkung: *Larenz/Canaris*, Lehrbuch des Schuldrechts II/2, § 63 III 1 a, S. 54 ff.

B. Grenzüberschreitende gemischte Verträge

Wie sich aus Art. 1:102 DCFR ergibt, ist auch auf Unionsebene die Parteiautonomie als Leitprinzip für ein gemeinsames Vertragsrecht unabdingbar.[130] Mit Blick auf die Förderung grenzüberschreitender Wirtschaftstätigkeit und Vertragsabschlüsse, entspricht es den Wertungen des europäischen Privatrechts, den Parteien die Freiheit über Vertragsschluss und –inhalt zu gewährleisten.[131] Auch der EuGH selbst spricht vom „Grundsatz der Vertragsautonomie".[132] Dem Umstand dieses vorherrschenden Prinzips ist es aber auch geschuldet, dass, durch den freien Gestaltungswillen der Parteien, eine Bandbreite an Vertragsvariationen mit unterschiedlichen Elementen entsteht.

Auf Ebene des Internationalen Vertragsrechtes stellt sich dann das Problem des auf den Vertrag anwendbaren Rechtes. Art. 3 Abs. 1 Rom I-VO erlaubt den Parteien eine teilweise oder gespaltene Rechtswahl. Wurde jedoch keine Rechtswahl getroffen, muss das Recht objektiv nach Art. 4 Rom I-VO angeknüpft werden. Die richtige Einordnung komplexer Vertragsverhältnisse mit unterschiedlichen Bestandteilen wirft dabei eine Fülle an Fragen auf. Der folgende Abschnitt beschäftigt sich mit der kollisionsrechtlichen Behandlung gemischter Verträge. Es soll erforscht werden, welche Lösungsstrategien die Rom I-VO für die Behandlung gemischter Verträge bereithält und ob diese geeignet sind, eine zweifelsfreie Rechtsfindung zu gewährleisten.

I. Begriff

Weder in der Rechtsprechung des EuGH noch in den Materialien zur Rom I-VO bzw. der Rom I-VO selbst lässt sich eine klare Begriffsbestimmung des gemischten Vertrages finden.

Einzig aus dem Draft Common Frame of Reference (im Folgenden: DCFR), der die Ergebnisse einer umfangreichen europäischen Forschung zu den mitgliedstaatlichen Rechtsordnungen bündelt[133], können sich zumindest Anhaltspunkte für ein gemeinsames Begriffsverständnis auf unionsrechtlicher Ebene entnehmen lassen. Unter „*Mixed contracts*" sollen dabei gem. Art. II.–1:107 (1) DCFR all jene Verträge verstanden werden, bei denen einzelne Teile in zwei oder mehr spezielle Kategorien fallen, oder bei denen ein Teil in eine spezielle Kategorie

130 So besagt insb. Art. 1:102 (1) DCFR: „Parties are free to make a contract or other juridical act and to determine its contents, subject to any applicable mandatory rules."

131 *Kümmerle*, in: Santos/Baldus/Dedek (Hrsg.), Vertragstypen in Europa, S. 299.

132 EuGH, Urt. v. 5.10.1999 – C-240/97, Slg. 1999, I-6571 Rn 99 – Spanien/Kommission.

133 *Von Bar/Clive/Schulte-Nölke*, DCFR, S. 7.

fällt, unterdessen ein anderer bloß von den allgemeinen Vorschriften umfasst wird. Bei dem DCFR handelt es sich jedoch um den Entwurf für die Kodifikation des europäischen Vertragsrechts und angrenzender Rechtsgebiete. Richtungsweisende Rückschlüsse für das kollisionsrechtliche Begriffsverständnis dürfen daraus nicht abgeleitet werden. Für den allgemeinen europäischen Konsens auf schuldvertraglicher Ebene kann er aber als Referenz und Vergleichsbasis durchaus herangezogen werden.

Dass die Rom I-VO die Idee des gemischten Vertrages, wie sie sich auch im DCFR und in den einzelnen mitgliedstaatlichen Verordnungen wiederfindet, kennt, zeigt sich an Art. 4 Abs. 2 Rom I-VO. Hier wird eine kollisionsrechtliche Regelung zumindest für jene Fallkonstellationen getroffen, bei denen sich ein (einheitlicher) Vertrag aus mehreren Bestandteilen der in Art. 4 Abs. 1 lit. a-h Rom I-VO vorgesehenen speziellen Vertragstypen zusammensetzt.

Will man den Begriff des gemischten Vertrages nicht ausschließlich auf die in Art. 4 Abs. 1 Rom I-VO vorgesehenen Vertragstypen beschränken, ist es vorzugswürdig, unter gemischten Verträge jene Verträge zu verstehen, „bei denen die Parteien *verschiedene vertragscharakteristische Leistungen* zu einem Gesamtpaket verschnüren“[134]. Im Ergebnis wird ein einheitlicher Vertrag geschlossen, bei dem sich aber mindestens einer der Vertragspartner zur Erbringung verschiedener vertragscharakteristischer Leistungen verpflichtet.

Eine Differenzierung zwischen gemischttypischen und atypischen Vertragsverhältnissen, wie sie auf materiellrechtlicher Ebene zu finden ist, sollte nicht getroffen werden. Das Kollisionsrecht hat in Art. 4 Abs. 1 Rom-VO nur eine überschaubare Anzahl an Vertragsverhältnissen gesetzlich normiert. Dann aber alle anderen Vertragsverhältnisse als atypsich zu kategorisieren, obwohl ihnen, u.U. sogar länderübergreifend, eine lange Tradion zugrunde liegt[135], erscheint verfehlt. Zumal auch gerade für alle Fallgestaltungen, die nicht unter Art. 4 Abs. 1 Rom I-VO fallen, die Kollisionsnorm des Art. 4 Abs. 2 Rom I-VO geschaffen wurde. Hier macht es mehr Sinn von spezifizierten und nicht spezifizierten Verträgen zu sprechen.

Unter gemischten Verträgen dürfen dann aber nicht ausschließlich solche verstanden werden, die sich aus den Merkmalen verschiedener *Vertragstypen* zusammensetzen[136]. Eine derartige Begriffsbestimmung ist irreführend und ungenau und könnte schließlich zu der Annahme verleiten, dass nur eine Kombination solcher Verträge möglich ist, die in Art. 4 Abs. 1 Rom I-VO ausdrücklich benannt

134 *Von Bar*, IPR II, § 4 Rn 500.

135 Zu denken ist dabei z.B. an die Leihe, das Darlehen und die Bürgschaft, die nicht als Spezialtatbestände in Art. 4 Abs. 1 Rom-VO aufgenommen wurden.

136 So aber: Soergel/*von Hoffmann*, Art. 28 EGBGB Rn 35.

sind. Nur durch die besondere Bezugnahme auf alle *verschiedenen vertragscharakteristischen Leistungen* bleibt das Kollisionsrecht flexibel genug, auch Verträge zu erfassen, die auf mitgliedstaatlicher Ebene typisch sind, auf kollisionsrechtlicher Ebene aber nicht in den Katalog des Art. 4 Abs. 1 Rom I-VO aufgenommen wurden.[137]

II. Rechtliche Behandlung

1. Allgemeine Ansätze und Grundsatzentscheidung für die Rom I-VO

Die Entwicklung einer Vertragstypendogmatik für die Beurteilung gemischter Verträge auf europäischer Ebene gestaltete sich zunächst schwierig. Das war insb. auf den Umstand zurückzuführen, dass das europäische Privatrecht, anders als die einzelnen mitgliedstaatlichen Regelungswerke, auf sekundärrechtlicher Ebene nicht über eine derart breite Typenvielfalt verfügte, von denen abgewichen werden konnte.[138] Dennoch wurde auch der EuGH zunehmend mit entsprechenden Fallkonstellationen konfrontiert.[139] Dass die Problematik der gemischten Verträge auch auf kollisionsrechtlicher Ebene keinen Fremdkörper mehr darstellt[140], hängt vor allem mit dem Erlass der Rom I-VO und der Aufnahme des in Art. 4 Abs. 1 Rom I-VO enthaltenen Vertragstypenkataloges zusammen, der den Kreis der speziellen Regelungen erheblich erweitert.[141] Aber auch die Verbindung anderer, nicht in Art. 4 Abs. 1 Rom I-VO berücksichtigter, Vertragstypen, kann zu Problemen bei der Bestimmung des auf den Vertrag anwendbaren Rechtes führen.

Zur Lösung der Frage nach dem auf einen gemischten Vertrag anwendbaren Recht wurde sich primär der Regelungsmechanismen der verschiedenen Mitgliedstaaten bedient. Daher wurde auch auf europäischer Ebene entweder die Absorptionstheorie (a.) oder die Kombinationstheorie (b.) zur Bearbeitung jener Fallkonstellationen herangezogen.[142]

---

137 Das betrifft insb. alle von Art. 4 Abs. 2 Rom I-VO erfassten Verträge.

138 *Kümmerle*, in: Santos/Baldus/Dedek (Hrsg.), Vertragstypen in Europa, S. 326, 334.

139 Vgl. EuGH, Urt.v. 18.1.2001 – C-150/99, Slg. 2001, I-493 – Stockholm Lindöpark/Svenska staten; EuGH, Urt.v. 8.3.2001 – C-215/99, Slg. 2001, I-1901–Jauch/Pensionsversicherungsanstalt der Arbeiter; EuGH, Urt.v. 21.2.2008 – C-412/04, Slg. 2008, I-619 – Kommission/Italien.

140 So noch: *Kümmerle*, in: Santos/Baldus/Dedek (Hrsg.), Vertragstypen in Europa, S. 326.

141 *Mankowski*, TranspR 2009, 497, 498.

142 *Kümmerle*, in: Santos/Baldus/Dedek (Hrsg.), Vertragstypen in Europa, S. 326; vgl. auch Schlussanträge GA *Colomer*, C-412/04, Slg. 2008 I-619 Rn 32 – Kommission/Italien.

a) *Absorptionstheorie*

Hier, wie bereits auf einzelstaatlicher Ebene, soll für die Ermittlung des auf den gesamten Vertrag anwendbaren Rechtes auf das Recht der Hauptleistungspflicht abgestellt werden.[143]

Die Ermittlung jener Hauptleistungspflicht bereitet jedoch Schwierigkeiten[144] und wird auch auf unionsrechtlicher Ebene der gleichen Kritik ausgesetzt sein, wie bereits auf einzelstaatlicher Ebene. Außer in den Fällen einer eindeutig vertragscharakteristischen Leistung kann das Absorptionsprinzip, ohne entsprechende Schwerpunktermittlung, zu keiner gerechten Lösung führen.[145]

b) *Kombinationstheorie*

Sowohl in der europäischen Rechtsprechung als auch der Literatur fand zudem das Modell der Kombination Anklang. In Übereinstimmung mit den bereits auf einzelstaatlicher Ebene herausgearbeiteten Grundsätzen, soll auch hier jede der typenverschiedenen Leistungen nach dem jeweiligen Recht desjenigen Vertragstyps behandelt werden, dem sie zuzuordnen ist.

Noch im Rahmen der Auslegung zu Art. 4 Abs. 1 S. 2 EVÜ[146] war dies – wenn auch unter stark restriktiven Voraussetzungen – durchaus möglich. So hieß es in der Leitentscheidung „*Intercontainer Interfrigo*", dass eine Spaltung „[…] nur dann zugelassen werden [kann], wenn der Vertrag mehrere Teile umfasst, die im Verhältnis zueinander als autonom betrachtet werden können".[147]

Mit Einführung der neuen Rechtsgrundlage in Art. 4 Abs. 2 Rom I-VO scheint jener Möglichkeit der objektiven Vertragsspaltung jedoch eine eindeutige Absage erteilt worden zu sein.[148] Bestehen gemischte Verträge aus einem „Bündel von Rechten und Verpflichtungen, die mehr als einer der spezifizierten Vertragsarten zugeordnet werden können", richten sie sich nach dem Aufenthaltsort der charakteristisch leistenden Vertragspartei. Die charakteristische Leistung, so stellt Erwägungsgrund 19 der Rom I-VO zusätzlich klar, sollte dabei nach ihrem Schwerpunkt bestimmt werden.

---

143 GA *Colomer* spricht in seinen Schlussanträgen insoweit von dem „vorherrschende[n] Vertragsbestandteil", C-412/04, Slg. 2008, I-619 Rn 32 – Kommission/Italien.

144 *Kümmerle*, in: Santos/Baldus/Dedek (Hrsg.), Vertragstypen in Europa, S. 327.

145 Dazu bereits oben unter A II 4.

146 Abl. EG 1980 L 266/1.

147 EuGH, Urt.v. 6.10.2009 – C-133/08, Slg. 2009, I-9687 Rn 45 – Intercontainer Interfrigo SC/Balkenende Oosthuizen BV und MIC Operations BV.

148 So auch: *Thorn*, in: Rauscher, EuZPR/EuIPR, Art. 5 Rom I-VO Rn 18; *Mankowski*, TranspR 2009, 497, 498; *Martiny*, in: FS von Hoffmann, S. 283, 290.

Unter Entwicklung dieses eigenen Lösungsansatzes, d.h. durch Abstellen auf die vertragscharakteristische Leistung i.V.m. mit einer (in Zweifelsfällen) vorzunehmenden Schwerpunktanalyse, folgt die Rom I-VO somit grundsätzlich weder der Absorptions- noch der Kombinationstheorie in ihrer Ursprungsform.

2. *Differenzierung nach Fallgruppen innerhalb des Systems der Rom I-VO*

Die Rom I-VO hat zur Frage des anwendbaren Rechtes bei gemischten Verträgen durch die Regelung in Art. 4 Abs. 2 Rom I-VO eine Lösungsstrategie entwickelt. Gemischte Verträge im sachrechtlichen Sinne, die entweder unter die erste Alternative des Art. 4 Abs. 2 Rom I-VO (Nichterfassung von den in Art. 4 Abs. 1 Rom I-VO vorgesehenen Vertragstypen) oder unter die zweite Alternative (Mehrfacherfassung von in Art. 4 Abs. 1 Rom-I-VO vorgesehenen Vertragstypen) fallen, werden nach der jeweiligen vertragscharakteristischen Leistung angeknüpft. Jene „klare" gesetzliche Aussage betrifft aber scheinbar nur solche Konstellationen gemischter Verträge, bei denen eine Nichterfassung oder Kopplung der in Art. 4 Abs. 1 Rom I-VO *ausdrücklich benannten* Vertragstypen vorliegt. Zudem kann es oftmals sein, dass, selbst bei Vorliegen von in Art. 4 Abs. 1 Rom I-VO benannten Vertragstypen, die Ermittlung einer vertragscharakteristischen Leistung, wie sie in Art. 4 Abs. 2 Rom I-VO vorgesehen ist, überhaupt nicht möglich ist.[149]

Dann aber stellt sich die Folgefrage, ob auch verbleibende andere Konstellationen einer widerspruchsfreien Lösung durch die Rom I-VO zugeführt werden können, und wenn ja, welche Besonderheiten oder Abweichungen jene Lösungswege gegenüber dem bereits gesetzlich normierten Weg aufweisen.

Zur Systematisierung der Lösungswege ist eine gesetzestechnische Einordnung der gemischten Verträge unabdingbar. Bei der nachfolgenden Untersuchung sind folgende Konstellationen zu unterscheiden: (1) eine Koppelung aus spezifizierten (Art. 4 Abs. 1 Rom I-VO) und nicht spezifizierten Vertragsbestandteilen, (2) solche, die sich durch eine Kumulation von spezifizierten Vertragsbestandteilen nach Art. 4 Abs. 1 Rom I-VO zusammensetzen und (3) jene Verträge, die sich ausschließlich durch nicht von Art. 4 Abs. 1 Rom I-VO erfasste Vertragsbestandteile charakterisieren.[150] Schließlich ist auch (4) eine Kumulation von unter die Rom I-VO fallenden Vertragsbestandteilen mit solchen, die nicht von der Rom I-VO erfasst sind denkbar und daher als zusätzliche Fallgruppe in die Untersuchung miteinzubeziehen.

---

149 *Martiny*, in: FS von Hoffmann, S. 283, 292.

150 Einteilungssystematik im Wesentlichen entnommen aus: *Martiny*, in: FS von Hoffmann, S. 283 ff.

Innerhalb dieser Konstellationen sollten dabei die bereits oben dargestellten, im deutschen Sachrecht entwickelten, Kategorien zur Einteilung gemischttypischer Verträge als Hilfe herangezogen werden.[151] Da Art. 4 Abs. 2 Alt. 2 Rom I-VO nicht zwischen den verschiedenen Arten von gemischten Verträgen unterscheidet, kann eine derartige Einteilung zur Aufschlüsselung der rechtlichen Behandlung gemischter Verträge auch auf kollisionsrechtlicher Ebene beitragen.[152] Die erschlossenen Fallgruppen stellen somit auch keine rechtlichen, sondern rein faktische, der Systematisierung dienende Gruppen dar.

a) *Koppelung aus spezifizierten (Art. 4 Abs. 1 Rom I-VO) und nicht spezifizierten Vertragsbestandteilen*

Wer behauptet, dass der Gesetzgeber den Fall der Kopplung aus in Art. 4 Abs. 1 Rom I-VO spezifizierten und nicht spezifizierten Vertragselementen keiner gesonderten gesetzlichen Regelung zugeführt hat,[153] hat nur ein oberflächlich ermitteltest Ergebnis gewonnen. Zwar wurde dieser Fall in der Rom-VO nicht ausdrücklich beschrieben. Dennoch lässt sich, bei genauerem Lesen, eine entsprechende Regelung aus Art. 4 Abs. 2 Alt. 1 Rom I-VO entnehmen. Im Grundsatz bezieht sich Art. 4 Abs. 2 Rom I-VO auf die Fälle der Nicht- oder Mehrfacherfassung von in Abs. 1 spezifizierten Verträgen. Sprachlich gesehen, liegt aber auch bei einer Kumulation von in Art. 4 Abs. 1 Rom I-VO benannten Elementen und Elementen anderer, nicht genannter oder umfasster Vertragselemente der Fall der Nichterfassung von Abs. 1 Alt. 1 vor. Art. 4 Abs. 1 Alt. 1 Rom I-VO spricht von einem Vertrag, der *nicht unter Abs. 1 fällt*. Erwägungsgrund 19 der Rom I-VO, mit einer etwas differenzierten Wortwahl, von einem Vertrag, der *nicht einer der spezifischen Vertragsarten zugeordnet werden kann*.

So verhält es sich auch in der dargestellten Grundkonstellation. Kann das nicht spezifizierte Element nicht als untergeordnete Nebenpflicht qualifiziert werden, ist es auch nicht möglich, den gesamten Vertrag widerspruchslos unter

---

151 Dazu im Ganzen oben unter A III 1–4.

152 Soergel/*von Hoffmann*, Art. 28 EGBGB Rn 37; *Martiny*, in: FS von Hoffmann, S. 283, 293.

153 So *Martiny*, in: FS von Hoffmann, S. 283, 293, der diese Fallkonstellationen im Ergebnis zwar vom Gesetz erfasst sieht, sie dennoch an falscher Stelle verortet. So fasst er bspw. – ergebnisorientiert – die gemischte Schenkung unter die Fallgruppe der „nicht von Art. 4 Abs. 1 Rom I-VO erfassten Vertragsbestandteile", obwohl sie, objektiv betrachtet, mit dem Element des Kaufes sehr wohl von einen in Art. 4 Abs. 1 Rom I-VO spezialgesetzlich geregelten Vertragstyp umfasst wird, vgl. dazu *Martiny*, in: FS von Hoffmann, S. 283, 301 f.

einen der in Abs. 1 vorgesehenen Vertragstypen zu subsumieren. Sind die Leistungen gleichwertig, beansprucht zunächst jede für sich die Berufung des für sie passenden Rechtes.

Für die Ermittlung des anwendbaren Rechtes in derartigen Fallkonstellationen bietet sich daher folgende Vorgehensweise an: Im Falle der Kopplung von in Art. 4 Abs. 1 Rom I-VO benannten Elementen und Elementen anderer, nicht genannter oder umfasster Vertragselemente sollte es solange bei der Anknüpfung an den speziellen Vertragstyp bleiben, wie das konkrete Vertragselement insgesamt noch abgedeckt ist.[154] Das wird insbesondere dann der Fall sein, wenn es sich bei dem hinzutretenden Element um eine bloß untergeordnete Nebenpflicht handelt. Beispielhaft kann hierfür jeder größere Liefervertrag, der einige Bestimmungen zu sich anschließenden Serviceleistungen enthält, genannt werden.[155] Bei deutlichem Überwiegen einer Leistung, ist daher eine teleologische Reduktion des Art. 4 Abs. 2 Rom I-VO durchaus vertretbar.[156] Das darf aber letztlich nur für solche Verträge gelten, bei denen eine dominierende Hauptleistung einer *unzweifelhaft unwesentlichen* Nebenleistung gegenübersteht. Als Maßstab können insoweit Kriterien wie die Hilfsfunktion der Leistung, ihr Umfang und ihr wirtschaftlicher Stellenwert herangezogen werden.[157] Überwiegt das spezifizierte Vertragselement nicht, muss die charakteristische Leistung nach Abs. 2 ermittelt werden. Eine andere Vorgehensweise würde letztlich der Entscheidung des Gesetzgebers in Art. 4 Abs. 2 Rom I-VO widersprechen, der insoweit, zur Vermeidung von Widersprüchen, bei Vorliegen verschiedener Elemente auf ein anderes, allgemeines Kriterium ausweichen will.[158]

Ist schließlich auch das Auffinden der charakteristischen Leistung nicht möglich, greift Art. 4 Abs. 4 Rom I-VO ein. Dann kommt es auf die engste Verbindung an.[159]

In Anlehnung an die im deutschen Sachrecht entwickelten Fallgruppen gemischter Verträge kann sich dann folgende Systematik ergeben[160]:

---

154 *Ringe*, in: JurisPK-BGB, Art. 4 Rom I-VO Rn 50; *Martiny*, in: FS von Hoffmann, S. 283, 291.

155 *Ibid.*

156 Vgl. *Ringe*, in: JurisPK-BGB, Art. 4 Rom I-VO Rn 50.

157 *Martiny*, in: FS von Hoffmann, S. 283, 291; Palandt/*Thorn*, Art. 4 Rom I-VO Rn 4.

158 *Martiny*, in: FS von Hoffmann, S. 283, 296.

159 *Martiny*, in: FS von Hoffmann, S. 283, 293.

160 Dazu ausführlich *Martiny*, in: FS von Hoffmann, S. 283, 293 f., mit allerdings wenig aufschlussreichen Beispielskonstellationen.

Bei typischen Verträgen mit andersartiger Nebenleistung darf die Nebenleistung als solche nicht für das auf den gesamten Vertrag anwendbare Recht maßgeblich sein. In diesen Fällen ist es ausreichend und aus kollisionsrechtlicher Sicht unbedenklich, der Absorptionsmethode entsprechend, allein auf den dominierenden Teil des Vertrages abzustellen. Das anwendbare Recht richtet sich dann nach der bedeutenderen Hauptleistung[161] und kann sich im Einzelfall auch nach einem durch Art. 4 Abs. 1 Rom I-VO berufenen Recht richten.

Schwieriger wird es dann im Falle der Typenkombinationsverträge. Hier stehen die jeweils miteinander verknüpften Vertragselemente gleichwertig nebeneinander, sodass das direkte Abstellen auf einen dominierenden Teil ausgeschlossen ist. Grundsätzlich bestimmt sich das anwendbare Recht in solchen Fällen nach der charakteristischen Leistung gem. Art. 4 Abs. 2 Alt. 1 Rom I-VO. Das wird i.d.R. die vom Schuldner zu erbringende Leistung sein.[162] Dass die Ermittlung der charakteristischen Leistung aber auch zu Widersprüchen führen kann, insb. wenn innerhalb des Vertragsverhältnisses Elemente des Art. 4 Abs. 1 Rom I-VO mit weiteren Vertragselementen kombiniert werden, wird im Weiteren noch genauer erläutert.[163] Sollte sie zu keiner befriedigenden Lösung führen, muss jedenfalls das Recht nach der für das Vertragsverhältnis engsten Beziehung gefunden werden.[164]

Bei Verträgen mit atypischer Gegenleistung ist ein ähnliches Vorgehen angezeigt. Auch hier wird die charakteristische Leistung ermittelt werden müssen. Da hier Leistungen verschiedener Vertragstypen ausgetauscht werden, von denen keine in einer Geldzahlung besteht, kommt es jedoch entscheidend darauf an, ob eine der ausgetauschten Sachleistungen dem Charakter der farblosen Entgeltleistung gleichkommt.[165] Als Beispiel kann der Bierlieferungsvertrag dienen, bei welchem die Gegenleistung für die Bezugsverpflichtung in der Gewährung eines Darlehens besteht.[166] Ist die charakteristische Leistung auf diese Weise nicht zu

---

161 MünchKomm/*Martiny*, Art. 4 Rom I-VO Rn 263; Soergel/*von Hoffmann*, Art. 28 EGBGB Rn 38; *Martiny*, in: FS von Hoffmann, S. 283, 301.

162 Soergel/*von Hoffmann*, Art. 28 EGBGB Rn 39; *von Bar*, IPR II, § 4 Rn 500; *Martiny*, in: FS von Hoffmann, S. 283, 293.

163 siehe im Folgenden unter B II 2 b.

164 *Kreuzer*, in: FS Caemmerer, S. 705, 732; *Martiny*, in: FS von Hoffmann, S. 283, 293.

165 MünchKomm/*Martiny*, Art. 4 Rom I-VO Rn 265; Soergel/*von Hoffmann*, Art. 28 EGBGB Rn 48.

166 Vgl. OGH ZfRV 35 (1994), 32.

ermitteln, muss auf die engste Verbindung nach Art. 4 Abs. 4 Rom I-VO zurückgegriffen werden.[167]

Beim Typenverschmelzungsvertrag ist der Erbringer der vertragscharakteristischen Leistung i.d.R. problemloser als im Falle der Typenkombinationsverträge zu bestimmen.[168] Hier wird die Gegenleistung nahezu immer in einer farblosen Geldzahlung bestehen.[169] Bei verbleibenden Schwierigkeiten mit der Anknüpfung nach der vertragscharakteristischen Leistung gem. Art. 4 Abs. 2 Rom I-VO, ist auf die engste Verbindung gem. Art. 4 Abs. 4 Rom I-VO auszuweichen.[170]

b) *Kumulation von spezifizierten Vertragsbestandteilen nach Art. 4 Rom I-VO*

Besonders problematisch wird es dann, wenn die einzelnen Bestandteile des gemischten Vertrages unter mehrere der in Art. 4 Abs. 1 lit. a-h Rom I-VO vorgesehenen speziellen Vertragstypen subsumiert werden können. Durch das Aufeinandertreffen der verschiedenen, sich unter Umständen auch widersprechenden, Regelungen der einzelnen Vertragselemente, kann es zu Überschneidungen kommen. Jene Fallkonstellationen hat aber auch der Gesetzgeber im Rahmen der Vorarbeiten zur Rom I-VO im Blick gehabt. Mit Einführung der neuen Rechtsgrundlage in Art. 4 Abs. 2 Rom I-VO wird nunmehr festgesetzt, dass im Falle einer Mehrfacherfassung der Vertragsbestandteile der Vertrag dem Recht des Staates unterliegt, in dem die Partei, welche die für den Vertrag *charakteristische Leistung* zu erbringen hat, ihren gewöhnlichen Aufenthalt hat. Eine Vertragsspaltung, wie sie noch in Art. 4 Abs. 1 S. 2 EVÜ vorgesehenen war, findet in der Rom I-VO indes keine ausdrückliche Berücksichtigung mehr.

aa) Lösung streng nach Gesetz: Art. 4 Abs. 2 Rom I-VO

Treffen mehrere vertragstypische Leistungen innerhalb eines einheitlich zu beurteilenden Vertrages aufeinander, sieht Art. 4 Abs. 2 Alt. 2 Rom I-VO vor, dass es für die Bestimmung des auf den Vertrag anwendbaren Rechtes maßgeblich auf den Aufenthaltsort der charakteristisch leistenden Vertragspartei ankommt. Jenes Gesetzeskonstrukt, das im Ergebnis zunächst der Absorptionsmethode

---

167 MünchKomm/*Martiny*, Art. 4 Rom I-VO Rn 265; Soergel/*von Hoffmann*, Art. 28 EGBGB Rn 49.

168 *Von Bar*, IPR II, § 4 Rn 501.

169 Soergel/*von Hoffmann*, Art. 28 EGBGB Rn 45.

170 MünchKomm/*Martiny*, Art. 4 Rom I-VO Rn 266; *Martiny*, in: Reithmann/Martiny, IPR, Rn 184.

entspricht, führt dann zu einer zweifelsfreien Lösung, wenn eine der Hauptpflichten gegenüber der bzw. den anderen Pflichten eindeutig überwiegt. Die Absorptionsmethode stößt aber, wie bereits mehrfach dargestellt, dann an ihre Grenzen, wenn keine der Leistungen als für den Vertrag maßgeblich angesehen werden kann. Charakterisiert sich der Vertrag über mehrere verschiedene Verpflichtungen der Parteien, die im Ergebnis gleichwertig nebeneinander stehen, kann ein Vorgehen nach Art. 4 Abs. 2 Alt. 2 Rom I-VO nicht mehr zu einer sachgerechten Lösung führen.[171]

Ist die charakteristische Leistung aufgrund dessen nicht eindeutig zu ermitteln, hilft der Gesetzgeber dem Rechtsanwender mit einer weiteren Filterungsfunktion aus. Erwägungsgrund 19 der Rom I-VO bestimmt, dass in den Fällen, in denen ein Vertrag aus einem Bündel von Rechten und Verpflichtungen besteht, die mehr als einer der spezifizierten Vertragsarten zugeordnet werden können, die charakteristische Leistung des Vertrags nach ihrem Schwerpunkt bestimmt werden sollte. Anhand welcher Kriterien der Schwerpunkt ermittelt wird, lässt der Gesetzgeber jedoch unbeantwortet.

bb) Analyse/Aufdeckung der (sich daraus ergebenden) Probleme und Fragwürdigkeiten

Im Vorschlag zur Rom I-VO wird ausdrücklich hervorgehoben, dass das Kriterium der *„charakteristischen Leistung“* auch und gerade dann als Leitprinzip fungiert, wenn es sich um komplexe Verträge handelt, bei denen sämtliche Leistungen als charakteristisch angesehen werden können.[172] Allein die Formulierung jenes Anknüpfungskonzeptes im Vorschlag zur Rom I-VO muss beim jeweiligen Rechtsanwender denklogisch Zweifel hervorrufen. Denn wie kann die Anknüpfung an die charakteristische Leistung zu einem rechtssicheren und sachgerechten Ergebnis führen, wenn innerhalb eines Vertrages letztlich sämtliche Leistungen als vertragscharakteristisch zu beurteilen sind?

Zunächst kann aber festgehalten werden, dass die Anknüpfung an die charakteristische Leistung i.V.m. der in Erwägungsgrund 19 vorgesehenen Schwerpunktsuche dann keine nennenswerte Wirkung entfalten wird, wenn im Ergebnis alle in Frage stehenden Alternativen bereits für sich genommen zur Anwendung

171 Vgl. *Martiny*, in: FS von Hoffmann, S. 283, 296.

172 Siehe Vorschlag für eine Verordnung des Europäischen Parlaments und des Rates über das auf vertragliche Schuldverhältnisse anzuwendende Recht (Rom I), KOM (2005) 650 endg., S. 6.

desselben Rechtes führen.[173] Verspricht der Verkäufer neben der Lieferung der bestellten Ware zugleich die Erbringung einer umfangreichen Dienstleistung, kommt es nicht darauf an, welcher der Vertragsbestandteile den kompletten Vertrag dominiert. Der Verkäufer als Erbringer der Dienstleistung ist in beiden Fällen die vertragscharakteristisch leistende Partei i.S.d. Art. 4 Abs. 1 Rom I-VO.[174] Die Anknüpfung nach Abs. 1 in diesen Fällen durch jene des Abs. 2 Rom I-VO zu ersetzen, macht wenig Sinn und führt i.d.R. zum gleichen Ergebnis.[175]

Es liegt jedoch auf der Hand, dass der Gesetzgeber primär nicht die soeben beschriebenen Fallkonstellationen im Auge hatte. Das allgemeine Anknüpfungskriterium des gewöhnlichen Aufenthalts der vertragscharakteristisch leistenden Partei sollte insbesondere jene Fälle regeln, bei denen die Anknüpfung nach Abs. 1 zu Widersprüchen bzw. divergierenden Ergebnissen führt.[176]

Vor allem aus dem rechtlichen Zusammenspiel zwischen Art. 4 Abs. 2 Rom I-VO und Art. 4 Abs. 1 Rom I-VO ergeben sich in diesem Zusammenhang Probleme, die im Folgenden dargestellt werden sollen.

(1) Klassifizierung

Erste Schwierigkeiten bereitet die richtige Klassifizierung des Vertrages. Ob ein Vertrag in den Anwendungsbereich des Art. 4 Abs. 1 Rom I-VO fällt, hängt in besonderem Maße von der Reichweite der Definition der acht speziellen Vertragstypen ab.[177] Wird eine weite Definition zugrunde gelegt, bleiben nur wenige Anwendungsfälle für Art. 4 Abs. 2 Rom I-VO übrig. Fasst man die Definition hingegen eng, wird der Anwendungsbereich des Art. 4 Abs. 2 Rom I-VO stark erweitert und umfasst vor allem komplizierte Vertragskonstellationen, bei denen die vertragscharakteristische Leistung nur schwer zu bestimmen ist.[178] Insbesondere im Bereich der Mehrfacherfassungen i.S.d. Art. 4 Abs. 2 Alt. 2 Rom I-VO drohen Qualifikationsprobleme, da die einzelnen in Art. 4 Abs. 1 Rom I-VO geregelten Vertragstypen fließende Grenzen haben. Ein anschauliches Beispiel

173 *Magnus*, in: Ferrari/Leible (Hrsg.), Rome I Regulation, S. 27, 47; *Martiny*, in: FS von Hoffmann, S. 283, 297; vgl. auch *Leible/Lehmann*, RIW 2008, 528, 535 f.; i.d.S. auch *Plender/Wilderspin*, European Private International Law, Rn 7–054.

174 *Martiny*, in: FS von Hoffmann, S. 283, 297; vgl. auch *Magnus*, in: Ferrari/Leible (Hrsg.), Rome I Regulation, S. 27, 47.

175 *Tang*, (2008) 71 (5) MLR, 785, 794; *Martiny*, in: FS von Hoffmann, S. 283, 297.

176 Vgl. *Leible/Lehmann*, RIW 2008, 528, 535 f.; *Martiny*, in FS von Hoffmann, S. 283, 297.

177 *Tang*, (2008) 71 (5) MLR, 785, 793.

178 *Ibid.*

hierfür ist die Onlineauktion, bei der der jeweilige Versteigerungsort nicht bestimmt werden kann. Art. 4 Abs. 1 lit. g Rom I-VO scheidet unter diesen Voraussetzungen aus. Kann der Vertrag aber als einfacher Kaufvertrag eingeordnet werden, bleibt die Möglichkeit einer Anknüpfung nach Art. 4 Abs. 1 lit. a Rom I-VO.[179] Es könnte dann aber der Schluss gezogen werden, dass Auktionsverträge i.S.d. Art. 4 Abs. 1 lit. g Rom I-VO immer auch das Element des Kaufvertrages nach Art. 4 Abs. 1 lit. a Rom I-VO in sich vereinen und somit im Ergebnis eine Mehrfacherfassung i.S.d. Art. 4 Abs. 2 Alt. 2 Rom I-VO vorliegt.[180] Für das auf den Vertrag anwendbare Recht müsste dann die charakteristische Leistung ermittelt werden.

Auch der Franchise- sowie der Vertriebsvertrag sind gem. Erwägungsgrund 17 der Rom I-VO zugleich als Dienstleistungsverträge zu qualifizieren und können somit sowohl unter Art. 4 Abs. lit. e bzw. f als auch unter lit. b der Rom I-VO subsumiert werden.[181]

(2) Abweichende Anknüpfungskriterien

Im Zweifel bestimmt sich schließlich das nach Art. 4 Abs. 2 Alt. 2 Rom I-VO anwendbare Recht bei einer Mehrfacherfassung der in Art. 4 Abs. 1 Rom I-VO gelisteten speziellen Vertragstypen nach dem gewöhnlichen Aufenthalt der charakteristisch leistenden Vertragspartei. Das gilt auch für die meisten der in Art. 4 Abs. 1 Rom I-VO geregelten Vertragstypen. Dennoch verbleiben Fallkonstellationen, die grundsätzlich einer anderen Anknüpfung folgen. Während Grundstücksgeschäfte nach Art. 4 Abs. 1 lit. c Rom I-VO zur Anwendung der *lex rei sitae* führen, richtet sich der Versteigerungskauf gem. Art. 4 Abs. 1 lit. g Rom I-VO nach dem Ort der Versteigerung, sofern dieser bestimmt werden kann. Verträge, die innerhalb eines multilateralen Systems geschlossen wurden (Art. 4 Abs. 1 lit. h Rom I-VO), unterliegen dem jeweiligen Recht des multilateralen Systems.[182] Dass in diesen Fällen ein anderer Anknüpfungsmoment als jener der charakteristischen Leistung gewählt wurde, ist eine bewusste Wertungsentscheidung des Gesetzgebers. Würde sich das anwendbare Recht dann, trotz des Überwiegens einer dieser Vertragselemente, gem. Art. 4 Abs. 2 Alt. 2 Rom I-VO nach dem gewöhnlichen Aufenthalt der vertragscharakteristisch leistenden Partei richten, würden jene Wertentscheidungen umgangen werden. Zudem könnte auf diese Weise ein

179 Beispiel nach *Tang*, (2008) 71 (5) MLR, 785, 793.

180 *Ibid.*

181 *Ibid.*

182 Allgemein zu dieser Problematik *Martiny*, in: FS von Hoffmann, S. 283, 297.

völlig untergeordneter Vertragsbestandteil i.E. den kompletten Vertrag bestimmen, weil der an sich dominierende Teil nicht dem Prinzip der charakteristischen Leistung folgt.[183] Verpflichtet sich bei einem Grundstücksverkauf der Verkäufer neben der Übertragung des Grundstücks zusätzlich zur Entsorgung des sich dort befindlichen Abfalles, würde sich das anwendbare Recht statt nach dem Belegenheitsort des Grundstückes, nach dem gewöhnlichen Aufenthalt des Dienstleisters bestimmen.[184] Eine Notwenigkeit, geschweige denn eine Rechtfertigung für ein derartiges Vorgehen lässt sich nicht erschließen.

(3) Ausstrahlungswirkung des in Art. 4 Abs. 1 Rom I-VO vorgesehenen Anknüpfungsmomentes

Für die Fälle, in denen sich das anwendbare Recht für die einzelnen Vertragsbestandteile gem. Art. 4 Abs. 1 Rom I-VO nach der charakteristischen Leistung richtet, kann sich zusätzlich die Frage stellen, ob die dort vorgesehenen Anknüpfungsmomente die Ermittlung der charakteristischen Leistung im Rahmen des Art. 4 Abs. 2 Rom I-VO nachhaltig beeinflussen.[185] Bei den meisten Fallkonstellationen stellt sich diese Frage zwar grundsätzlich nicht, da die Anknüpfung an die charakteristische Leistung nach Abs. 2 i.d.R. zum gleichen Ergebnis führt, wie nach Abs. 1.[186] So richtet sich das auf den Vertrag anwendbare Recht, bei dominieren des kaufvertraglichen Teiles, auch ohne Abs. 1 nach dem gewöhnlichen Aufenthaltsort des Verkäufers.[187] Dennoch ist es nicht ausgeschlossen, dass, bei Zugrundelegung verschiedener Bewertungsmaßstäbe im Rahmen der Anwendung von Abs. 1 und Abs. 2 des Art. 4 Rom I-VO, Widersprüche entstehen. Ausdruckstärkstes Beispiel ist insoweit der in Art. 4 Abs. 1 lit. e Rom I-VO geregelte Franchisevertrag. Art. 4 Abs. 1 lit. e Rom I-VO sieht eine Anknüpfung zugunsten des Franchise*nehmers* vor. Noch vor der Reform der Rom I-VO wurde zumindest von Teilen in Literatur und Rechtsprechung vertreten, dass der Franchisevertrag dem Recht des Aufenthaltsstaates des Franchise*gebers* zu unterstellen ist.[188] Welche der beiden Parteien im Rahmen eines Franchisevertrages die charakteristisch Leistende ist, war mit Blick auf die beidseitig dominanten Leistungspflichten besonders umstritten. Für beide Ansichten ließen

183 *Magnus*, in: Ferrari/Leible (Hrsg.), Rome I Regulation, S. 27, 47.
184 Beispiel nach *Magnus*, in: Ferrari/Leible (Hrsg.), Rome I Regulation, S. 27, 47.
185 *Martiny*, in: FS von Hoffmann, S. 283, 298.
186 *Ibid.*
187 *Ibid.*
188 *Dutta*, in: Reithmann/Martiny, IPR, Rn 2094 m.w.N. in Fn. 4.

sich durchaus adäquate Argumente finden.[189] Sollte die vom europäischen Gesetzgeber im Rahmen des Art. 4 Abs. 1 Rom I-VO entschiedene Streitfrage keine Ausstrahlungswirkung auf die Bestimmung der charakteristischen Leistung nach Art. 4 Abs. 2 Rom I-VO haben, wäre es daher durchaus vertretbar für die charakteristische Leistung auf den Aufenthaltsort des Franchisegebers statt auf den des Franchisenehmers abzustellen.

cc) Lösungswege

Um den Anwendungsbereich des Art. 4 Abs. 2 Rom I-VO auf die Kernproblematik zu begrenzen, wäre es prinzipiell möglich, den Anwendungsbereich zunächst teleologisch zu reduzieren.[190] Abs. 2 würde dann nur bei solchen Fallgestaltungen eingreifen, bei denen durch die Kumulation verschiedener Vertragsbestandteile ein Regelungskonflikt entsteht. Konstellationen bei denen hingegen alle Bestandteile zur Anwendung desselben Rechtes führen, fallen nicht mehr unter Abs. 2.

Zwar stellt Abs. 2 – anders als Abs. 3 und 4 – gerade nicht auf das Ergebnis der Anknüpfung ab.[191] Will man die Anknüpfungen des Abs. 1 generell und selbst in unstreitigen Fallkonstellationen durch Abs. 2 ersetzen, weißt dies aber m.E. lediglich auf eine zu eingeschränkt formalistische Denkweise hin.

(1) Klassifizierung

Insbesondere aus mitgliedstaatlicher Sicht kommt den Bestimmungen, die die Rom I-VO aus sich heraus trifft, besonders hohe Bedeutung zu. Aufgrund des Leitprinzips der autonomen Auslegung, sind bei Anwendung der Rom I-VO Ziele und Aufbau derselbigen, sowie die sich aus der Gesamtheit der nationalen Rechtssysteme der EU-Mitgliedstaaten ergebenden allgemeinen Grundsätze zu berücksichtigen.[192] Für den Rechtsanwender, der im Zweifel kein „Spezialist des Internationalen Privatrechts“[193] ist, muss die Verordnung ein hohes Maß an Präzision schaffen. Ob sie das mit den acht in Art. 4 Abs. 1 Rom I-VO aufgenommenen Vertragstypen erreicht hat, mag bezweifelt werden.

Mit Art. 4 Abs. 1 Rom I-VO verfolgte der Gesetzgeber das Ziel, mehr Berechenbarkeit bei der Bestimmung des anwendbaren Rechts im grenzüberschreitenden

---

189 Kurzdarstellung der verschiedenen Ansichten in: *Dutta*, in: Reithmann/Martiny, IPR, Rn 2094 ff.; ausführliche Streitdarstellung in: *Plaßmeier*, Internationale Franchisesysteme, S. 89 ff.

190 *Martiny*, in: FS von Hoffmann, S. 283, 297.

191 *Ibid.*

192 BeckOK BGB/*Spickhoff*, Art. 1 Rom I-VO Rn 9.

193 *Wagner*, IPRax 2008, 377, 382.

Rechtsverkehr zu schaffen.[194] Vor diesem Hintergrund erscheint es aber zweckfremd gerade jene Verträge einer eigenständigen Regelung zuzuführen, bei denen die charakteristische Leistung, im Vergleich zu anderen Konstellationen, einfach zu bestimmen ist. Die Einführung spezieller Regeln für bspw. den Kauf- und Dienstleistungsvertrag in Art. 4 Abs. 1 lit. a und b Rom I-VO bringt keine Erleichterung bei der Bestimmung des anwendbaren Rechtes mit sich, sondern dient allenfalls der allgemeinen Klarstellung. Auch ein Vorgehen nach Art. 4 Abs. 2 Rom I-VO würde hier wohl kaum zu einem anderen Ergebnis für das auf den Vertrag anwendbare Recht führen.[195] Im Gegenteil werden hierdurch noch, wie am Beispiel der Onlineauktionen aufgezeigt, Qualifikationsprobleme begünstigt.[196] Die in Art. 4 Abs. 1 Rom I-VO vorgesehenen Klarstellungsregeln hätten vielmehr solchen Fällen vorbehalten sein müssen, bei denen die vertragscharakteristische Leistung i.d.R. gar nicht, oder nur mit besonderer Anstrengung zu ermitteln ist.[197] Unabhängig davon wäre aber zumindest wünschenswert gewesen, dass der Gesetzgeber, dem Vorbild des Erwägungsgrundes 17 entsprechend, eine *allgemeine* Klarstellungsregel für Fallkonstellationen schafft, bei denen eine Mehrfacherfassung schon in der Natur des Vertrages liegt. Mit Erwägungsgrund 17 wird bspw. eindeutig festgesetzt, dass Franchise- und Vertriebsverträge zwar Dienstleistungsverträge sind, jedoch selbst besonderen Regeln unterliegen. Dementsprechend sollte auch prinzipiell entschieden werden, ob der Vertrag aus dem Anwendungsbereich des Art. 4 Abs. 1 Rom I-VO herausfällt und die Ermittlung der charakteristischen Leistung nach Art. 4 Abs. 2 Rom I-VO vorgenommen werden muss[198], oder aber, ob die jeweiligen Vertragstypen auch alternativ bzw. lückenfüllend zur Anwendung gelangen können.[199] Es bleibt zudem die theoretische Möglichkeit, den, für den jeweiligen Vertragstyp einschlägigen, Anwendungsbereich noch präziser

---

194 Siehe Vorschlag für eine Verordnung des Europäischen Parlaments und des Rates über das auf vertragliche Schuldverhältnisse anzuwendende Recht (Rom I), KOM (2005) 650 endg., S. 6.

195 *Tang*, (2008) 71 (5) MLR, 785, 792 f.

196 *Tang*, (2008) 71 (5) MLR, 785, 792.

197 Zumindest für zwei komplexe Vertragsgestaltungen hat die Rom I-VO durch die Aufnahme in den Katalog des Art. 4 Abs. 1 die erforderliche Klarheit geschaffen. So wird der Franchisevertrag in Art. 4 Abs. 1 lit. e Rom I-VO und der Vertriebsvertrag in Art. 4 Abs. 1 lit. f Rom I-VO einer eigenständigen Regelung zugeführt, vgl. auch *Tang*, (2008) 71 (5) MLR, 785, 792.

198 Für das Beispiel der Onlineauktion i.d.S.: *Leible/Lehmann*, RIW 2008, 528, 535.

199 Für das Beispiel der Onlineauktion könnte sich das anwendbare Recht demnach auch lückenfüllend gem. Art. 4 Abs. 1 lit. a Rom I-VO nach dem Recht am gewöhnlichen Aufenthaltsort des Auftraggebers (Verkäufers) richten: *Ringe*, in: JurisPK-BGB,

zu definieren. Allerdings wird eine alles abdeckende Definition, allein aufgrund der Fülle an möglichen Vertragsgestaltungen, als auch der Tatsache, dass es sich bei der Rom I-VO um eine rechtsvereinheitlichende Kodifikation handelt, niemals entwickelt werden können. Bei gehäuftem Auftreten gleicher Fallkonstellationen kann der EuGH richtungsweisende Grundentscheidungen für typische Konstellationen treffen. Im Zweifel bleibt es aber auch weiterhin dem jeweiligen Rechtsanwender überlassen, auf welche Weise er die bestehende Lücke schließt.

(2) Abweichende Anknüpfungskriterien

Fraglich ist des Weiteren, ob der Anwendungsbereich des Art. 4 Abs. 2 Alt. 2 Rom I-VO auch für jene Fälle eröffnet ist, bei denen die kombinierten Vertragsbestandteile nicht an das Merkmal der charakteristischen Leistung anknüpfen. Wie bereits oben dargestellt, folgen nicht alle der in Art. 4 Abs. 1 Rom I-VO geregelten Vertragstypen dem Prinzip der charakteristischen Leistung. Art. 4 Abs. 1 lit. c, g und h knüpfen jeweils an andere Faktoren an.

Insbesondere mit Blick auf die Wertentscheidung des Gesetzgebers sollte in diesen Fällen das in Art. 4 Abs. 1 Rom I-VO vorgesehene Anknüpfungsmoment weiterhin vorrangig zur Anwendung gelangen.[200] Zur Erreichung dieses Ergebnisses wäre es auch hier grundsätzlich möglich, Art. 4 Abs. 2 Alt. 2 Rom I-VO teleologisch zu reduzieren. Art. 4 Abs. 2 Alt. 2 Rom I-VO würde dann für die Fälle des Art. 4 Abs. 1 Rom I-VO, die nicht dem Konzept der charakteristischen Leistung folgen, unangewendet bleiben.[201]

Ausgehend vom Wortlaut des Art. 4 Abs. 2 Rom I-VO ist eine derartige teleologische Reduktion in diesem Fall aber nur schwer vertretbar.[202] Art. 4 Abs. 2 Rom I-VO spricht ausdrücklich von „Bestandteile[n] des Vertrags, [die] durch mehr als einen der Buchstaben a bis h des Absatzes 1 abgedeckt [sind]". Damit bezieht sich Art. 4 Abs. 2 Rom I-VO offenkundig auf *alle* Kombinationen, die sich aus der Liste der in Art. 4 Abs. 1 Rom I-VO enthaltenen Vertragstypen ergeben können.[203] Eine teleologische Reduktion würde somit bereits gegen den Gesetzeswortlaut verstoßen.

Art. 4 Rom I-VO Rn 39; Staudinger/*Magnus*, Art. 4 Rom I-VO Rn 87; *Wagner*, IPRax 2008, 377, 382; *Magnus*, IPRax 2010, 27, 36.

200 I.E. auch *Magnus*, IPRax 2010, 27, 37 und *Magnus*, in: Ferrari/Leible (Hrsg.), Rome I Regulation, S. 27, 47.

201 Vgl. *Magnus*, in: Ferrari/Leible (Hrsg.), Rome I Regulation, S. 27, 46; *Martiny*, in: FS von Hoffmann, S. 283, 298.

202 I.E. *ibid.*

203 *Magnus*, in: Ferrari/Leible (Hrsg.), Rome I Regulation, S. 27, 46.

(3) Ausstrahlungswirkung des in Art. 4 Abs. 1 Rom I-VO vorgesehenen Anknüpfungsmomentes

Richtet sich das anwendbare Recht für die einzelnen Vertragsbestandteile gem. Art. 4 Abs. 1 Rom I-VO hingegen nach der charakteristischen Leistung, bleibt die Frage zu beantworten, ob die in Abs. 1 vorgesehenen Anknüpfungsmomente auch eine Ausstrahlungswirkung auf die Ermittlung der charakteristischen Leistung im Rahmen des Abs. 2 Rom I-VO haben.

Mit Blick auf den bereits oben dargestellten Fall des Franchisevertrages könnte eine Verneinung jener Ausstrahlungswirkung zu einer absoluten Umgehung des dem Franchisenehmer vom Gesetzgeber zugewiesenen Schutzes führen. Gerade die Regelungsvorschläge für den Franchisevertrag wurden im Rahmen der Vorarbeiten zur Rom I-VO kontrovers diskutiert. Im Vorschlag zur Rom I-VO wurde ausdrücklich darauf hingewiesen, dass „die letztlich gewählte Lösung [...] sich damit erklären [lässt], dass das materielle Gemeinschaftsrecht den Franchisenehmer und Vertriebshändler als schwächere Partei ansieht."[204] Die alleinige Tatsache, dass im Rahmen eines gemischten Vertrages weitere Vertragselemente hinzutreten, darf eine solche Grundsatzentscheidung nicht kontaminieren. Für das am stärksten mit den Franchise- und Vertriebsverträgen verbundene Element des Dienstleistungsvertrages hat der Gesetzgeber, wie bereits oben erwähnt, in Erwägungsgrund 17 der Rom I-VO den Vorrang jener Spezialregelungen nochmals ausdrücklich hervorgehoben.[205] Trotz der Tatsache, dass sowohl der Franchise- als auch der Vertriebsvertrag immer das Element der Dienstleistung beinhalten, „unterliegen sie besonderen Regeln". Art. 4 Abs. 1 lit. e und f Rom I-VO greifen somit als Spezialtatbestände ein, obwohl der Vertrag zugleich auch die Voraussetzungen des Art. 4 Abs. 1 lit. b Rom I-VO erfüllt.[206]

Andere Autoren halten ein solches Vorgehen mit Blick auf Erwägungsgrund 19 der Rom I-VO für problematisch. Nimmt die Franchisekomponente als Teilelement des gemischten Vertrages nicht den dominanten Part ein, läuft die in

---

204 Siehe Vorschlag für eine Verordnung des Europäischen Parlaments und des Rates über das auf vertragliche Schuldverhältnisse anzuwendende Recht (Rom I), KOM (2005) 650 endg., S. 6.

205 Vgl. *Azzi*, D 2008, 2171, 2172.

206 In diesem Sinne auch: *Kenfack*, Clunet 136 (2009), 3, 26; zum Vorrang vor der Anwendbarkeit des Art. 4 Abs. 1 lit. b Rom I-VO vgl. auch: Ferrari/Kieninger/Mankowski, u.a./*Ferrari*, Art. 4 Rom I-VO Rn 33, 60; *Ringe*, in: JurisPK-BGB, Art. 4 Rom I-VO Rn 49; Staudinger/*Magnus*, Art. 4 Rom I-VO Rn 41.

Erwägungsgrund 19 vorgesehene Schwerpunktprüfung zur Ermittlung der vertragscharakteristischen Leistung ins Leere.[207]

In diesen Fällen schlicht auf die charakteristische Leistung, ohne Rücksicht auf die in Art. 4 Abs. 1 Rom I-VO vorgesehenen Grundanknüpfungen, abzustellen[208], kann in vielen Fällen kein rechtssicheres Ergebnis liefern. Insoweit muss schließlich ein Kompromiss zwischen den in Art. 4 Abs. 1 und Abs. 2 Rom I-VO verankerten Schutzaspekten und Grundprinzipien gefunden werden.

dd) (Endgültiges) Bestimmen der charakteristischen Leistung

(1) Objektive dépeçage als Spezialfall der Anknüpfung nach der charakteristischen Leistung

Bei einer Mehrfacherfassung der Vertragsbestandteile unterliegt der Vertrag dem Recht des Staates, in dem die Partei, welche die für den Vertrag *charakteristische Leistung* zu erbringen hat, ihren gewöhnlichen Aufenthalt hat.

Eine andere, für die Mehrfacherfassung passende Lösung, könnte die Spaltung des Vertrages in seine einzelnen Elemente sein. Diese werden dann als jeweils eigenständige Verträge einer eigenen kollisionsrechtlichen Lösung zugeführt und ähneln insoweit dem Kombinationsprinzip auf materiellrechtlicher Ebene. Die oben aufgeworfenen Probleme der abweichenden Anknüpfungskriterien in Art. 4 Abs. 1 Rom I-VO, sowie der möglichen Ausstrahlungswirkung verschiedener in Art. 4 Abs. 1 Rom I-VO geregelter Vertragstypen auf die Bestimmung der charakteristischen Leistung nach Abs. 2 würden sich bei einer derartigen Vorgehensweise weitestgehend erübrigen. Noch unter dem EVÜ wurde die objektive dépeçage in Art. 4 Abs. 1 S. 2 erwähnt. In der Rom I-VO ist eine solche jedoch nicht mehr vorgesehen.[209] Dies könnte die Annahme rechtfertigen, dass die Spaltung in einzelne Bestandteile nach der Reform grundsätzlich nicht mehr gewollt ist. Ein vollständiger Ausschluss der Anwendung einer objektiven dépeçage lässt sich aber mit treffenden historischen und systematischen Argumenten widerlegen.

Zwar wird die Möglichkeit zur Vertragsspaltung unter der Rom I-VO nicht mehr ausdrücklich erwähnt. Daraus den Willen des Gesetzgebers abzuleiten, eine solche sei auch grundsätzlich nicht mehr gewollt, kann aber nicht überzeugend belegt werden. Ein entsprechender „Nichtfortführungswille“ findet keine Stütze in den Materialien. Mündliche Überlieferungen vereinzelter Delegationsmitglieder,

---

207 *Plender/Wilderspin*, European Private International Law, Rn 7–056.

208 So *Plender/Wilderspin*, European Private International Law, Rn 7–056: „[…] the court should simply identify the chracteristic performance of that contract […]“.

209 *Schäuble*, BWNotZ 2015, 2, 8.

dass die Vertragsspaltung nicht mehr fortgeführt werden sollte, können nicht als ausreichende Referenz herangezogen werden. Ein entsprechender Wille kann nur dann bindende Kraft entfalten, wenn er sich belegbar im normativen Rechtsakt selbst wiederfindet.[210]

Dass die objektive dépeçage im Ergebnis für die Rom I-VO nicht übernommen wurde, scheint mehr ein „Kollateralschaden", als eine bewusste gesetzgeberische Entscheidung gewesen zu sein.[211] Die eigentliche, in Art. 4 Abs. 2 S. 2 EVÜ verankerte Grundregel, wurde durch die in Abs. 1 enthaltene Anknüpfung an die „engste Verbindung" verdunkelt.[212] Der Gesetzgeber entschied sich daher für die bewusste Aufgabe des – vor allem in der konkreten Rechtsanwendung oftmals zu falschen Ergebnissen führenden[213] – Art. 4 Abs. 1 S. 1 EVÜ. Begleitend entfiel wohl auch der sich auf ihn beziehende und eine Einheit bildende S. 2.[214]

Im Geltungsbereich der Rom I-VO werden nunmehr auch Verträge mit Bestandteilen, die mehr als einen der Katalogtatbestände berühren, nach dem Konzept der charakteristischen Leistung angeknüpft. Grundsätzlich muss aber nicht zwischen der Anknüpfung an die charakteristische Leistung gem. Art. 4 Abs. 2 Rom I-VO und einer dépeçage entschieden werden. Beide Anknüpfungen können nicht nur kooexistieren, sondern ergänzen sich auch.[215] Als Spezialfall zur Anknüpfung nach dem Grundsatz der charakteristischen Leistung kann für die systematische Einordnung der objektiven dépeçage auf Art. 4 Abs. 3 Rom I-VO verwiesen werden.[216] Sowohl die Ausweichklausel, als auch die dépeçage, beruhen auf dem Grundgedanken der Näherbeziehung und durchbrechen die Regelanknüpfung. Die Ausnahmeklausel bezieht sich auf den gesamten Vertrag, die objektive dépeçage konzentriert sich auf einen oder mehrere Vertragsteile.[217]

Entscheidet man sich dafür, weiterhin unter der Rom I-VO die Möglichkeit einer Vertragsspaltung anzuerkennen[218], müssen auch hier die einschränkenden

---

210 Dazu im Ganzen: *Mankowski*, in: FS Spellenberg, S. 261, 267 f.

211 *Mankowski*, in: FS Spellenberg, S. 261, 268.

212 *Mankowski*, IPRax 2006, 101, 103.

213 *Mankowski*, IPRax 2006, 101, 103; *Magnus/Mankowski*, ZvglRWiss 103 (2004), 131, 158; *Mankowski*, in: FS Spellenberg, 261, 268.

214 *Mankowski*, in: FS Spellenberg, S. 261, 268.

215 *Mankowski*, in: FS Spellenberg, S. 261, 269.

216 Ausführlich zur Einordnungssystematik der dépeçage unter der Rom I-VO: *Mankowski*, in: FS Spellenberg, 261, 272 ff.

217 *Mankowski*, in: FS Spellenberg, 261, 272.

218 So grundsätzlich auch *Kessedjian*, in: Basedow/Baum/Nishitani (Hrsg.), Japanese and European Private International Law, 105, 119, 122.

Voraussetzungen für seine Anwendbarkeit auf die jeweiligen Fallkonstellationen beachtet werden. Schon im Bericht *Giuliano/Lagarde* wurde klargestellt, dass eine Vertragsspaltung nur dann in Betracht kommen soll, wenn die jeweiligen Vertragsteile autonom und abtrennbar vom Gesamtgefüge sind.[219] Das kann letztlich nur solche Verträge betreffen, deren Elemente wirtschaftlich mehreren Verträgen ähneln, die von den Parteien auch getrennt hätten abgeschlossen werden können.[220] An dieser Stelle wird es entscheidend sein, die gemischten Verträge, wie sie in dieser Arbeit besprochen werden, von bloß komplexen, gleichsam „zusammengesetzten" Verträgen zu unterscheiden. Während bei zusammengesetzten bzw. gekoppelten Verträgen mehrere Verträge zwischen den gleichen Parteien nach dem Parteiwillen lediglich Bestandteile eines einheitlichen Gesamtvertrages bilden, sind bei gemischten Verträgen Bestandteile mehrerer Vertragstypen zu einer Einheit verbunden.[221] Weder im Falle der typischen Verträge mit andersartiger Nebenleistung, noch bei Verträgen mit atypischer Gegenleistung und den Typenverschmelzungsverträgen wird eine derartige Abspaltung möglich sein. In diesen Fallkonstellationen sind die verschiedenen Elemente derart eng miteinander verbunden, dass sie nicht nach getrennten Rechten beurteilt werden können. Als einzig relevante Fallkonstellation kommen insoweit die Typenkombinationsverträge in Betracht. Da sich diese Fälle insb. dadurch auszeichnen, dass sich die Hauptleistung aus Elementen verschiedener Vertragstypen zusammensetzt, stehen alle Vertragsbestandteile im Wesentlichen zunächst gleichberechtigt nebeneinander.[222]

Dennoch weisen auch diese Verträge eine engere Verschmolzenheit auf, als die bloß zusammengesetzten Verträge. So wird bei den Typenkombinationsverträgen, trotz der möglichen Trennbarkeit der Leistungselemente, im Ergebnis eine einheitliche Gegenleistungsverpflichtung bestehen. Aber erst dann, wenn auch die Gegenleistung abgegrenzt und den einzelnen Elementen sinnvoll zugeordnet werden kann, kann der Vertrag als autonom und wirtschaftlich eigenständig angesehen werden.[223]

---

219 *Giuliano/Lagarde*, Bericht über das Übereinkommen über das auf vertragliche Schuldverhältnisse anzuwendende Recht, Abl. EG 1980 C 282/1, 282/23 und BT-Drucks. 10/503, S. 33, 55.

220 *Mankowski*, in: FS Spellenberg, 261, 272.

221 Jauernig/*Stadler*, § 311 BGB Rn 29 f.; Staudinger/*Löwisch/Feldmann*, § 311 BGB Rn 52.

222 Dazu bereits oben unter A III 2.

223 Vgl. auch *Mankowski*, in: FS Spellenberg, 261, 278.

Die objektive dépeçage muss jedenfalls in jenen Fällen versagen, in denen das Gesamtgefüge des Vertrages eine Beurteilung nach einheitlichem Recht verlangt. Für die Typenkombinationsverträge wird dies, wie bereits auf materiellrechtlicher Ebene, dann der Fall sein, wenn Fragen betroffen sind, die die Wirksamkeit oder den Bestand des gesamten Vertragsgefüges betreffen.[224] Die kollisionsrechtliche Anknüpfung von Form und Wirksamkeitsfragen würde in solchen Fällen zu unauflöslichen Widersprüchen führen.

So zum Beispiel auch im Rahmen der Anwendung von Art. 10 Rom I-VO. Wenn Art. 10 Rom I-VO für das „Zustandekommen“ und die materielle „Wirksamkeit“ des Vertrages gilt, dann umfasst es schließlich auch die rechtliche Frage der Rechtsfolge von Willensmängeln.[225] Das anwendbare Recht richtet sich hier nach dem hypothetischen Vertragsstatut. Ob überhaupt ein Willensmangel besteht und ob er kraft Gesetz zur Nichtigkeit oder Anfechtbarkeit führt, kann aber, je nach anwendbarer Rechtsordnung, mehr oder minder stark variieren. Demgemäß bestehen bereits Unterschiede in der englischen, französischen und deutschen Irrtumslehre. Die Irrtumskategorien, wie sie sich in § 119 BGB finden, sind in Frankreich nicht übernommen wurden.[226] Insbesondere der Erklärungsirrtum nach § 119 Abs. 1 Fall 2 BGB ist dem französischen Recht fremd.[227] Im englischen Recht wird überhaupt nur unter strengen Voraussetzungen das Vorliegen eines den Vertrag kontaminierenden Irrtums anerkannt. Nur Tatsachenirrtümer, die im Ergebnis die gesamte Vertragsgrundlage betreffen, sind geeignet, den Vertrag zu Fall zu bringen.[228]

Wenn nun ein gemischter Vertrag mit grenzüberschreitendem Bezug abgeschlossen wird und die einzelnen Vertragselemente nach jeweils unterschiedlichen Rechten beurteilt werden, kann es passieren, dass ein Teil des Gesamtgefüges

---

224 Zum materiellrechtlichen Teil vgl. A III 2; vgl. auch: *Dicey/Morris/Collins*, Conflict of Laws, Rule 221 Rn 32–027.

225 Staudinger/*Hausmann*, Art. 10 Rom I-VO Rn 25.

226 *Ferid/Sonnenberger*, Das französische Zivilrecht, Band 1/1 Rn 1 F 415.

227 *Ferid/Sonnenberger*, Das französische Zivilrecht, Band 1/1 Rn 1 F 415; ausführlich zur Behandlung jener Fallkonstellation im französischen Recht: *Ferid*, Das französische Zivilrecht, Band 1, Rn 1 E 206 f.; vgl. auch *Hübner/Constantinesco*, Einführung in das französische Recht, S. 161 f.: „Die Behandlung des Erklärungs- und Übermittlungsirrtums ist zweifelhaft. Zum wohl überwiegenden Teil wird hier […] die Anfechtung versagt.“

228 *Graf von Bernstorff*, Einführung in das englische Recht, S. 56 f.; *Henrich/Huber*, Einführung in das englische Privatrecht, S. 57.

fortbesteht, während einem anderen – je nach nationaler Eigenheit – die rechtliche Geltung versagt wird. Im Falle der Typenkombinationsverträge wird dies in den wenigsten Fällen dem Parteiwillen entsprechen. So könnte es beim Abschluss eines Pauschalreisevertrages sein, dass die Beförderungsleistung, die gem. Art. 4 Abs. 1 lit. b der VO an den Sitz des Unternehmers angeknüpft wird, je nach Fallkonstellation und anwendbarem Recht, unwirksam ist, während der mietvertragliche Teil, der sich gem. Art. 4 Abs. 1 lit. c der VO nach dem Lageort richtet, weiterhin Bestand hat.[229] Liegt bspw. ein Erklärungsirrtum in der Form vor, dass sich die vertragsschließende Partei bei Angabe des Anreisezeitpunktes verspricht oder verschreibt, kann, bei anwendbaren deutschen Recht, zwar die Beförderungsleistung angefochten werden. Richtet sich der mietvertragliche Teil jedoch nach französischem Recht, bleibt dieser bestehen.

(2) Schwerpunktanalyse

Die charakteristische Leistung wird vor allem bei den gemischten Vertragskonstellationen nicht immer zweifelsfrei bestimmt werden können.

Wenn die Untersuchung des jeweiligen Vertragsinhalts nicht erkennen lässt, welcher Leistung aufgrund ihres charakteristischen Inhalts der Vorrang gegeben werden kann, muss gemäß Erwägungsgrund 19 der Rom I-VO die charakteristische Leistung nach ihrem Schwerpunkt bestimmt werden. Für die Analyse der charakteristischen Leistung hält die Rom I-VO somit zwar ein spezifisches Kriterium bereit. An der genauen Ausgestaltung mangelt es jedoch.

---

229 Ein, zugegebenermaßen, äußerst theoretischer Fall, da im Zweifel, für die kollisionsrechtliche Beurteilung des Pauschalreisevertrages, Art. 6 Rom I-VO vorrangig zur Anwendung gelangen wird, wenn der Verbraucher den Vertrag über ein Reisebüro in seinem Aufenthaltsstaat schließt, vgl. nur *Mankowski*, in: Reithmann/Martiny, IPR, Rn 2678. Zudem hat die Problematik des Auseinanderfallens der Vertragsstatuten durch die Einführung der Ausnahmeregelung bei kurzfristigen Miet- bzw. Pachtverträgen in Art. 4 Abs. 1 lit. d Rom I-VO, die nun ebenfalls dem Prinzip der charakteristischen Leistung folgen, an Brisanz verloren. Dennoch dient das bekannte Rechtsinstitut als Veranschaulichung zur grundsätzlichen Problematik, die insb. bei der Zusammenfassung von mietrechtlichen mit kauf- und dienstrechtlichen Elementen entstehen kann. Dass der Pauschalreisevertrag aber, trotz möglicher Trennbarkeit einzelner Leistungselemente, im Ergebnis kollisionsrechtlich einheitlich beurteilt werden soll, ergibt sich insb. aus Art. 2 Nr. 1 der Pauschalreiserichtlinie, vgl. auch unter diesem Aspekt: *Mankowski*, in: Reithmann/Martiny, IPR, Rn 2673 f.; im Ergebnis auch: MünchKomm/*Martiny*, Art. 6 Rom I-VO Rn 22; noch zu Art. 29 Abs. 4 EGBGB vgl. *von Hoffmann/Thorn*, IPR, § 10 Rn 48.

Für die Ermittlung des Schwerpunktes im Falle einer Nicht- oder Mehrfacherfassung i.S.d. Art. 4 Abs. 2 Rom I-VO finden sich weder in den Gesetzgebungsmaterialien, noch in der Rom I-VO selbst Anhaltspunkte. Die vorzunehmende Schwerpunktanlyse bleibt somit zunächst eine ausfüllungsbedürftige Leerformel, die durch Lehre und Rechtsprechung konkretisiert werden muss.

Im Allgemeinen wird der Hinweis jedoch so zu verstehen sein, dass nicht eine allgemeine Schwerpunktanalyse erfolgen soll.[230] Für die Ermittlung des auf den Vertrag anwendbaren Rechtes soll es nicht darauf ankommen, zu welchem Recht der Vertrag nach den Umständen des Einzelfalles den stärksten Bezug aufweist. Es soll vielmehr der an sich dominierende Vertragsteil herausgefiltert werden. Die Regelungen jenes dominierenden Vertragsteiles sollen dann für den gesamten Vertrag zur Anwendung gelangen.

Problematisch stellt sich aber bereits die Anwendungsreichweite jener Formel dar. Erwägungsgrund 19 erläutert, dass sich die *charakteristische Leistung* im Zweifel nach ihrem Schwerpunkt bestimmt.

Prinzipiell ergeben sich für die Schwerpunktermittlung dann keine nennenswerten Probleme, wenn sich die Leistung einer Vertragspartei zwar aus mehreren vertragscharakteristischen Leistungen zusammensetzt, die Gegenleistung der anderen Partei aber dennoch ausschließlich in einer reinen Geldzahlung besteht. Auch bei Verknüpfung mehrerer verschiedener Hauptleistungen i.S.d. Art. 4 Abs. 1 Rom I-VO bleibt die dieses Bündel leistende Partei immer auch die charakteristisch Leistende.[231]

Wie ist aber zu verfahren, wenn die kombinierten Vertragsbestandteile nicht einheitlich an das Merkmal der charakteristischen Leistung anknüpfen?

Geht man strikt nach dem Wortlaut des Art. 4 Abs. 2 Rom I-VO, dann kann es bei derart gemischten Verträgen ausschließlich auf die charakteristische Leistung der erbringenden Partei ankommen. Die in Art. 4 Abs. 1 lit. c, g und h Rom I-VO vorgesehenen Anknüpfungsmomente kämen nie, und wenn überhaupt nur über Art. 4 Abs. 3 Rom I-VO zur Anwendung.[232]

Trotz dieses offensichtlichen Ungleichgewichtes kommt aber auch eine teleologische Reduktion des Art. 4 Abs. 2 Rom I-VO auf die Fälle des Art. 4 Abs. 1 Rom I-VO, die an die charakteristische Leistung anknüpfen, nicht in Betracht.[233]

---

230 *Magnus*, in: Ferrari/Leible (Hrsg.), Rome I Regulation, S. 27, 47; *Martiny*, in: FS von Hoffmann, S. 283, 296 f.; zweifelnd: *Kenfack*, Clunet 136 (2009), 3, 26.

231 Soergel/*von Hoffmann*, Art. 28 EGBGB Rn 39.

232 Staudinger/*Magnus*, Art. 4 Rom I-VO Rn 103.

233 Dazu bereits oben unter B II 2 b cc (2).

Richtig dürfte es daher sein, im Sinne des Anwendungs- und Entscheidungseinklangs, den in Erwägungsgrund 19 niedergelegten Gedanken der Schwerpunktbestimmung zu verallgemeinern.[234] Auch bei Fallkonstellationen, in denen einzelne Elemente nach anderen Anknüpfungskriterien beurteilt werden, sollte daher entscheidend sein, welcher Vertragsbestandteil dem Vertrag im Ergebnis sein Gepräge gibt.[235]

Andererseits darf die allgemeine Schwerpunktbestimmung in Einzelfällen, mit Blick auf den vom Gesetzgeber verfolgten Schutzzweck, nur eingeschränkt zur Anwendung gelangen. So insbesondere im Bereich der gemischten Verträge mit Franchise- bzw. Vertriebsvertragselementen. Regelmäßig sollte in diesen Fällen das Sitzrecht der schutzwürdigen Partei zur Anwendung gelangen.[236] Sind bei Abschluss des Franchise- oder Vertriebsvertrages bspw. auch umfassende Kaufverpflichtungen vereinbart worden, sollte es, selbst bei Überwiegen letzterer, bei der Anknüpfung an das Recht des Franchisenehmers bzw. Vertriebshändlers bleiben. Die in Erwägungsgrund 19 vorgesehene Schwerpunktprüfung wird insoweit von den in den Erwägungsgründen 17 und 21 verankerten Schutzaspekten zugunsten der schwächeren Partei überlagert. Allein die Tatsache, dass neben die Franchise- bzw. Vertriebsvertragskomponente noch weitere, umfangreiche Pflichten treten, kann nicht zu der den Franchisegeber bevorzugenden Vermutung führen, dass beide Parteien nunmehr gleichberechtigt nebeneinanderstehen. Im Gegenteil, eine widerlegbare Vermutung muss zunächst für die als grundsätzlich vom Gesetz schützenswerter eingestufte Partei eingreifen.

Lediglich in Ausnahmefällen, bei denen eine überwiegende Schutzwürdigkeit durch die spezielle Ausgestaltung des Rahmenvertrages entfällt, muss hierauf keine besondere Rücksicht genommen werden. So z.B. beim Alleinvertriebsvertrag. Mit Einräumung eines ausschließlichen Bezugsrechtes des Abnehmers, rückt in diesen Fällen auch der Lieferant in eine gleichwertige Abhängigkeitssituation. Das Schwergewicht zu schützender Belange dann zu verlagern, wäre bloß künstlich und nicht interessengerecht. In solchen Fällen kann der Schwerpunkt unbeeinflusst von vorrangig schützenswerten Positionen ermittelt werden.

Nach der Wortlautbedeutung wird ein Schwerpunkt zweifellos dann vorliegen, wenn ein Vertragselement für sich allein genommen alle anderen Elemente in ihrer Summe überwiegt.[237]

234 Staudinger/*Magnus*, Art. 4 Rom I-VO Rn 103.
235 *Magnus*, IPRax 2010, 27, 37.
236 Staudinger/*Magnus*, Art. 4 Rom I-VO Rn 102.
237 *Mankowski*, TranspR 2009, 497, 498.

Um auf systematischer Ebene den Anwendungsbereich der Ausweichklausel des Art. 4 Abs. 4 Rom I-VO nicht zu unterlaufen, muss es zur Schwerpunktbestimmung aber bereits ausreichen, dass der Schwerpunkt allein dasselbe Gewicht aufweist, wie die übrigen Elemente zusammen.[238] Damit ist aber noch keine Lösung zur Ermittlung eines konkret abgrenzbaren Ergebnisses gefunden. Faustformeln mit Prozentangaben (z.B. 50 % als Mindestgröße zur Schwerpunktbestimmung[239]) helfen in der Regel nicht weiter, da sich die einzelnen Bestandteile des Gesamtvertrages selten prozentual aufspalten und beziffern lassen.[240]

Zudem stellt sich die Frage, ob für die Bestimmung des Schwerpunktes allein wirtschaftliche Faktoren, die Einfluss auf den objektiven Wert des Vertragsgegenstandes haben, ausschlaggebend sein sollen.

ee) Stellungnahme

Ganz grundsätzlich sollte zunächst der Gedanke verworfen werden, dass die Bestandteile des gemischten Vertrages gespalten und nach getrennten Rechten beurteilt werden können. Abgesehen davon, dass die objektive dépeçage schon unter dem EVÜ nur „ausnahmsweise“ zur Anwendung gelangen sollte[241], ist sie, anders als im Fall der zusammengesetzten bzw. gekoppelten Verträge, für die Fälle der enger verwobenen gemischten Verträge nicht geeignet.

Im Rahmen der Ermittlung des anwendbaren Rechtes bei einer Kumulation der in Art. 4 Abs. 1 Rom I-VO geregelten Vertragstypen stellt sich dann das besondere Problem der exakten Bestimmung der in Art. 4 Abs. 2 Rom I-VO als Anknüpfungskriterium vorgesehenen charakteristischen Leistung. Charakteristisch ist diejenige Leistung, die dem Vertrag sein Gepräge gibt[242] und ihn von anderen Austauschverträgen unterscheidet[243].[244]

Das Bestimmen der charakteristischen Leistung gestaltet sich aber insb. bei komplexen Vertragsverhältnissen nicht immer einfach. Mit Rücksicht auf den

---

238 *Ibid.*

239 So *Mankowski*, TranspR 2009, 497, 498.f.

240 So auch zutreffend *Mankowski*, TranspR 2009, 497, 499.

241 Vgl. *Giuliano/Lagarde*, Bericht über das Übereinkommen über das auf vertragliche Schuldverhältnisse anzuwendende Recht, Abl. EG 1980 C 282/1, 282/23 und BT-Drucks. 10/503, S. 33, 55.

242 *Kropholler*, IPR, § 52 III 2.

243 MünchKomm/*Martiny*, Art. 4 Rom I-VO Rn 148.

244 Ferrari/Kieninger/Mankowski, u.a./*Ferrari*, Art. 4 Rom I-VO Rn 61; *Ringe*, in: JurisPK-BGB, Art. 4 Rom I-VO Rn 54; Soergel/*von Hoffmann*, Art. 28 EGBGB Rn 23; vgl. auch *von Bar*, IPR II, § 4 Rn 495.

richtigen Indizienapparat sind rechtssichere Ergebnisse dennoch zu erreichen. Starkes Indiz ist zunächst die Bezeichnung des Vertrages, da es zumeist die charakteristische Leistung ist, die dem Vertrag seinen Namen gibt. Diese Leistung bildet dann in aller Regel auch den Schwerpunkt des Vertragsverhältnisses.[245] Beim Beherbergungsvertrag, der dem reinen Namen nach auf die „Beherbergung" des Vertragspartners abstellt, läge die Hauptpflicht des Gastwirtes insoweit in der Überlassung des Rechts zur Nutzung eines Hotelzimmers.

Unabhängig von der Bezeichnung des jeweiligen Vertragsverhältnisses ist in Zweifelsfällen eine Schwerpunktanalyse vorzunehmen. Diese Analyse sollte im Rahmen des Art. 4 Abs. 2 Rom I-VO grundsätzlich aus wirtschaftlich objektiver Sicht erfolgen.[246] Leitend wird insoweit der Vertragsbestandteil sein, dem wirtschaftlich das stärkste Gewicht zufällt.

Dabei kann zwar in einem ersten Schritt auf das Wertverhältnis der Leistungen abgestellt werden.[247] Da aber eine genaue Berechnung der Wertverhältnisse der Leistungen, vor allem in komplexen Vertragsgestaltungen, nicht möglich ist,[248] müssen noch zusätzliche Kriterien zur Bestimmung des Schwerpunktes herangezogen werden. In Betracht kommen insoweit auch die jeweiligen Interessen der Parteien.[249] Bei deren Ermittlung sollte bewusst von den *subjektiven Vorstellungen der Parteien* Abstand genommen werden. Die Interessen der Beteiligten sind vielmehr objektiv und ohne Berücksichtigung des konkreten Einzelfalles zu beurteilen[250], bevor in einem zweiten Schritt ermittelt werden kann, ob der Schwerpunkt des Vertragsverhältnisses auf eine bestimmte Rechtsordnung hinweist. Nur auf diese Weise kann das Generelle und Typische des Tatbestandes

---

245 Soergel/*von Hoffmann*, Art. 28 EGBGB Rn 23; vgl. auch *von Bar*, IPR II, § 4 Rn 495.

246 Staudinger/*Magnus*, Art. 4 Rom I-VO Rn 113: „Der Begriff der charakteristischen Leistung will der spezifischen wirtschaftlichen Funktion des jeweiligen Vertrages Rechnung tragen [...]."

247 Staudinger/*Magnus*, Art. 4 Rom I-VO Rn 105.

248 Im Zusammenhang mit Fällen zum UN-Kaufrecht: OLG München, RIW 2000, 712, 713: „Das Überwiegen eines Teiles der Pflichten ist dabei in erster Linie nach der Relation des Wertes der einzelnen Verpflichtungen zu bestimmen. Darüber hinaus kommt es aber auch auf das besondere Interesse des Auftraggebers am jeweiligen Leistungsbereich, also die vertragscharakteristische Leistung an"; LG Mainz, 21.11.1998, CISG-online 563: „As it is impossible to ascertain the value of [seller]'s various obligations under the contract [...], both the contractual documents and the circumstances of the formation of the contract have to be taken into account."

249 *Reiner*, in: Ebenroth/Boujong/Joost/Strohn, § 93 HGB Rn 78.

250 *Henrich*, JZ 1961, 261, 262 f.; *Reiner*, in: Ebenroth/Boujong/Joost/Strohn, § 93 HGB Rn 78.

herausgefiltert werden, dass für eine einheitliche Beurteilung ähnlicher Fallkonstellationen unerlässlich ist.[251] Generalanwalt *Tizzano* spricht insoweit in seinen Schlussanträgen zur Rechtssache *Cantor*[252] von der objektiven *causa* des Vertrages: „Um beurteilen zu können, welches die vorherrschenden Merkmale eines bestimmten Vertrages sind, kann man sich jedoch nicht auf eine abstrakte und rein formale Untersuchung dieses Vertrages beschränken, sondern muss seine wirtschaftliche Funktion berücksichtigen, d. h. die konkrete Funktion, die ihm objektiv zugedacht ist, um den Interessen der Parteien gerecht zu werden. Mit anderen Worten: Es ist die Causa des Rechtsgeschäfts im Sinne der Rechtstradition mehrerer europäischer Länder zu ermitteln, verstanden als die wirtschaftliche Funktion des Vertrages, die dem Ausgleich der einander gegenüberstehenden Interessen dient."[253]

Die konkret zugedachte Funktion zielt insoweit auf die gewollten Rechtsfolgen ab, die dann im Einzelfall anhand einer objektiven Interessenabwägung zu ermitteln sind.[254]

In der Literatur stieß das Merkmal der *causa* hingegen auf starken Widerstand. Es fehle dem Merkmal, durch die unterschiedliche Handhabung in den einzelnen Mitgliedstaaten[255], an Konsensfähigkeit. Ein homogenes Verständnis auf Unionsebene sei somit nicht gewährleistet.[256]

---

251 Vgl. *Henrich*, JZ 1961, 261, 262.

252 EuGH, Urt. v. 9.10.2001 – C-108/99, Slg. 2001, I-7257 – Commissioners of Costums and Excise/Cantor Fitzgerald International mit Verweis auf die Schlussanträge des Generalanwalts *Tizzano* v. 23.1.2001 in C-409/98, Slg. 2001, I-7175 I-7177 – Commissioners of Costums and Excise/Mirror Group plc.

253 Schlussanträge GA *Tizzano*, C-409/98, Slg. 2001, I-7175 I-7177 Rn 27 – Commissioners of Costums and Excise/ Mirror Group plc.

254 Die von *Kümmerle*, in: Santos/Baldus/Dedek (Hrsg.), Vertragstypen in Europa, S. 330 in diesem Zusammenhang gewählte Bezeichnung des „objektivierten Parteiwillens", bzw. der vom BGH oftmals angewandte Begriff des „hypothetischen Parteiwillens" (vgl. nur BGH NJW 1956, 377) sollte nicht verwendet werden. Ein derartiges Begriffsverständnis birgt letztlich die Gefahr in sich, einen allzu subjektiven Ansatz zu wählen. Außerdem handelt es sich i.E. um eine bloß leere Begriffshülse, wenn es bei einem objektivierten bzw. hypothetischen Parteiwillen auf den wahren Willen der Parteien gar nicht ankommen soll, vgl. *Henrich*, JZ 1961, 261, 262.

255 Ausführlich zur Behandlung der *causa* im niederländischen und deutschen Recht sowie im *common law*: *Bassani/Mincke*, ZEuP 1997, 599 ff.

256 *Kümmerle*, in: Santos/Baldus/Dedek (Hrsg.), Vertragstypen in Europa, S. 330.

Solche Zweifel mögen begründet sein, sofern die *causa* als Voraussetzung obligatorischer Rechte gedacht wird.[257] Dann kann es durchaus zu Rechtskollisionen mit Blick auf die divergierenden mitgliedstaatlichen Ansichten kommen. Hier geht es allerdings vielmehr darum, neben dem Faktor der Wertverhältnisse, zusätzliche, allgemeingültige Kriterien zu finden, die es ermöglichen, den Schwerpunkt des Vertrages kollisionsrechtlich zu bestimmen. Die *causa* soll hier nicht zu einer ausschließenden oder begründenden Rechtswirkung führen. Sie soll lediglich als zusätzliches Merkmal zur Schwerpunktanalyse herangezogen werden können.

Dem Rechtsanwender muss dabei klar sein, was unter der *causa* des Rechtsgeschäfts zu verstehen ist. Leider spielt die *causa* in der bisherigen EuGH Rechtsprechung nur eine untergeordnete Rolle. Ein autonomes Begriffsverständnis existiert nicht.[258] Das ist aber im Ergebnis auch nicht erforderlich und wäre vielmehr, angesichts der verschiedenen mitgliedstaatlichen Auffassungen, hinderlich.

GA *Tizzano* gibt die genaue Anwendungsweise vor: Die *causa* soll hier verstanden werden „als die wirtschaftliche Funktion des Vertrages, die dem Ausgleich der einander gegenüberstehenden Interessen dient".

Ohne den Begriff der *causa* zu erwähnen, verweisen selbst *Giuliano/Lagarde* auf ein derartiges Begriffsverständnis: „Man kann den Begriff der charakteristischen Leistung im übrigen auf einen allgemeineren Gedankengang zurückführen, nämlich den, daß diese Leistungen die Funktion kennzeichnet, welche die in Frage stehende Rechtsbeziehung im wirtschaftlichen und sozialen Leben eines Staates ausübt."[259] So zeigen bereits die Gesetzesmaterialien, dass das Kollisionsrecht das Parteiinteresse im soeben dargestellten Sinne als Auslegungsvoraussetzung anerkennt.

Neben den Wertverhältnissen und der jeweiligen Interessenlage der Vertragsparteien können zudem noch die Risikotragung und das wirtschaftliche Gesamtgewicht der einzelnen Verpflichtungen als Abwägungskriterien in die Beurteilung mit einbezogen werden.[260]

---

257 Ausführlich zum Verständnis und den Rechtswirkungen der *causa*: *Bassani/Mincke*, ZEuP 1997, 599 ff.

258 *Kümmerle*, in: Santos/Baldus/Dedek (Hrsg.), Vertragstypen in Europa, S. 330.

259 *Giuliano/Lagarde*, Bericht über das Übereinkommen über das auf vertragliche Schuldverhältnisse anzuwendende Recht, Abl. EG 1980 C 282/1, 282/20 und BT-Drucks. 10/503, S. 33, 52.

260 MünchKomm/*Martiny*, Art. 4 Rom I-VO Rn 148; *Martiny*, in: Reithmann/Martiny, IPR, Rn 156.

Auch die Typizität kann eine entscheidende Rolle im Rahmen der Schwerpunktanalyse einnehmen.[261] So führen bei Massenverträgen bereits die typischen Gesamtumstände zur Qualifizierung des Schwerpunktes.[262] Beispielhaft kann hierfür der Konsignationslagervertrag[263] herangezogen werden. Zwar lassen sich auch hier – und das muss im Rahmen der konkreten Rechtsanwendung unbedingt und immer beachtet werden – keine allgemeingültigen Aussagen für die Bestimmung des anwendbaren Rechtes treffen.[264] Für das Grundkonstrukt kann aber festgehalten werden, dass der Konsignationslagervertrag seinen Schwerpunkt in der Lagerung und Verwahrung der Kaufgegenstände hat und das anwendbare Recht sich somit nach dem Recht am Lagerort richtet. In aller Regel bildet die Lagerhaltung mit den einhergehenden Nebenpflichten den Hauptgegenstand des Vertrages; auch die eigentumsrechtliche Zuordnung der Waren richtet sich, ab Eintreffen am Käufersitz, nach dem Lagerort. Zudem sprechen die jeweiligen Vertragsbeziehungen, unter besonderer Beachtung von Vertriebsvermittlungsverhältnissen, für eine Beurteilung nach dem Ort der Lagerung.[265] Es ist somit die Eigenart des Konsignationslagervertrages in seiner Grundkonstellation, die zu diesem Ergebnis führt.

Ähnliches gilt auch für den Beherbergungsvertrag. Typisierend wird hierbei auf die Hauptpflicht des Gastwirtes, die in der Überlassung des Rechts zur Nutzung eines Hotelzimmers besteht, abgestellt.[266] Maßgebend ist insoweit die Niederlassung, die tatsächlich die Beherbergungsleistung zu erbringen hat, was *in aller Regel* zum Recht am Unterbringungsort führt.[267]

---

261 *Ibid.*

262 Vgl. Soergel/*von Hoffmann*, Art. 28 EGBGB Rn 40.

263 In seiner Grundkonstruktion versteht man darunter die kaufrechtliche Vereinbarung zweier Vertragsparteien, bei der ein Warenlager beim Warenabnehmer (oder einem Dritten) eingerichtet und diesem ein direkter Zugang zu den Waren gewährt wird, die bis zur Entnahme im Eigentum des Lieferanten stehen soll, vgl.: *Günes/Freidinger*, IPRrax 2012, 48, 49.

264 Vgl. *Günes/Freidinger*, IPRrax 2012, 48, 55.

265 *Ringe*, in: JurisPK-BGB, Art. 4 Rom I-VO Rn 56; dazu und zur gesamten Problematik des anwendbaren Rechtes bei Konsignationslagern ausführlich: *Günes/Freidinger*, IPRrax 2012, 48.

266 Erman/*Hohloch*, Art. 4 Rom I-VO Rn 19; Ferrari/Kieninger/Mankowski, u.a./*Ferrari*, Art. 4 Rom I-VO Rn 116; MünchKomm/*Martiny*, Art. 4 Rom I-VO Rn 45; Soergel/*von Hoffmann*, Art. 28 EGBGB Rn 172; Staudinger/*Magnus*, Art. 4 Rom I-VO Rn 370.

267 OLG Düsseldorf ZMR 2010, 27; Erman/*Hohloch*, Art. 4 Rom I-VO Rn 19; MünchKomm/*Martiny*, Art. 4 Rom I-VO Rn 45; Palandt/*Thorn*, Art. 4 Rom I-VO Rn 10;

Ist in der Gesamtschau aller objektiv wirtschaftlichen Kriterien des in Rede stehenden Vertrages ein Leistungsschwerpunkt zu erkennen, sollte dies i.E. auch zur Anwendbarkeit der, entsprechend zu ermittelnden, Rechtsordnung auf das gesamte Vertragsverhältnis führen.

Erst wenn es nicht möglich ist, den Schwerpunkt anhand der soeben dargestellten Kriterien zu ermitteln, können auf zweiter Stufe alle anderen Vertragsumstände zur Ermittlung des auf den Vertrag anwendbaren Rechtes herangezogen werden. Dann aber handelt es sich nicht mehr um die Bestimmung der charakteristischen Leistung durch Schwerpunktermittlung nach Art. 4 Abs. 2 Rom I-VO i.V.m. Erwägungsgrund 19, sondern um eine „individualisierende Schwerpunktbestimmung"[268] nach Art. 4 Abs. 4 Rom I-VO.

Die Grenze zwischen beiden Anknüpfungen ist schwer zu ziehen und im Ergebnis oft fließend. Bei Art. 4 Abs. 2 Rom I-VO wird *generalisierend bzw. typisierend* für den in Rede stehenden gemischten Vertrag der wirtschaftliche Schwerpunkt anhand von Wertverhältnis, Parteiinteressen, Risikotragung und wirtschaftlichem Gesamtgewicht ermittelt. Der Ermittlung des anwendbaren Rechtes anhand der charakteristischen Leistung liegen somit i.E. keine kollisionsrechtlichen, sondern vielmehr materiellrechtliche Erwägungen zugrunde.[269]

Die Schwerpunktermittlung nach Art. 4 Abs. 4 Rom I-VO greift hingegen *individualisierend* auf alle relevanten Umstände des Einzelfalles zurück, wenn eine Schwerpunktermittlung nach Art. 4 Abs. 2 Rom I-VO nicht zu eindeutigen Ergebnissen führt. Im Rahmen von Art. 4 Abs. 4 Rom I-VO muss der Eigenart des Sachverhaltes besondere Bedeutung zukommen. Auch hier sind, neben anderen Kriterien[270], die Interessen der Parteien in Betracht zu ziehen. Die Ermittlung der Parteiinteressen muss für jeden Einzelfall gesondert und insbesondere mit

---

Soergel/*von Hoffmann*, Art. 28 EGBGB Rn 172; Staudinger/*Magnus*, Art. 4 Rom I-VO Rn 370.

268 So auch: MünchKomm/*Martiny*, Art. 4 Rom I-VO Rn 159; *Martiny*, in: Reithmann/Martiny, IPR, Rn 167; *von Hoffmann/Thorn*, IPR, § 10 Rn 64.

269 *Kropholler*, IPR, § 52 III 2 a; NK-BGB/*Leible*, Art. 4 Rom I-VO Rn 62.

270 Dazu zählen insb. und mit jeweils unterschiedlich starker Indizwirkung: Gewöhnlicher Aufenthaltsort; Belegenheitsort; Staatsangehörigkeit der Parteien; Abschlussort, Vertragssprache und Währung; Beurkundungsort; Flagge, Heimathafen und Registrierungsort; Gerichtsstand- und Schiedsvereinbarungen; Verhalten der Parteien im Prozess; Bezugnahme auf ein Recht; *favor negotii* und Beteiligungen der öffentlichen Hand, ausführliche Darstellung in: NK-BGB/*Leible*, Art. 4 Rom I-VO Rn 82 ff.; MünchKomm/*Martiny*, Art. 4 Rom I-VO Rn 284 ff.; *Martiny*, in: Reithmann/Martiny, IPR, Rn 193 ff.; Staudinger/*Magnus*, Art. 4 Rom I-VO Rn 152 ff.;

Blick auf die im Vordergrund stehende Vertragsleistung stattfinden.[271] Da es im Rahmen der Ermittlung der engsten Verbindung nach Art. 4 Abs. 4 Rom I-VO aber nicht mehr auf die Bestimmung der den Vertrag charakterisierenden Leistung ankommt, sind ausschließlich die objektiv *kollisionsrechtlichen* Interessen zu berücksichtigen.[272]

Das Zusammenspiel von Art. 4 Abs. 2 und Abs. 4 Rom I-VO lässt sich anhand der folgenden Fallgestaltungen eines Grundstückskaufes mit Sanierungsverpflichtungen verdeutlichen: Verpflichtet sich der Verkäufer bei einem Grundstücksverkauf neben der Übertragung des Grundstücks zusätzlich zur Sanierung eines Altbautes, stellt sich die Frage, ob das anwendbare Recht nach dem Belegenheitsort des Grundstückes oder aber nach dem gewöhnlichen Aufenthaltsort des Erbringers der Werkleistung beurteilt werden sollte. Hier kommen zwei Anknüpfungsalternativen in Betracht: Gem. Art. 4 Abs. 1 lit. c Rom I-VO richtet sich das anwendbare Recht für Verträge, die ein dingliches Recht an unbeweglichen Sachen zum Gegenstand haben, nach dem Belegenheitsort der Sache. Für Werkverträge hingegen richtet sich das auf den Vertrag anwendbare Recht gem. Art. 4 Abs. 1 lit. b Rom I-VO nach dem gewöhnlichen Aufenthaltsort des Erbringers der Werkleistung.[273] Der Gesamtvertrag fällt somit unter mehrere Buchstaben des Abs. 1, sodass schließlich Art. 4 Abs. 2 Rom I-VO das Auffinden einer den gesamten Vertrag bestimmenden charakteristischen Leistung verlangt. Die charakteristische Leistung ist gemäß Erwägungsgrund 19 der Rom I-VO anhand des Schwerpunktes zu ermitteln. Wie bereits an anderer Stelle erörtert, bezieht sich Art. 4 Abs. 2 Rom I-VO dabei auf *alle* Kombinationen, die sich aus der Liste der in Art. 4 Abs. 1 Rom I-VO enthaltenen Vertragstypen ergeben kann und umfasst somit auch jene Fälle, bei denen die kombinierten Vertragsbestandteile nicht an das Merkmal der charakteristischen Leistung anknüpfen. Auch der

---

271 BGH NJW 1956, 377; MünchKomm/*Martiny*, Art. 4 Rom I-VO Rn 275; *Martiny*, in: Reithmann/Martiny, IPR, Rn 188; *Gamillscheg*, AcP 157 (1958/1959), 303, 340.

272 Vgl. MünchKomm/*Martiny*, Art. 4 Rom I-VO Rn 274; *Martiny*, in: Reithmann/Martiny, IPR, Rn 188; *Henrich*, JZ 1961, 261, 262.

273 „Der Dienstleistungsbegriff wird wie bei Art. 5 Nr. 1 lit. b Brüssel I-VO in Anlehnung an Art. 57 AEUV weit verstanden und umfasst alle tätigkeitsbezogenen Leistungen, d.h. neben den Dienstverträgen des deutschen Rechts auch Werk- und Geschäftsbesorgungsverträge sowie Verträge mit Freiberuflern wie Rechtsanwälten oder Architekten.“, *Ringe*, in: JurisPK-BGB, Art. 4 Rom I-VO Rn 20; statt vieler i.E. auch: MünchKomm/*Martiny*, Art. 4 Rom I-VO Rn 26; *Thode*, in: Reithmann/Martiny, IPR, Rn 1081 ff.; Staudinger/*Magnus*, Art. 4 Rom I-VO Rn 342.

Belegenheitsort gem. Art. 4 Abs. 1 lit. c Rom I-VO ist somit als Variable in die Schwerpunktprüfung miteinzubeziehen.

Fraglich ist dann, wo im dargestellten Fall der (wirtschaftliche) Schwerpunkt und damit auch die charakteristische Vertragsleistung liegt.

Werden nur einzelne Teile des Gebäudes (z.B. Dach, Keller, etc.) grundsaniert, spricht vieles dafür, das wirtschaftliche Schwergewicht im kaufrechtlichen Teil zu sehen. Dass der Vertrag nach einem anderen Recht beurteilt wird, nur weil der Erbringer der Werkleistung im Zweifel in einem anderen Land ansässig ist, wird, bei im Verhältnis nur untergeordneten Sanierungsarbeiten, nicht im Interesse der Parteien liegen. Insgesamt muss hier davon ausgegangen werden, dass der Vertrag in seiner Hauptfunktion dazu bestimmt war, einen Grundstückskaufvertrag zwischen den Parteien zu begründen und dass folglich die einheitliche und gemeinsame wirtschaftliche Funktion der beiden Rechtsakte darin bestand, eine rechtsmangelfreie Übertragung des Grundstück inkl. Gebäude vom Verkäufer auf den Käufer zu gewährleisten. In Abwägung der Parteiinteressen tritt hier die ordnungsgemäße Sanierung des Daches hinter die mangelfreie Übertragung des Grundstückes zurück. Ganz anders kann der Fall jedoch liegen, wenn der Grundstückskauf mit einer Sanierung verbunden ist, die insgesamt nach Umfang und Bedeutung mit einer Neuerrichtung zu vergleichen ist. Steht nicht der Erwerbscharakter sondern die Errichtung im Mittelpunkt, sollte sich das anwendbare Recht gem. Art. 4 Abs. 1 lit. b Rom I-VO nach dem gewöhnlichen Aufenthaltsort des Erbringers der Werkleistung richten.[274] Bei vollständiger Sanierung eines Gebäudes stellt die zu erbringende Werkleistung mit Blick auf potentielle Vertragsstörungen i.E. auch die risikobehaftetere Leistung dar.

Es bleiben aber auch jene Fälle, bei denen die Bestimmung eines wirtschaftlichen Schwerpunktes nach Art. 4 Abs. 2 Rom I-VO i.V.m. Erwägungsgrund 19 kaum möglich ist. Wie ist bspw. der Fall zu beurteilen, bei dem ein Grundstück mit mehreren Gebäuden, wovon bspw. nur eines grundsaniert werden soll, veräußert wird?

Hier muss ergänzend die engste Verbindung des Vertrages nach Art. 4 Abs. 4 Rom I-VO mit Hilfe anderer Kriterien ermittelt werden.

In der Gesamtschau einzelner Fallgruppen ist letztlich folgendes Vorgehen empfehlenswert: Ist bei Verträgen mit andersartiger Nebenleistung noch eine Subsumtion unter einen der in Betracht kommenden Vertragstypen des Art. 4 Abs. 1

---

274 Staudinger/*Magnus*, Art. 4 Rom I-VO Rn 384; noch zum EVÜ: *Giuliano/Lagarde*, Bericht über das Übereinkommen über das auf vertragliche Schuldverhältnisse anzuwendende Recht, Abl. EG 1980 C 282/1, 282/21 und BT-Drucks. 10/503, S. 33, 53.

Rom I-VO möglich, wird Abs. 2 teleologisch reduziert und der gesamte Vertrag richtet sich nach dem Recht der Hauptleistung.[275] Ist dies nicht möglich, muss die charakteristische Leistung nach Art. 4 Abs. 2 Rom I-VO (ggf. i.V.m. der Ermittlung des Vertragsschwerpunktes) bestimmt werden. Für die Ermittlung des anwendbaren Rechtes bei Typenkombinationsverträgen, Typenverschmelzungsverträgen und Verträgen mit atypischer Gegenleistung wird das anwendbare Recht regelmäßig nach Art. 4 Abs. 2 Rom I-VO bestimmt werden müssen. Die Ermittlung der charakteristischen Leistung bedarf hier einer präziseren Untersuchung. Unproblematisch stellt sich dies dar, wenn die Gegenleistung in einer bloßen Geldleistung besteht. Beurteilt sich für alle in Frage stehenden Bestandteile die charakteristische Leistung nach dem gewöhnlichen Aufenthalt, ist ein Rückgriff auf Art. 4 Abs. 2 Rom I-VO ebenfalls obsolet. Schwieriger wird es jedoch, wenn bei mehreren Leistungen unterschiedliche Anknüpfungsmomente zur Bestimmung des anwendbaren Rechtes gewählt werden. Die Schwerpunktanalyse sollte schließlich nach den zuvor erarbeiteten Richtlinien vorgenommen werden:

1. Der Gedanke der in Erwägungsgrund 19 vorgesehenen Schwerpunktbestimmung ist zu verallgemeinern und findet auch auf jene Vertragsbestandteile Anwendung, die nicht an das Merkmal der charakteristischen Leistung anknüpfen.
2. Stehen schutzwürdige Interessen entgegen, kann die Schwerpunktbestimmung nur eingeschränkt zur Anwendung gelangen (vgl. insb. die Franchise- und Vertriebsverträge, Art. 4 Abs. 1 lit. e und f Rom I-VO).
3. Im Übrigen sollte der Schwerpunkt i.S.d. Erwägungsgrundes 19 *typisierend* anhand einer wirtschaftlichen Gesamtbetrachtung unter Berücksichtigung von Wertverhältnissen, Parteiinteressen, Risikotragung und wirtschaftlichem Gesamtgewicht der in Frage stehenden Leistungen ermittelt werden.

Erst wenn der Schwerpunkt nicht bestimmt werden kann, ist ergänzend und auf letzter Ebene die engste Verbindung des Vertrages nach Art. 4 Abs. 4 Rom I-VO zu ermitteln.

c) Nicht von Art. 4 Abs. 1 Rom I-VO erfasste Vertragsbestandteile

In der Praxis wohl am seltensten anzutreffen, sind Fallkonstellationen, in denen sich ein gemischter Vertrag aus verschiedenen, nicht spezialgesetzlich geregelten Vertragsbestandteilen zusammensetzt. Hierunter fallen alle Mischungen jener Verträge, die nicht von Art. 4 Abs. 1 Rom I-VO umfasst werden (im deutschen

275 Vgl. dazu bereits oben unter B II 2 a.

Sachrecht zählen hierzu insb. die Bürgschaft[276], die Schenkung[277], das Darlehen[278] und der Tausch,[279] sowie auch nicht kodifizierte typische Vertragsgestaltungen, wie der Lizenzvertrag[280] und andere atypische Fallgestaltungen).

Für gemischte Verträge, die nicht von Abs. 1 erfasst werden, muss für die Ermittlung des anwendbaren Rechtes zunächst ausnahmslos auf die charakteristische Leistung Art. 4 Abs. 2 Alt. 1 Rom I-VO abgestellt werden.[281]

Dass sich Art. 4 Abs. 2 Rom I-VO auch auf die nicht im Katalog des Art. 4 Abs. 1 Rom I-VO berücksichtigten Vertragstypen bezieht, ergibt sich bereits aus der sprachlichen Fassung.[282] Ausdrücklich nimmt er auf die Fälle der Nichterfassung von in Abs. 1 spezifizierten Verträgen Bezug. Die Lehre der charakteristischen Leistung findet auch und gerade auf gemischte Verträge, bei denen kein Element unter einen in Art. 4 Abs. 1 Rom I-VO vorgesehenen Typ fällt, Anwendung.[283]

Ist die Ermittlung der charakteristischen Leistung nicht möglich, greift auch in diesen Fallkonstellationen Art. 4 Abs. 4 Rom I-VO ein. Dann ist die engste Verbindung des Vertrages nach anderen Kriterien zu suchen.[284]

Mit Blick auf die einzelnen Fallgruppen gemischter Verträge bedeutet das:

---

276 *Ringe*, in: JurisPK-BGB, Art. 4 Rom I-VO Rn 81; MünchKomm/*Martiny*, Art. 4 Rom I-VO Rn 181 ff.; Palandt/*Thorn*, Art. 4 Rom I-VO Rn 27; *Martiny*, in: Reithmann/Martiny, IPR, Rn 1181 ff.; Staudinger/*Magnus*, Art. 4 Rom I-VO Rn 414 ff.; noch zu Art. 28 EGBGB: BGH NJW 1993, 1126; OLG Frankfurt RIW 1995, 1033; OLG Saarbrücken, 1065, 1066.

277 *Ringe*, in: JurisPK-BGB, Art. 4 Rom I-VO Rn 91; MünchKomm/*Martiny*, Art. 4 Rom I-VO Rn 166; Palandt/*Thorn*, Art. 4 Rom I-VO Rn 24; *Martiny*, in: Reithmann/Martiny, IPR, Rn 166; Staudinger/*Magnus*, Art. 4 Rom I-VO Rn 245 ff.; noch zu Art. 28 EGBGB: BGH NJW-RR 1994, 1026.

278 *Ringe*, in: JurisPK-BGB, Art. 4 Rom I-VO Rn 82; MünchKomm/*Martiny*, Art. 4 Rom I-VO Rn 169 ff.; *Martiny*, in: Reithmann/Martiny, IPR, Rn 1161 ff.; Palandt/*Thorn*, Art. 4 Rom I-VO Rn 26; Staudinger/*Magnus*, Art. 4 Rom I-VO Rn 280 ff.; noch zu Art. 28 EGBGB: OLG Düsseldorf NJW-RR 1998, 1145, 1146; OLG Düsseldorf RIW 2001, 63.

279 Staudinger/*Magnus*, Art. 4 Rom I-VO Rn 241 ff.

280 *Ringe*, in: JurisPK-BGB, Art. 4 Rom I-VO Rn 85; MünchKomm/*Martiny*, Art. 4 Rom I-VO Rn 222 ff.; *Hiestand*, in: Reithmann/Martiny, IPR, Rn 1861 ff.

281 *Martiny*, in: FS von Hoffmann, S. 283, 301; Staudinger/*Magnus*, Art. 4 Rom I-VO Rn 98.

282 Dazu bereits oben unter B II 2 a.

283 Vgl *Mankowski*, in: FS Spellenberg, 261, 269; *Martiny*, in: FS von Hoffmann, S. 283, 301.

284 *Martiny*, in: FS von Hoffmann, S. 283, 301.

Bei typischen Verträgen mit andersartiger Nebenleistung, kommt es, hier wie bereits auch in den anderen Fallkonstellationen, auf das Statut der bedeutungsvolleren Hauptleistung an.[285] Auch hier darf die unselbstständige Nebenleistung nicht für den gesamten Vertrag maßgeblich sein. Ein – zugegebenermaßen – in der alltäglichen Praxis eher seltener anzutreffendes Beispiel ist der Patentlizenzvertrag, der als Nebenverpflichtung die Übertragung von *know-how* beinhalten kann.[286]

Die Bestimmung des anwendbaren Rechtes bei Typenkombinationsverträgen ist im Grundsatz unproblematisch. Zwar setzt sich die Gesamtleistung einer Partei aus mehreren charakteristischen Leistungen zusammen. Erbringt die gegnerische Partei aber eine bloße Geldleistung, führt die Anknüpfung nach Art. 4 Abs. 2 Rom I-VO mit noch stärkerem Gewicht zum Sitz des Erbringers jener charakteristischen Leistungen.[287] Weisen aber die einzelnen vertragscharakteristischen Elemente Bezüge zu mehreren Rechtsordnungen auf, bspw. weil die verschiedenen Hauptleistungen durch in unterschiedlichen Ländern stationierten Niederlassungen des Schuldners erbracht werden[288], ist eine Schwerpunktbetrachtung vorzunehmen und im Zweifel die engste Beziehung für den gesamten Vertrag zu ermitteln.[289]

Für Verträge mit atypischer Gegenleistung gilt: Auch hier muss unter den ausgetauschten Leistungen der Vertragsparteien die charakteristische herausgefiltert werden (Art. 4 Abs. 2 Rom I-VO). Gerade in diesem Bereich stellt sich aber ein derartiges Vorgehen als besonders schwierig dar. So kann bspw. bei einem Tauschvertrag, bei dem als Gegenleistung für die Verschaffung einer Sache eine andere überlassen wird, nicht gesagt werden, welche der beiden Leistungen die vertragscharakteristische ist. Regelmäßig wird sich das anwendbare Recht daher individuell nach der für den gesamten Vertrag zu bestimmenden engsten Verbindung (Art. 4 Abs. 4 Rom I-VO) richten.[290]

Bei den Typenverschmelzungsverträgen kommt es darauf an, ob die Leistung einer Partei eine bloß farblose Gegenleistung darstellt. Ist dies nicht der Fall, muss im Zweifel eine Schwerpunktbildung vorgenommen werden. Lässt sich die

---

285 Vgl. oben Fn. 161.

286 MünchKomm/*Martiny*, Art. 4 Rom I-VO Rn 263; *Kreuzer*, in: FS Caemmerer, S. 705, 730 f.; *Martiny*, in: FS von Hoffmann, S. 283, 301.

287 *Von Bar*, IPR II, § 4 Rn 500.

288 Beispiel nach Soergel/*von Hoffmann*, Art. 28 EGBGB Rn 41.

289 Vgl. oben Fn. 164.

290 MünchKomm/*Martiny*, Art. 4 Rom I-VO Rn 302; Palandt/*Thorn*, Art. 4 Rom I-VO Rn 31; Staudinger/*Magnus*, Art. 4 Rom I-VO Rn 243.

charakteristische Leistung auch auf diesem Wege nicht ermitteln, ist auch hier erneut auf die engste Beziehung abzustellen.[291]

d) Kumulation mit nicht von der Rom I-VO erfassten Vertragsbestandteilen

Es sind schließlich auch Sachverhaltskonstellationen denkbar, bei denen ein gemischter Vertrag auch Bestandteile umfasst, die unter den Ausnahmekatalog des Art. 1 der Rom I-VO fallen und somit grundsätzlich von der Anwendbarkeit der in der Rom I-VO vorgesehenen Kollisionsnormen ausgeschlossen sind.

So könnte eine Gesellschaft, unabhängig von der konkreten Gesellschaftsform, mit einem ihrer Gesellschafter einen Vertrag abschließen, durch den sich dieser verpflichtet, einen Großteil seiner Gesellschaftsanteile an die Gesamtgesellschaft oder einen Dritten zu veräußern, wobei sich die Gesellschaft im Gegenzug dazu verpflichtet, die Eigenhaftung des Gesellschafters entfallen zu lassen.

Hier gilt es zu beachten, dass alle gesellschaftsrechtlich zu qualifizierenden Rechtsfragen gem. Art. 1 Abs. 2 lit. f Rom I-VO aus dem Anwendungsbereich der Rom I-VO ausgeklammert und nach dem Gesellschaftsstatut zu bestimmen sind. Das Gesellschaftsstatut erfasst dabei alle Regeln, die bestimmen, wie eine Gesellschaft „entsteht, lebt und vergeht“[292]. Darunter fällt auch eine eventuelle Eigenhaftung der Gesellschafter für die Verpflichtungen ihres Personenzusammenschlusses.[293]

Nicht gesellschaftsrechtlicher Natur, sondern vertragsrechtlich einzuordnen (und daher zwingend nach der Rom I-VO anzuknüpfen) ist allerdings das Verpflichtungsgeschäft zur Übertragung von Gesellschaftsanteilen.[294]

Die gesellschafts- und schuldrechtlichen Rechtsbeziehungen sind insoweit zu trennen. Aufgrund des teilweise eingreifenden Ausschlusstatbestandes kann der Vertrag hier nicht ohne Weiteres – bei Nichtvorliegen einer Rechtswahl – objektiv nach Art. 4 Rom I-VO angeknüpft werden. Bei derartigen Fallgestaltungen hängt die Bestimmung des auf den Vertrag anwendbaren Rechtes von der primär erforderlichen Qualifikation des Vertrages ab. Unter Qualifikation versteht man dabei die Subsumtion der Rechtsfrage eines Sachverhaltes mit Auslandsberührung unter eine für den Sachverhalt maßgebliche Kollisionsnorm. Mit einfachen Worten geht es insoweit um die Ermittlung des sachlichen Anwendungsbereiches einer

291 Vgl. oben Fn. 169, 170.

292 BGH NJW 1957, 1433, 1435; *Schäuble*, BWNotZ 2015, 1, 4.

293 Staudinger/*Magnus*, Art. 1 Rom I-VO Rn 86.

294 BGH NJW 1987, 1141, 1142; *Schäuble*, BWNotZ 2015, 1, 4; Ferrari/Kieninger/Mankowski, u.a./*Kieninger*, Art. 1 Rom I-VO Rn 20.

Kollisionsnorm.[295] Erst die Qualifikation führt zur Anknüpfung, die wiederum zu dem anwendbaren materiellen Recht führt, den Sachnormen der sog. *lex causae*. Mit den in Art. 1 Abs. 2 Rom I-VO aufgenommen Ausschlusstatbeständen nimmt die Rom I-VO bereits selbstständig eine Qualifikation vor und bestimmt, auf welche Rechtsfragen das Vertragsstatut gerade keine Anwendung finden soll.

Bei mehreren isoliert zu beurteilenden Teilen des Gesamtvertrages kann es aber dann dazu kommen, dass für diese Teile unter Umständen und gerade durch die andersartige Qualifikation auch unterschiedliche Rechtsordnungen zur Anwendung gelangen.

Eine unterschiedliche Qualifikation der Vertragsbestandteile ist jedoch nicht zwingend.[296] Die Ausschlusstatbestände sollen prinzipiell zwar den Vorrang anderer Statuten gegenüber dem Vertragsstatut sichern.[297] Bieten die Normen der Rom I-VO inhaltlich aber geeignete Lösungswege für die jeweilige Sachfrage, kommt eine analoge Anwendung der Rom I-VO auch auf den nicht vertragsrechtlich zu qualifizierenden Teil durchaus in Betracht.

Eine Anwendung der Normen der Rom I-VO auf gesellschaftsrechtliche Fragen ist dennoch abzulehnen. Die Normen der Rom I-VO sind auf schuldrechtliche Verträge mit *inter partes* Wirkung zugeschnitten. Regelungen im Zusammenhang mit gesellschaftsrechtlichen Fragen haben jedoch in der Regel *inter omnes* Wirkung. Auf individuelle Interessen der vertragsschließenden Parteien kann gerade dann nicht abgestellt werden, wenn der geschlossene Vertrag im Ergebnis auch Wirkungen nach außen entfaltet.

Für das Recht der Personenzusammenschlüsse müssen daher eigene IPR-Regeln, die an die Gesellschaft selbst – den Ort ihrer Gründung oder ihres Sitzes -, nicht aber an einzelne Verträge anknüpfen. Das sollte für alle gesellschaftsrechtlichen Fragen gelten, seien sie auch mit schuldvertraglichen Elementen i.S.d. Rom I-VO in einem Vertrag kombiniert. Aus Gründen des Schutzes der Interessen Dritter (Anleger, Gläubiger) und staatlicher Interessen ist insbesondere eine freie Wahl des Gesellschaftsstatuts abzulehnen, wie sie bei Geltung der Rom I-VO sonst nach dessen Art. 3 möglich wäre.[298]

Was hier im Detail für den Ausschlusstatbestand gesellschaftsrechtlicher Fragen nach Art. 1 Abs. 2 lit. f Rom I-VO dargestellt wurde, gilt im Grundsatz auch für die übrigen Ausschlusstatbestände. Gemeinsamer Hintergrund dieser Ausschlüsse sowie der für ihre Auslegung leitende Gesichtspunkt ist, dass diese

295 *Kropholler*, IPR, § 15 I 3.
296 BGH NJW 1994, 187; MünchKomm/*Martiny*, Art. 1 Rom I-VO Rn 23.
297 BGH NJW 1994, 187.
298 Staudinger/*Magnus*, Art. 1 Rom I-VO Rn 79.

Schuldvertragsbeziehungen sehr eng mit anderen Rechtsverhältnissen verbunden sind, für die entweder eigene, vom Vertragsstatut abweichende Kollisionsregeln, gelten, die teilweise auch von internationalen Konventionen – wie etwa im Wechsel- und Scheckrecht – beeinflusst werden, oder für die die EU eine Vereinheitlichung plant bzw. bereits verwirklicht hat – wie im Familien- und Erbrecht.[299]

Auch wenn Vertragsspaltungen im Kollisionsrecht insbesondere aus Gründen der Rechtssicherheit und Rechtsklarheit vermieden werden sollten, sollten sie für gemischte Verträge der dargestellten Fallgruppe durchaus in Betracht gezogen werden. Dass beide Vertragsteile dann einem anderen Statut unterliegen und damit im Zweifel auch nach unterschiedlichen Rechtsordnungen zu beurteilen sind, ist unproblematisch, wenn die beiden unterschiedlichen Rechtsverhältnisse keine wechselseitigen Rechtswirkungen zueinander aufweisen. Hier ist eine Spaltung u.U. sogar zu favorisieren, da auf diese Weise gewährleistet wird, dass auf den jeweiligen Teil die für ihn passenderen Kollisionsnormen zur Anwendung gelangen.

So betrifft das im obigen Beispiel dargestellte Verpflichtungsgeschäft zur Übertragung von Geschäftsanteilen nicht die Struktur der Gesellschaft. Hier handelt es sich um eine reine *inter partes* Beziehung zwischen dem einzelnen Gesellschafter und der Gesellschaft selbst. Bestand, Wirksamkeit und Mängel dieser verglichen Beziehung sollten sich daher vorrangig nach dem Vertragsstatut bestimmen. Der Entfall der Eigenhaftung hat hingegen im erheblichen Maße Einfluss auf die Erbringung und Erhaltung des Gesellschaftskapitals und entfaltet somit Außenwirkung für Anleger und Gläubiger der Gesellschaft. Eine Beurteilung nach dem Vertragsstatut kommt hier nicht in Betracht.

Können Auswirkungen auf den jeweils anderen Vertragsteil im Einzelfall jedoch nicht unzweifelhaft ausgeschlossen werden, dann sollte das für den Ausschlusstatbestand geltende Statut hingegen auch auf den vertraglichen Teil über Art. 4 Abs. 3 Rom I-VO zur Anwendung gelangen. Nur so kann gewährleistet werden, dass die für die Ausschlusstatbestände geltenden kollisionsrechtlichen Besonderheiten gewahrt werden.

e) Zusammenfassung und Stellungnahme

Auf den ersten Blick scheint die Rom I-VO dem jeweiligen Praktiker mit Aufnahme des in Art. 4 Abs. 1 Rom I-VO vorgesehenen Katalogs für bestimmte, häufig auftretende Verträge die Rechtsanwendung erleichtert zu haben. Dass hierfür letztlich ein falscher Ansatzpunkt gewählt wurde, da insbesondere jene Fälle, bei

---

299 Staudinger/*Magnus*, Art. 1 Rom I-VO Rn 44.

denen die Bestimmung der charakteristischen Leistung besonders schwierig ist, außer Acht gelassen wurden, soll im Ergebnis dahingestellt bleiben. Jedenfalls wurde für die dort geregelten acht Vertragskonstellationen eine kollisionsrechtliche Lösung festgelegt. Die Ermittlung der vertragscharakteristischen Leistung aller Konstellationen, die nicht unter Art. 4 Abs. 1 Rom I-VO fallen, richtet sich nach Art. 4 Abs. 2 Rom I-VO. Danach bestimmt sich das anwendbare Recht im Falle der Nicht- oder Mehrfacherfassung von Art. 4 Abs. 1 Rom I-VO nach dem gewöhnlichen Aufenthalt der vertragscharakteristisch leistenden Vertragspartei.

Erst mit Blick auf die Systematik der in Art. 4 Rom I-VO vorgesehenen Regelungen zur Bestimmung des anwendbaren Rechtes zeigt sich die Schwierigkeit für die kollisionsrechtliche Beurteilung der gemischten Verträge. Für die gemischten Verträge vereinfacht die Rom I-VO die Rechtsfindung im Ergebnis nicht, sondern führt zu noch unauflösbareren Zielkonflikten.[300]

Aufgrund der, im europäischen Recht vorherrschenden, Parteiautonomie ist es den Parteien möglich, eine ganze Bandbreite an Vertragskonstellationen zu schaffen. Auf Ebene der Rom I-VO kann es daher sein, dass gemischte Verträge entstehen, bei denen (1) spezifizierte Verträge i.S.d. Art. 4 Abs. 1 Rom I-VO mit nicht spezifizierten gekoppelt werden, (2) mehrere der in Art. 4 Abs. 1 Rom I-VO geregelten Vertragstypen miteinander verbunden werden, oder aber (3) eine Mischung von Vertragselementen vorliegt, bei denen keines einem in Art. 4 Abs. 1 Rom I-VO niedergelegten Typ entspricht. Grundsätzlich ist für alle der aufgeführten Konstellationen im Ergebnis ein ähnliches Vorgehen angezeigt: Ist im gesamten Vertrag keine eindeutig dominierende Leistung zu bestimmen (wie dies zumindest bei den typischen Verträgen mit andersartiger Nebenleistung der Fall sein wird), ist auf Art. 4 Abs. 2 Rom I-VO zurückzugreifen. Danach ist die jeweils vertragcharakteristische Leistung zu ermitteln, bevor in einem letzten Schritt auf die Bestimmung der engsten Verbindung nach Art. 4 Abs. 4 Rom I-VO zurückgegriffen werden kann. Gerade die Ermittlung der charakteristischen Leistung stellt sich aber bei der Bestimmung des anwendbaren Rechtes für gemischte Verträge besonders problematisch dar. In Fallkonstellationen, in denen sich der gemischte Vertrag aus mehreren der in Art. 4 Abs. 1 Rom I-VO geregelten Vertragstypen zusammensetzt, kann die Lehre der charakteristischen Leistung, insb. mit Blick auf den vom Gesetzgeber verfolgten Schutzzweck bestimmter Kollisionsnormen, in Teilbereichen nur einschränkt zur Anwendung gelangen.[301] Berücksichtigung

---

300 Vgl. *Martiny*, in: FS von Hoffmann, S. 283, 303.

301 *Ibid.*

muss dies vor allem bei der Schwerpunktanalyse, die in derartigen Konstellationen regelmäßig und unzweifelhaft eine entscheidende Rolle spielen wird, finden. Hier fehlen dem jeweiligen Rechtsanwender geeignete Kriterien, die es ihm ermöglichen, den Schwerpunkt zu ermitteln. Der bloße Hinweis auf die vorzunehmende Schwerpunktanalyse, wie er sich in Erwägungsgrund 19 findet, reicht wohl kaum für die Bestimmung eines kollisionsrechtlich berechenbaren Ergebnisses aus. Verbindliche Kriterien, anhand welcher Maßstäbe und unter welchen (einschränkenden) Voraussetzungen er zu bestimmen ist, und wie er sich im Zweifel von der engsten Beziehung nach Art. 4 Abs. 4 Rom I-VO abgrenzt, finden sich nicht. Hilfestellung könnten zumindest die oben unter B II 2 entwickelten Richtlinien leisten.

C. Fazit

Für die Ermittlung rechtstechnisch sauberer Ergebnisse bei der Lösung gemischter Vertragsverhältnisse wird vom jeweiligen Rechtsanwender mehr als ein bloß sicherer Umgang mit dem Gesetz verlangt.

Bisher wurde der gemischte Vertrag weder auf kollisionsrechtlicher Ebene noch in den Kodifikationen der untersuchten Mitgliedstaaten einer eigenständigen Regelung zugeführt. Letztlich waren es Schrifttum und Rechtsprechung, die durch entsprechende Richtlinien und Kategorisierungsbemühungen, Lösungsstrategien entwickelten.

Eine erste Eingrenzung erfährt der gemischte Vertrag durch seine Begriffsbestimmung. Aufgrund der bestehenden Typenfreiheit können Verträge beliebig kombiniert oder neu geschaffen werden. Aus nationaler Sicht kann sich der gemischte Vertrag aus gesetzlich kodifizierten oder verkehrstypisch ausgeprägten Vertragstypen zusammensetzen. Auch eine Mischung atypischer Vertragselemente ist denkbar. Auf kollisionsrechtlicher Ebene zeichnet er sich durch die Kopplung verschiedenster vertragscharakteristischer Leistungen aus.

Anders als im Kollisionsrecht findet sich im Draft Common Frame of Reference eine klarstellende Begriffsbestimmung des gemischten Vertrages. *„Mixed contracts“* sind gem. Art. II.–1:107 (1) DCFR all jene Verträge, bei denen einzelne Teile in zwei oder mehr spezielle Kategorien fallen, oder bei denen ein Teil in eine spezielle Kategorie fällt, unterdessen ein anderer bloß von den allgemeinen Vorschriften umfasst wird. Auf materiellrechtlicher Ebene gelangt der gemischte Vertrag somit erstmals ausdrücklich in den Fokus europäischer Gesetzesvorarbeiten. Für zukünftige Bemühungen könnte sich dann die Frage stellen, ob auch die Rom I-VO durch eine derartige Begriffsabgrenzung erweitert werden sollte. Ein Gedanke, dem relativ schnell eine Absage erteilt werden kann. Mit der ausschließlichen Aufnahme einer Begriffsbestimmung in den DCFR hat es nicht sein Bewenden. Hier wurde der gemischte Vertrag in seiner Gesamtheit in II.–1:107 (2)–(5) DCFR einer eigenständigen Reglung zugeführt. Die Entwicklung und Aufnahme einer solchen oder ähnlich ausgestalteten Regelung in die Rom I-VO ist hingegen nicht möglich. Während der DCFR für einen nur eingeschränkten Regelungsbereich entworfen wurde, müsste die Rom I-VO eine Regelung für *alle möglichen* Vertragsgestaltungen bereithalten. Hier stößt das umfassende Kollisionsrecht an seine Grenzen.

Was das vertragliche Kollisionsrecht hingegen leisten kann, ist die Schaffung von mehr Rechtssicherheit im Umgang mit gemischten Verträgen. Mit den in der Rom I-VO niedergelegten Regelungsmechanismen ist es durchaus möglich, die gemischten Verträge einer kollisionsrechtlichen Lösung zuzuführen.

Mit Art. 4 Abs. 2 Rom I-VO wurde eine allgemeine Regel für komplexe Vertragsgestaltungen entwickelt. Bei Fällen der Nicht- oder Mehrfacherfassung von in Abs. 1 spezifizierten Verträgen ist auf die charakteristisch leistende Vertragspartei abzustellen. Ist die charakteristische Leistung nach Art. 4 Abs. 2 Rom I-VO nicht ermittelbar, muss der Schwerpunkt bestimmt werden. Anhand welcher Kriterien der Schwerpunkt ermittelt werden soll, bleibt jedoch ungeklärt und somit im Ergebnis dem Belieben des Richters überlassen. Den gefundenen Ergebnissen fehlt es daher in aller Regel an Berechenbarkeit.

Schon auf nationaler Ebene ist die Entwicklung einer einheitlichen Systematik für die gemischten Verträge ein langwieriger Prozess gewesen. Nur in Zusammenarbeit von Rechtsprechung und Literatur konnte, zumindest aus deutscher Sicht, durch die Entwicklung charakteristischer Fallgruppen, mehr Einheitlichkeit beim Umgang mit den gemischten Vertragsverhältnissen erreicht werden.

Die Entwicklung einer einheitlichen Systematik für das Kollisionsrecht dürfte hingegen noch größere Bemühungen erfordern.[302]

Es bleibt somit zunächst die Aufgabe des europäischen Gesetzgebers, das methodische Vorgehen bei der Auffindung des auf gemischte Verträge anwendbaren Rechtes zu vereinfachen und damit einen weiteren entscheidenden Beitrag für eine einheitliche Rechtsanwendung zu schaffen.

Für die vorzunehmende Schwerpunktanalyse muss der Gesetzgeber dem Rechtsanwender Richtlinien an die Hand geben, die es ihm erleichtern, zu einer widerspruchsfreien Lösung zu gelangen. Das gilt insbesondere dann, wenn der gemischte Vertrag aus mehreren in Art. 4 Abs. 1 Rom I-VO spezialgesetzlich geregelten Vertragstypen besteht, für die unterschiedliche Anknüpfungsmomente gewählt wurden. Die vorzunehmende Schwerpunktanalyse muss hier teilweise

302 So i.E. auch: *Martiny*, in: FS von Hoffmann, S. 283, 303.

verallgemeinert, teilweise eingeschränkt zur Anwendung gelangen und sollte im Übrigen *typisierend* anhand einer wirtschaftlichen Gesamtbetrachtung unter Berücksichtigung von Wertverhältnissen, Parteiinteressen, Risikotragung und wirtschaftlichem Gesamtgewicht der in Frage stehenden Leistungen ermittelt werden.

Eine Allgemeinverbindlichkeit dieser Kriterien ist zumindest durch eine Kodifizierung möglich. Zu favorisieren wäre es dabei, die Kriterien zur Schwerpunktbildung in den Erwägungsgrund 19 der Rom I-VO zu integrieren. An eine solche Modifizierung des Erwägungsgrundes kann aber nur im Rahmen einer Überarbeitung der Rom I-VO gedacht werden. Dass es in Zukunft zu einer Gesetzesänderungsinitiative der Rom I-VO kommt, ist zumindest nicht unwahrscheinlich. Das zeigt auch die jüngst in Kraft getretene Brüssel Ia VO[303]. Hier wurde eine Neufassung der Brüssel I-VO[304] insbesondere auch aus Gründen der Klarheit angestrebt.[305]

Letztlich verbleiben aber auch hier Unsicherheiten bei der Ermittlung des anwendbaren Rechtes, die jedoch in Abwägung zu der den Parteien gewährten Vertragsfreiheit im Ergebnis hingenommen werden müssen. Mit den geschaffenen Richtlinien als Grundvoraussetzung zur Schwerpunktbestimmung können zumindest einheitliche Rahmenbedingungen geschaffen werden.

In konkreten Einzelfällen kann dann noch der EuGH bei Anrufung richtungsweisend tätig werden. Dass er in Zweifelsfällen tätig wird, zeigt sich aus zivilprozessualer Sicht an der Entscheidung *Hacker/Euro-Relais*[306]. Noch zu Art. 16 Nr. 1 EuGVÜ nahm er dabei eine Negativabgrenzung zum Miet- und Pachtvertrag vor und bestimmte, dass ein *gemischter Vertrag*, kraft dessen gegen einen vom Kunden gezahlten Gesamtpreis eine Gesamtheit von Dienstleistungen zu erbringen ist, außerhalb des Bereichs liegt, in dem der in Artikel 16 Nummer 1 des Übereinkommens aufgestellte Grundsatz der ausschließlichen Zuständigkeit seine Daseinsberechtigung hat, und kein eigentlicher Miet- oder Pachtvertrag im

---

303 Verordnung (EU) Nr. 1215/2012 des Europäischen Parlaments und des Rates vom 12. Dezember 2012 über die gerichtliche Zuständigkeit und die Anerkennung und Vollstreckung von Entscheidungen in Zivil- und Handelssachen, Abl. EU 2012 L 351/1.

304 Verordnung (EG) Nr. 44/2001 des Rates vom 22. Dezember 2000 über die gerichtliche Zuständigkeit und die Anerkennung und Vollstreckung von Entscheidungen in Zivil- und Handelssachen, Abl. EG 2001 L 12/1.

305 Vgl. Erwägungsgrund 1 der Brüssel Ia-VO.

306 EuGH, Urt.v. 26.2.1992 – C-280/90, Slg. 1992, I-1111 – Hacker/Euro-Relais.

Sinne dieser Vorschrift ist.[307] Hier war eine Entscheidung u.a. deshalb geboten, um die Anwendungsreichweite des nach Art. 16 EuGVÜ geltenden ausschließlichen Gerichtsstandes abzustecken. Bei zu weiter Auslegung würde er andernfalls bewirken, dass den Parteien die ihnen sonst mögliche Wahl des Gerichtsstands genommen wird und sie in bestimmten Fällen vor einem Gericht zu verklagen sind, das für keine von ihnen das Gericht ihres Wohnsitzes ist.[308]

Sollte der EuGH in Zukunft bzgl. einer Rechtsstreitigkeit angerufen werden, bei der ein gemischter Vertrag mit grenzüberschreitendem Sachverhalt in Frage steht, sollte er die Gelegenheit nutzen, den Rahmen einer erforderlichen Schwerpunktbestimmung nach den aufgestellten Kriterien abzustecken und die Schwerpunktbestimmung auf diese Weise zu konkretisieren.

---

307 EuGH, Urt.v. 26.2.1992 – C-280/90, Slg. 1992, I-1111 Rn 15 – Hacker/Euro-Relais.

308 Vgl. nur EuGH, Urt.v. 13.10.2005 – C-74/04, Slg. 2005, I-8667 Rn 15 – Klein/ Rhodos Management Ltd.

Kapitel 2. Die verbundenen Verträge im Internationalen Privatrecht

Das komplexe Verbraucherschutzrecht bringt die Komplexität des Regelungssystems der verbundenen Verträge mit sich. Komplex bedeutet dabei jedoch nicht, dass ein Problem nicht zu lösen wäre, sondern dass es überdurchschnittlich viel Aufwand, Zeit und Ressourcen kostet, um die Lösung herbeizuführen.

Die verbundenen Verträge blicken auf eine lange Tradition zurück. Bereits frühzeitig wurden sie insbesondere von unionsrechtlichen Vorgaben geprägt, die die Gesetzgeber der Mitgliedstaaten immer wieder vor neue Herausforderungen stellten. Schließlich verlagern Globalisierung und Europäisierung zunehmend auch die Verbraucherkreditgeschäfte in das grenzüberschreitende Ausland. Für alle Fälle mit Auslandsbezug stellt sich dann die Frage des anwendbaren Rechts. So ist es nicht bloß theoretisch denkbar, dass beispielsweise ein deutscher Verbraucher bei einer ausländischen Bank einen Darlehensvertrag aufnimmt um einen im Inland abgeschlossenen Kaufvertrag zu finanzieren.

Vor diesem Hintergrund soll im ersten Teil dieses Kapitels die Systematik der verbundenen Verträge auf nationaler Ebene einschließlich ihrer Tatbestandsvoraussetzungen herausgearbeitet werden. Das und vor allem welche Abweichungen dabei, trotz bestehender Richtlinienvorgaben, zwischen den nationalen Systemen der einzelnen Staaten bestehen können, soll beispielhaft mit Blick auf das deutsche, französische und englische System gezeigt werden. Vor allem wird auf die diesbezüglichen unionsrechtlichen Vorgaben und die sich daraus ergebenden Probleme einer richtlinienkonformen Umsetzung eingegangen.

Im zweiten Teil wird, unter Zugrundelegung der Ergebnisse des ersten Teils, der grenzüberschreitende Bezug hergestellt. Bevor die Frage der kollisionsrechtlichen Anknüpfung verbundener Verträge unter der Rom I-VO geklärt werden kann, muss dabei zunächst herausgestellt werden, wie der Begriff des verbundenen Vertrages aus kollisionsrechtlicher Sicht zu verstehen ist und welche tatbestandlichen Voraussetzungen gefordert werden. Auch bei dieser Fragestellung wird die deutsche, französische und englische Länderperspektive berücksichtigt.

A. Verbundene Verträge im System des nationalen Schuldvertragsrechts

Fern ab von jedweder europäischen Harmonisierung und der Diskussion um die Entwicklung eines einheitlich europäischen Staates, wird eines den einzelnen

Mitgliedstaaten nie genommen werden können: Ihre Geschichte. Vor allem der historische Hintergrund zeigt auf, was zu einem Umdenken des bestehenden Systems, zur Erforderlichkeit neuer oder zur Modernisierung bestehender Gesetze geführt hat. Dabei ist die historische Entwicklung jedem Staat eigen und prägt individuell die jeweilige nationale Gesetzeslage. Das gilt auch für die Rechtsfigur der verbundenen Verträge. Um aufzuzeigen, welche unterschiedlichen Sichtweisen bzgl. des Verständnisses und der Rechtsfolgen verbundener Verträge entstehen können, beschäftigt sich der folgende Teil mit der Entwicklung und den tatbestandlichen Voraussetzungen des verbundenen Vertrages am Beispiel von Deutschland, Frankreich und England. Auch wie die einzelnen Staaten auf europäische Richtlinienvorgaben reagiert haben, soll beleuchtet werden.

Dieser Teil der Arbeit soll vor allem auf die folgende Fragestellung eine Antwort liefern: Welche individuellen Eigenheiten weisen die verbundenen Verträge in den untersuchten Staaten auf? Wie haben die einschlägigen unionsrechtlichen Vorgaben darauf Einfluss genommen? Und welche Gemeinsamkeiten und Unterschiede bestehen auch heute noch zwischen den behandelten Staaten?

I. Historische Entwicklung

1. Deutschland

Privatautonomie und die Relativität der Schuldverhältnisse bilden zwei zentrale Eckpfeiler des deutschen Schuldrechts. Der Grundsatz der Vertragsfreiheit gestattet dabei nicht nur frei über das „Ob“ eines Vertragsschlusses entscheiden zu können, sondern auch darüber mit wem man kontrahieren will. Mit Festlegung auf einen Vertragspartner führt dies im Grundsatz dazu, dass nur zwischen den jeweiligen Parteien des Vertrages Rechte und Pflichten entstehen können.[309]

Die geschichtliche Entwicklung hat uns jedoch gelehrt, dass eine starke Aufweichung dieser Grundsätze stattgefunden hat. Das Schuldrecht kennt zunehmend mehr Sonderfälle, bei denen Personen in das Vertragsverhältnis mit einbezogen werden, die nicht oder nur mittelbar an der Begründung beteiligt waren. „Die Tendenz zur Annahme von Drittbeziehungen nimmt zu“.[310] In diesem Zusammenhang traten schließlich Fallkonstellationen auf, bei denen die strikte Anwendung der oben genannten Grundsätze zu ungerechten Ergebnissen geführt hätte. War früher noch der Ratenkauf ein weit verbreiteter Weg dem

309 Staudinger/*Busche*, Eckpfeiler (2012) F. Rn 17.

310 *Medicus*, JuS 1974, 613, 622.

Käufer die Möglichkeit zu eröffnen, die Finanzierung seines Kaufes zu erleichtern, distanzierten sich die Verkäufer zunehmend von dieser Geschäftspraxis. Der Verkäufer wollte nicht länger als Darlehensgeber auftreten und das mit dem Abzahlungskauf verbundene Insolvenzrisiko des Käufers tragen. Es entstand schließlich eine neue Form des Finanzierungskaufes. Zur Finanzierung seines Kaufvertrages wendete sich der Käufer an einen externen Darlehensgeber, d.h. ein rechtlich selbstständiges Institut, mit dem er schließlich einen eigenständigen Finanzierungsvertrag aushandelte.[311]

Die Ausgestaltung folgte dabei im Wesentlichen den folgenden Grundsätzen: Der Verkäufer schloss mit dem Käufer einen Kaufvertrag und legte diesem zugleich einen von ihm vorbereiteten Darlehensantrag an das Kreditinstitut vor. Der Darlehensantrag sah dabei als Zweck des Darlehens die Befriedigung der restlichen Kaufpreisforderung sowie eine antizipierte Sicherungsübereignung des Kaufgegenstandes auf das Kreditinstitut vor. Nach Annahme des Antrags zahlte der Kreditgeber aufgrund unwiderruflicher Anweisung die Darlehensvaluta direkt an den Verkäufer aus.[312]

Objektiv betrachtet sah sich der Käufer nun zwei Vertragspartnern gegenüber. Ausgehend vom Grundsatz der Relativität der Schuldverhältnisse waren die Verträge auch als rechtlich selbstständige Verträge anzusehen, die nur im jeweiligen Vertragsverhältnis, d.h. innerhalb des Kaufvertrags einerseits und des Darlehensvertrages andererseits, Wirkung entfalteten. Leistungsstörungen, die innerhalb eines Vertragsverhältnisses auftraten, bspw. die mangelhafte Lieferung des Kaufgegenstandes, hatten auf das andere Vertragsverhältnis somit zunächst keinerlei Auswirkungen. Auch bei mangelhafter Lieferung blieb der Käufer zur Rückzahlung der Darlehensvaluta gegenüber dem Kreditgeber verpflichtet.

Aus der Perspektive eines objektiven Durchschnittsverbrauchers konnte indes die Vorstellung entstehen, es läge lediglich ein einziger, einheitlicher Vertrag vor.[313] Aufgrund der erfahrungsgemäß verbreiteten, geschäftlichen Unerfahrenheit im Rahmen von finanzierten Ratenkäufen, war es dem Käufer kaum möglich, das sich für ihn ergebende rechtliche Risiko durch die Einschaltung eines Dritten als Darlehensgeber abzuschätzen (sog. „Aufspaltungsrisiko“[314]).[315]

---

311 Vgl. *Münscher*, in: Peters/Münscher/Lwowski, Verbraucherdarlehensrecht, S. 214.

312 Dazu im Ganzen: *Dauner-Lieb*, WM 1991, Sonderbeilage Nr. 6, S. 7 f.; *Seibert*, Handbuch zum Verbraucherkreditgesetz, § 9 Rn 1.

313 BGH NJW 1956, 705, 706; BGH NJW 1961, 166, 168.

314 *Münscher*, in: Peters/Münscher/Lwowski, Verbraucherdarlehensrecht, S. 214.

315 BGH NJW 1967, 1022, 1023.

Gesetzgeber und Rechtsprechung sahen sich zu umfangreichen Korrekturen und der Entwicklung von adäquaten Schutzmechanismen veranlasst. Durch richterliche Rechtsfortbildung wurden schließlich zunächst zwei zentrale Schutzsysteme entwickelt.

Der BGH entwickelte eine entsprechende Aufklärungspflicht der Kreditinstitute. Ihnen oblag es nunmehr darauf hinzuweisen, dass selbst bei Nichterfüllung des Vertrages durch Nichtlieferung seitens des Verkäufers, der Käufer verpflichtet bleibe das Darlehen zurückzuzahlen. Denn der Käufer möge in solchen Fällen zwar wissen, dass er nicht an den Verkäufer sondern an die Bank zu zahlen habe. Er nehme aber trotzdem als selbstverständlich an, dass er nicht zu zahlen brauche, wenn überhaupt nicht geliefert werde.[316]

Ergänzend zu dieser vorvertraglichen Aufklärungspflicht, die bei Nichtbeachtung auch einen Schadensersatzanspruch des Kreditnehmers aus vorvertraglicher Pflichtverletzung auslöste,[317] entwickelte der BGH den Einwendungsdurchgriff. Dieses Schutzinstrument wurde insbesondere aus dem Gedanken entwickelt, dass der Käufer durch die Aufspaltung eines wirtschaftlich einheitlichen Geschäfts nicht schlechter gestellt werden dürfe als ohne diese Aufspaltung.[318] Über § 242 BGB[319] oder § 123 Abs. 2 BGB[320] wurde dem Käufer dann das Recht gewährt, bei Anfechtung oder Wandlung des Kaufvertrages auch die weitere Zahlung der Darlehensraten einzustellen.

2. *Frankreich*

Die Relativität der Schuldverhältnisse wird auch in der französischen Gesetzgebung und Rechtsprechung groß geschrieben. Die grundsätzliche Trennung von Kauf- und Darlehensvertrag ist im französischen Recht in Art. 1165 C. civ. gesetzlich verankert. Etwaige Auswirkungen von Leistungsstörungen tangieren

---

316 BGH NJW 1961, 166, 168; BGH NJW 1967, 1022, 1023 = WM 1967, 448, 449; BGH NJW; BGH NJW 1967, 1028, 1029 = BGH WM 1967, 455, 457; BGH NJW 1971, 2303, 2307 = BGH WM 1971, 1265, 1268.

317 BGH NJW 1961, 166, 169.

318 BGH NJW 1962, 1100, 1101; BGH NJW 1967, 1028, 1030 = BGH WM 1967, 455, 458; BGH NJW 1970, 701, 702 = BGH WM 1970, 219; BGH NJW 1971, 2303, 2306 = BGH WM 1971, 1265, 1267.

319 BGH NJW 1957, 17; BGH NJW 1962, 1100; vgl. auch BGH NJW 1967, 1028 = BGH WM 1967, 455; BGH NJW 1971, 2303, 2307 = BGH WM 1971, 1265, 1268.

320 BGH NJW 1956, 705, 706; BGH NJW 1961, 164, 165; BGH NJW 1967, 1026 = WM 1967, 450; BGH NJW 1971, 2303, 2307 = BGH WM 1971, 1265, 1268.

somit grundsätzlich nur das Rechtsverhältnis zwischen den jeweils vertragsschließenden Parteien.

Bis 1979 spielten die Abzahlungskredite in Frankreich kaum eine Rolle. Der Grund dafür waren zwei Dekrete.[321] Diese dienten zwar in erster Linie nicht dem Verbraucherschutz. Durch starke Reglementierungen bzgl. der maximalen Kreditquote und der maximalen Laufzeit des Kredits, machten sie jedoch die finanzierten Geschäfte unattraktiv.[322] Eine ausdrückliche Regelung bzgl. verbundener Verträge fand sich in diesen Dekreten nicht, was die Rechtsprechung jedoch nicht daran hinderte, die entsprechenden Regelungen auch auf die drittfinanzierten Abzahlungskäufe anzuwenden.[323]

Der Grundsatz der rechtlichen Trennung dominierte, selbst wenn der Käufer geltend machte, dass die wechselseitigen Verpflichtungen ein untrennbares Ganzes formten.[324]

Dass aber unter gewissen Voraussetzungen Ausnahmen von diesem Grundsatz zu machen sind, zeigte die Rechtsprechung mit den Urteilen der Cour de Cassation vom 1.12.1976[325] und 11.12.1978[326]. Hier wurde festgestellt, dass eine Nichtigkeit des Kaufvertrages auch die Nichtigkeit des Darlehensvertrages nach sich ziehen kann, wenn der Darlehensgeber von den die Nichtigkeit des Kaufvertrages begründenden Umständen Kenntnis hatte.

Das Verbraucherkreditrecht gewann schließlich auch in Frankreich mehr und mehr an Bedeutung. Seit Mitte der sechziger Jahre verzeichnete Frankreich einen Anstieg des Kreditvolumens zur Finanzierung von Verbrauchsgütern.[327]

Um den Verbraucher in diesem stetig wachsenden Kreditmarkt den notwendigen Schutz zukommen zu lassen, sah sich der Gesetzgeber erstmals dazu

321 Dekret Nr. 55–585 vom 20.05.1955 und Dekret Nr. 56–775 vom 04.08.1956.

322 *Brenner*, Verbraucherschützende EG-Richtlinien und ihre Umsetzung in Deutschland und Frankreich, S. 156; *Schmitz*, Der finanzierte Abzahlungskauf im deutschen und französischen Recht, S. 126 f.

323 Vgl. Cass. com., 3ième, Urt. v. 20.12.1967, Bull. civ. 1967, III, Nr. 428.

324 So für die Begründung eines verbundenen Vertrages vorausgesetzt in: Cass. com., 3ième, Urt. v. 6.11.1961, Bull. civ. 1961, III, Nr. 395.

325 Bull. civ. 1976, I, Nr. 384.

326 Bull. com. 1978, Nr. 305.

327 Einen Überblick über die absolute und relative Entwicklung des finanzierten Abzahlungskaufes von 1965–1984 liefert insoweit *Schmitz*, Der finanzierte Abzahlungskauf im deutschen und französischen Recht, S. 120 ff.

veranlasst, umfassende Verbraucherschutzregelungen zu entwickeln. Der Verwirklichung dieses Ziels diente dann das Gesetz Nr. 78–22 vom 10.1.1978.[328] Insbesondere die Regelungen über die gegenseitige Abhängigkeit von Kauf- und Kreditvertrag bei verbundenen Geschäften bildeten einen der Schwerpunkte des sog. Loi Scrivener.[329] Die von der Rechtsprechung bis dahin verfochtene Trennungstheorie konnte somit erstmals durch das Tätigwerden des Gesetzgebers relativiert werden.

3. *England*

Der englische Verbraucherschutz lässt seinen Ursprung nicht vermuten. Ansatzpunkt aller verbraucherschützenden Bemühungen war nicht der im Dreipersonenverhältnis benachteiligte Verbraucher, sondern der gutgläubige Dritte, der eine Sache von einem Mietkäufer erwirbt.[330] Mit dem *hire-purchase agreement* baute das englische Abzahlungsrecht auf der Konstruktion eines Mietkaufes auf. Eine dem deutschen Abzahlungskauf ähnliche Art der Drittfinanzierung war dabei das *direct collection system*. Dabei verkauft der Händler, nachdem er den Abzahlungsvertrag mit dem Kunden geschlossen hat, die Ware an ein Kreditinstitut (*finance house*). Von der Bank erhält er dafür den Barpreis i.d.R. gekürzt um bereits geleistete Anzahlungen. Dabei tritt die Bank gegenüber dem Kunden zumeist nicht als Darlehensgeber auf, sondern überlässt ihm die Ware aufgrund eines *hire-purchase agreement*. Die übrigen Mietzahlungen bzw. Kaufpreisraten werden dann an die Bank in der Funktion des Verkäufers gezahlt (*direct collection*). Sobald ein *hire-purchase agreement* vorliegt, scheidet der Händler aus den vertraglichen Beziehungen aus.[331]

In England verbreiteten sich die Abzahlungsgeschäfte bereits im Jahre 1840. Mittelständische Bürger finanzierten auf diese Weise insbesondere den Ankauf von Pianos.[332] Mit Etablierung der Kraftfahrzeugindustrie zu Beginn der 1920er

---

328 Dieses Gesetz wird auch allgemein nach der damals verantwortlichen Staatssekretärin für Verbraucherangelegenheiten als „Loi Scrivener“ bezeichnet. Das Gesetz ist abrufbar unter: http://legifrance.gouv.fr/affichTexte.do?cidTexte=JORFTEXT000000886461 (Stand: 1.6.2014).

329 *Schmitz*, Der finanzierte Abzahlungskauf im deutschen und französischen Recht, S. 161.

330 *Emmerich*, in: Von Westphalen/Emmerich/von Rottenburg, Verbraucherkreditgesetz, Einl. Rn 47.

331 *Jung*, Das englische hire-purchase law, S. 19.

332 *Crowther Report*, Rn 2.1.38.

Jahre wurden dann erstmals Fremdmittel zur Finanzierung des Verbrauchsgüterkaufes in Anspruch genommen.[333]

Auch in England zeigten sich jedoch bei zunehmender Verbreitung der Abzahlungsgeschäfte die damit verbundenen Defizite. Insbesondere der Konsument fand sich in einer kaum abzusichernden Situation wieder. Er sah sich nicht nur der Gefahr ausgesetzt beim geringsten Zahlungsverzug bzw. bei der leichtesten Vertragsverletzung die Waren an den Eigentümer ohne Rückerstattung bereits gezahlter Raten zurückgeben zu müssen.[334] Auch die Vermieter bedienten sich belastender Klauseln, die eine etwaige Haftung wegen Lieferung nicht vertragsgemäßer Ware ausschlossen.[335] Um diesen Zustand zu verbessern waren zunächst die beiden Hire-Purchase-Acts von 1938 und 1964 in Kraft getreten. An deren Stelle trat 1974 der Consumer-Credit Act (im Folgenden: CCA). Dieser sollte erstmals alle im Zusammenhang mit der Gewährung von Konsumentenkrediten stehenden, im englischen Recht existierenden, Einzelgesetze zusammenfassen, einander angleichen und novellieren.[336]

II. Unionsrechtliche Vorgaben und gesetzliche Umsetzung

Die verbundenen Verträge im System des nationalen Verbrauchervertragsrechtes blicken auf eine stark europäisch geprägte Entstehungsgeschichte zurück.

Mit Erlass der Richtlinie zur Angleichung der Rechts- und Verwaltungsvorschriften der Mitgliedstaaten über den Verbraucherkredit vom 22. Dezember 1986[337] durch den Rat der Europäischen Gemeinschaft wurden die ersten umfassenden nationalen Kodifizierungen zur Sicherstellung eines angemessenen Verbraucherschutzes initiiert. Die Notwendigkeit der Schaffung einheitlicher Schutzmechanismen im Bereich des Verbraucherkredits ergab sich insbesondere aus „dem erheblich zunehmenden Kreditvolumen und der sich ständig erweiternden Typenpallette mit zum Teil neuen Kreditformen“[338]. Der Verbraucher sollte fortan allgemein vor Bedingungen geschützt sein, die ihn in nicht gerechtfertigter

---

333 *Crowther Report*, Rn 2.1.42.

334 Im englischen Recht: *Snatch-back*-Klausel, vgl. *Crowther Report*, § 2.1.46; *Jung*, Das englische hire-purchase law, S. 22 Fn. 54.

335 *Jung*, Das englische hire-purchase law, S. 22.

336 *Jung*, Das englische hire-purchase law, S. 26 f.

337 RL 87/102/EWG geändert durch RL 2008/48/EG des Europäischen Parlaments und des Rates vom 23. April 2008.

338 Begr. RegE, BT-Drucks. 11/5462, S. 11, abgedruckt bei *Seibert*, Handbuch zum Verbraucherkreditgesetz, S. 116 ff.

Weise benachteiligen.[339] Die neue Verbraucherkreditrichtlinie war Teil der verbraucherpolitischen Strategie 2007–2013[340], die es sich zum Ziel gesetzt hatte „das EU-Verbraucherrecht moderner zu gestalten und zu vereinfachen und das Regelungsumfeld im Sinne der Wirtschaft wie auch der Verbraucher zu verbessern"[341].

Jüngste Veränderungen im Rahmen des Verbraucherkreditrechtes bringt die Richtlinie 2011/83/EU des Europäischen Parlaments und des Rates vom 25. Oktober 2011 über die Rechte der Verbraucher[342] (im Folgenden: VRRL) mit sich. Mit der neuen Richtlinie über die Rechte der Verbraucher verfolgt die Kommission mehr denn je die Schaffung eines einheitlichen Rechtsrahmens, der auf eindeutig definierten Rechtskonzepten basiert.[343] Das Verbrauchervertragsrecht soll durch die VRRL insgesamt einheitlicher und systematischer ausgestaltet werden.[344]

Ob die jetzige Ausgestaltung der Regelungen über die verbundenen Verträge in Deutschland, Frankreich und England den europäischen Vorgaben genügt, und ob das von Europa favorisierte Konzept der Vollharmonisierung seinen Zweck erreicht hat, soll im Folgenden erläutert werden.

Unter Zugrundelegung der europäischen Vorgaben wird dann dargestellt, welche einfachgesetzlichen Voraussetzungen von den einzelnen Staaten für das Vorliegen eines verbundenen Vertrages verlangt werden.

1. Allgemeines

Erwägungsgrund 7 der Richtlinie 2008/48/EG (im Folgenden: VerbrKrRL) stellt klar: „Um die Entwicklung eines reibungslos funktionierenden Binnenmarkts bei Verbraucherkrediten zu erleichtern, muss in einigen Schlüsselbereichen ein harmonisierter gemeinschaftsrechtlicher Rahmen geschaffen werden. Im Hinblick

---

339 *Ibid.*

340 Mitteilung der Kommission an den Rat, das Europäische Parlament und den Europäischen Wirtschafts- und Sozialausschuss, Verbraucherpolitische Strategie der EU (2007–2013) – Stärkung der Verbraucher – Verbesserung des Verbraucherwohls – wirksamer Verbraucherschutz, KOM (2007) 99 endg./2.

341 KOM (2007) 99 endg./2, S. 10.

342 Richtlinie 2011/83/EU des Europäischen Parlaments und des Rates vom 25. Oktober 2011 über die Rechte der Verbraucher, Abänderung der Richtlinie 93/13/EWG des Rates und der Richtlinie 1999/44/EG des Europäischen Parlaments und des Rates sowie zur Aufhebung der Richtlinie 85/577/EWG des Rates und der Richtlinie 97/7/EG des Europäischen Parlaments und des Rates, Abl. EU 2011 L 304/64., insb. Ergrd. 5.

343 Abl. L 304/64, Ergrd. 7.

344 Vgl. auch *Tonner*, VuR 2013, 443.

auf die permanente Weiterentwicklung des Marktes für Verbraucherkredite und die zunehmende Mobilität der europäischen Bürger kann ein zukunftsweisendes Gemeinschaftsrecht, das sich künftigen Kreditformen anpassen kann und das den Mitgliedstaaten einen angemessenen Gestaltungsspielraum bei der Umsetzung lässt, zu einem modernen Verbraucherkreditrecht beitragen." Es ist daher unverzichtbar, dass sich Maßstab und Regelungsrahmen bezüglich der verbundenen Verträge in den jeweiligen nationalen Gesetzen an den Vorgaben der VerbrKrRL orientieren.

Grundlegend definiert Art. 3 lit. n VerbrKrRL dabei den verbundenen Vertrag als einen Kreditvertrag, bei dem der betreffende Kredit ausschließlich der Finanzierung eines Vertrags über Lieferung bestimmter Waren oder Erbringung einer bestimmten Dienstleistung dient und diese beiden Verträge objektiv betrachtet eine wirtschaftliche Einheit bilden.

Art. 15 Abs. 1 VerbrKrRL regelt für verbundene Verträge, dass der Verbraucher, der seinen Vertrag über die Lieferung von Waren oder die Erbringung von Dienstleistungen widerruft, auch an einen damit verbundenen Kreditvertrag nicht mehr gebunden ist.

Um den Verbraucherschutz abzurunden, sieht Art. 15 Abs. 2 VerbrKrRL einen sogenannten Einwendungsdurchgriff zu Gunsten des Verbrauchers vor. Danach kann der Verbraucher seine Primär- und Sekundärrechte auch gegen den Kreditgeber geltend machen, wenn die Leistung aus dem Waren- oder Dienstleistungsvertrag nicht oder nicht vertragsgemäß erbracht wurde, er seine Rechte jedoch nicht gegen den Verkäufer durchsetzen konnte.

Voraussetzungen und Reichweite überlässt Art. 15 Abs. 2 VerbrKrRL den nationalen Gesetzgebern.

Nach der neuen VRRL findet der Widerrufsdurchgriff gem. Art. 15 Abs. 1 nunmehr auch auf akzessorische Verträge Anwendung.

Art. 288 AEUV überlässt es den Mitgliedstaaten selbst, in welcher Form sie die vom europäischen Gesetzgeber entworfenen Richtlinien in innerstaatliches Recht transformieren. Während der deutsche Gesetzgeber nach Abschaffung des Verbraucherkreditgesetzes die Regeln über die verbundenen Verträge in das BGB implementierte, finden sie in Frankreich innerhalb des Code de la consommation spezialgesetzlichen Niederschlag. Das Vereinigte Königreich sieht ebenfalls ein separiertes Verbrauchervertragsrecht in Form des Consumer Credit Act vor. Abändernde Richtlinienvorgaben werden hier i.d.R. 1:1 durch sog. *statutory instruments* umgesetzt.[345]

---

345 Vgl. dazu insgesamt auch *Tonner*, VuR 2014, 23, 35.

a) *Überblick der Rechtslage in Deutschland*

§ 9 des Verbraucherkreditgesetzes[346] (im Folgenden: VerbrKrG) kodifizierte erstmals die durch Art. 11 Abs. 2 der RL 87/102/EWG vorgegebenen, und bereits parallel durch nationale richterliche Rechtsfortbildung entwickelten,[347] Regelungen über verbundene Verträge. Berücksichtigt wurde somit die Erstreckung der Folgen des Widerrufes gem. § 7 VerbrKrG (§ 9 Abs. 2 VerbrKrG) sowie das Institut des Einwendungsdurchgriffes (§ 9 Abs. 3 VerbrKrG).

Im Laufe der Jahre wurden die Regelungen über die verbundenen Verträge in ihrem Anwendungsbereich erweitert und fanden schließlich auch spezialgesetzlichen Niederschlag in § 4 FernAbsG[348] und § 6 TzWRG[349].

Das Gesetz zur Modernisierung des Schuldrechts vom 26. November 2001[350] nahm der Gesetzgeber dann schließlich zum Anlass aus dem Flickenteppich der spezialgesetzlichen Regelungen zu den verbundenen Verträgen, wie sie in § 9 VerbrKrG, § 4 FernAbsG und § 6 TzWRG enthalten waren, eine einheitliche Konzeption zu schaffen. Im Zuge der Kodifikation wurden schließlich in den §§ 358, 359 BGB die Regelungen über die verbundenen Verträge zusammengefasst. Hauptzweck dieses systematischen Durchgriffes war es, die Umsetzung künftiger europäischer Richtlinien zu erleichtern.[351]

Der in Art. 15 Abs. 1 VerbrKrRL vorgesehene Widerrufsdurchgriff wurde zunächst durch §§ 358 Abs. 1, 359 a Abs. 1 BGB auf nationaler Ebene umgesetzt. Dem von Art. 15 Abs. 2 VerbrKrRL geforderten Einwendungsdurchgriff hat der deutsche Gesetzgeber durch Einführung des § 359 BGB innerstaatliche Geltung verschafft.

Eine Umstrukturierung der für den verbundenen Vertrag geltenden Normen geht schließlich mit dem Gesetz zur Umsetzung der Verbraucherrechterichtlinie und zur Änderung des Gesetzes zur Regelung der Wohnungsvermittlung vom 20.9.2013[352] (im Folgenden: VRRLUmsG) einher.

---

346 BGBl. I S. 2840; zuletzt geändert durch das Gesetz zur Anpassung der Formvorschriften des Privatrechts und anderer Formen an den modernen Rechtsgeschäftsverkehr vom 13. Juli 2001, BGBl. I S. 1542.

347 Siehe oben unter A I 1.

348 Fernabsatzgesetz, BGBl. I S. 897.

349 Gesetz über die Veräußerung von Teilzeitnutzungsrechten an Wohngebäuden, BGBl. I S. 2154.

350 BGBl. I S. 3138.

351 Begr. RegE, BT-Drucks. 14/6040, S. 200.

352 BGBl. I S. 3642.

§ 359 BGB bleibt wörtlich unverändert. Eine Erweiterung erhält er nur durch die Anfügung eines zweiten Absatzes, der die zuvor in § 359 a Abs. 3 und 4 BGB a.F. enthaltenen Ausnahmen für Darlehensverträge zur Finanzierung von Finanzinstrumenten und Kleindarlehen regelt. § 360 BGB n.F. setzt Art. 15 Abs. 1 VRRL um. Er fasst die in §§ 312 f, 359 a Abs. 1 und 2, 485 Abs. 3 BGB a.F. enthaltenen Regelungen für den Widerruf zusammenhängender Verträge in einer einheitlichen Regelung zusammen.[353]

Mit Blick auf die den Mitgliedstaaten durch Art. 15 Abs. 2 VerbrKrRL überlassene Freiheit bei der Ausgestaltung von Primär- und Sekundärrechten des Verbrauchers, gestaltet sich die vom deutschen Gesetzgeber vorgesehene Einschränkung des Tatbestandes in § 359 S. 2 BGB als unproblematisch. Auch der grundsätzliche Verzicht auf die Subsidiarität des in Art. 15 Abs. 2 VerbrKrRL vorgesehen Einwendungsdurchgriffs,[354] stellt keine richtlinienwidrige Abweichung dar.[355]

b) Überblick der Rechtslage in Frankreich

Erste umfassende Regelungen bzgl. der verbundenen Geschäfte enthielt bereits das Loi Scrivener I von 1978.[356] Art. 9 Abs. 2 Loi Scrivener sah vor, dass der Verbraucher bei Mangelhaftigkeit des verbundenen Vertrages auch von der Verpflichtung zur Darlehensrückzahlung zeitweise befreit werden konnte. Kodifiziert wurde zudem die Erstreckung der Folgen eines etwaigen Widerrufes des Darlehensvertrages auf den Kauf- oder Dienstleistungsvertrag (vgl. Art. 13 Loi Scrivener). Bei der Ausarbeitung des Loi Scrivener I hatte sich der französische Gesetzgeber bereits von den zukünftigen Regelungen der RL 87/102/EWG leiten lassen.[357] Da das Loi Scrivener I von 1978 schlussendlich über umfassende Regelungen zum Schutze des Verbrauchers verfügte, wirkte sich die RL 87/102/EWG vom 22. Dezember 1986 nur minimal auf das französische Recht aus.[358]

Im Zuge der Einführung des Gesetzes 93–949 vom 26. Juli 1993 wurden die Vorschriften des Loi Scrivener weitestgehend in den Code de la consommation

---

353 BT-Drucks. 17/12637, 66.

354 § 359 S. 3 BGB sieht eine Subsidiarität nur insoweit vor, als dass es dem Verbraucher möglich ist, Nacherfüllung zu verlangen.

355 MünchKomm/*Habersack*, § 359 BGB Rn 5.

356 S.o. Fn. 317.

357 *Bräunig*, der Konsumentenkredit im französischen Recht, S. 16; *Teufel*, Der finanzierte Verbrauchsgüterkauf, S. 71.

358 *Blaurock*, JZ 1999, 801, 805; *Kilian*, Der Verbraucherbegriff in der EU, S. 142; *Teufel*, Der finanzierte Verbrauchsgüterkauf, S. 71.

implementiert. Nach den letzten Änderungen durch das Gesetz 2010–737 vom 1. Juli 2010[359] finden sich die Regelungen über die verbundenen Verträge nunmehr in den Artt. L. 311–30 bis L. 311–41 CConsom. Auf nationaler Ebene regelt Art. L. 311–36 CConsom den von Art. 15 Abs. 1 VerbrKrRL geforderten Widerrufsdurchgriff. Mit Art. L. 311–32 CConsom ist der französische Gesetzgeber dem von Art. 15 Abs. 2 VerbrKrRL geforderten Einwendungsdurchgriff weitestgehend nachgekommen. Allerdings hat der Verbraucher gem. Art. L. 311–32 CConsom lediglich die Möglichkeit vor Gericht zu ziehen. Allein das Gericht entscheidet dann über das Recht zur Aussetzung des Darlehens. Eine derartige Ausgestaltung des Einwendungsdurchgriffes ist mit Blick auf Art. 15 Abs. 2 S. 2 VerbrKrRL jedoch unproblematisch.

c) Überblick der Rechtslage in England

Auch England verfügte bereits vor Erlass der RL 87/102/EWG über ein umfassendes Verbraucherschutzrecht, insbesondere auch auf dem Gebiet der Konsumentenkredite.

Der CCA von 1974 enthielt schon in seiner Ursprungsfassung die Bestimmung, dass der Widerruf des Kreditvertrages auch die damit verbundenen Geschäfte zu Fall bringt.[360] Der von Art. 15 Abs. 1 VerbrKrRL vorgesehene Widerrufsdurchgriff wird aktuell zwar nicht mehr durch den CCA direkt geregelt. Er findet jedoch seinen Niederschlag in den einzelnen, außerhalb des Consumer Credit Act ergangenen, spezialgesetzlichen Bestimmungen.[361]

Besonders starken Schutz erhält der Verbraucher durch s. 75 CCA. Diese Regelung erlaubt dem Verbraucher im Falle eines Vertragsverstoßes des Lieferanten die daraus resultierenden Ansprüche auch gegen den Kreditgeber geltend zu machen. Letzterer haftet dabei gesamtschuldnerisch und nicht subsidiär.

---

359 LOI n° 2010–737 du 1er juillet 2010 portant réforme du crédit à la consommation (1), abrufbar unter: http://www.legifrance.gouv.fr/affichTexte.do;jsessionid=EB6B2D0F4F078942B6E211D8F8696127.tpdjo13v_2?cidTexte=JORFTEXT000022419094&dateTexte=20100703 (Stand: 1.6.2014).

360 Vgl. s. 69 CCA a.F.

361 Vgl. s. 15 of the Consumer Protection (Distance Selling) Regulations 2000; s. 11 of the Cancellation of Contracts made in a Consumer's Home or Place of Work etc Regulations 2008; s. 12 of the Financial Services (Distance Marketing) Regulations 2004 und s. 6A of the Timeshare Act 1992, alle abrufbar unter: http://www.legislation.gov.uk/ (Stand: 1.6.2014).

Insbesondere Art. 15 Abs. 3 VerbrKrRL lässt eine solche überschießende Umsetzung ausdrücklich zu.

Die Reglungen des Consumer Credit Act von 1974 gingen bereits weit über das hinaus, was die folgenden Richtlinien forderten. Umfangreiche Korrekturen waren nicht erforderlich.[362] Vielmehr hat der Consumer Credit Act seinerseits als Maßstab für die sich anschließenden Verbraucherkreditrichtlinien fungiert.[363]

2. Grundsatz der Vollharmonisierung und überschießende Umsetzungen

Erwägungsgrund 9 der VerbrKrRL stellt klar: „Eine vollständige Harmonisierung ist notwendig, um allen Verbrauchern in der Gemeinschaft ein hohes und vergleichbares Maß an Schutz ihrer Interessen zu gewährleisten und um einen echten Binnenmarkt zu schaffen. Den Mitgliedstaaten sollte es deshalb nicht erlaubt sein, von dieser Richtlinie abweichende innerstaatliche Bestimmungen beizubehalten oder einzuführen."

Gemäß Erwägungsgrund 7 der VRRL soll die vollständige Harmonisierung einiger wesentlicher Aspekte der einschlägigen Regelungen die Rechtssicherheit für Verbraucher wie Unternehmer erheblich erhöhen. Sowohl die Verbraucher als auch die Unternehmer sollten sich auf einen einheitlichen Rechtsrahmen stützen können, der auf eindeutig definierten Rechtskonzepten basiert und bestimmte Aspekte von Verträgen zwischen Unternehmen und Verbrauchern unionsweit regelt.

Damit folgen beide Richtlinien dem Konzept der sog. Vollharmonisierung.[364] Anders als der Grundsatz der Mindestharmonisierung, der es den Mitgliedstaaten erlauben würde weitergehende Vorschriften zum Schutz der Verbraucher zu erlassen oder aufrechtzuhalten, dürfen die Mitgliedstaaten innerhalb

---

362 *Blaurock*, JZ 1999, 801, 804; *Emmerich*, in: Von Westphalen/Emmerich/von Rottenburg, Verbraucherkreditgesetz, Einl. Rn 48; *Kilian*, Der Verbraucherbegriff in der EU, S. 167.

363 *Von Hippel*, RabelsZ 45 (1981), 353, 369; *Blaurock*, JZ 1999, 801, 804; *Kilian*, Der Verbraucherbegriff in der EU, S. 167; ausführliche Begründung in: *Čikara*, Gegenwart und Zukunft der Verbraucherkreditverträge, S. 66 Fn. 247.

364 Insb. mit Blick auf die Verbraucherkreditrichtlinie: *Gsell/Herresthal*, Vollharmonisierung im Privatrecht; *Gsell/Schellhase*, JZ 2009, 20 ff.; *Jansen*, ZEuP 2010, 69, 76 ff., 95 ff.; *Tonner/Tamm*, JZ 2009, 277, 282 ff.; speziell zur Verbraucherrechterichtlinie: *Tonner*, VuR 2014, 23; allgemein: *Reich*, ZEuP 2010, 7 ff.; *Riehm*, JZ 2006, 1035 ff., während Harmonisierungsbemühungen in anderen Rechtsbereichen insgesamt vermisst werden, vgl. insoweit zum Bereich des Steuerrechtes: *Rust*, in: Regionale Steuerautonomie, S. 258.

der vollharmonisierten Bereiche grundsätzlich keine abweichenden Regelungen schaffen.[365]

Relativierend bestimmen sowohl Erwägungsgrund 10 der VerbrKrRL als auch Erwägungsgrund 13 der VRRL fdann jedoch, dass die Mitgliedstaaten nicht daran gehindert sein sollen, die Bestimmungen der Richtlinie auch auf Bereiche anzuwenden, die nicht in deren Geltungsbereich fallen.

Autonom bleibt es somit den einzelnen Mitgliedstaaten überlassen, auch solche Sachverhalte dem Regime der Richtlinien zu unterwerfen, die außerhalb des sachlich harmonisierten Bereiches liegen.[366]

Ein Gestaltungsspielraum verbleibt zudem – wenn auch unter strengeren Voraussetzungen – innerhalb des inhaltlich harmonisierten Bereichs. Hiervon betroffen sind all solche Rechtsfragen, die von der Richtlinie grundsätzlich positiv oder negativ erfasst wurden.[367] Für diese Regelungsbereiche muss dann mit Hilfe einer Gesamtschau des Regelungszweckes erforscht werden, inwieweit sie eine abschließende Sperrwirkung gegenüber einer autonomen Ausgestaltung seitens des jeweiligen Mitgliedsstaates enthalten. Zur Überprüfung der Vereinbarkeit einer solchen autonomen Ausgestaltung mit den Richtlinienvorgaben bietet sich dabei ein sog. „*dual function test*" an.[368] Dabei ist zunächst zu prüfen, ob es erstens eine funktionale Entsprechung in der Richtlinie gibt und ob zweitens die Norm geeignet wäre, den intendierten Vereinheitlichungseffekt einer Richtlinienbestimmung zu unterlaufen. Bei Verneinung beider Fragen befindet man sich schließlich außerhalb des harmonisierten Bereiches und eine freie Ausgestaltung durch den nationalen Gesetzgeber bleibt möglich.[369] Dies betrifft insbesondere die nationalen „überschießenden Umsetzungen" auf der Rechtsfolgenseite.

a) Situation in Deutschland

Das deutsche Recht ist zunächst insoweit richtlinienkonform, als dass es in § 358 Abs. 3 S. 3 BGB eine Regelung über verbundene Immobiliengeschäfte enthält, obgleich Art. 2 Abs. 2 lit. a und b VerbrKrRL grundpfandrechtlich gesicherte Kreditverträge und dem Immobilienerwerb dienende Kreditverträge ausnimmt. Es kann, wie in § 358 Abs. 3 S. 1 BGB vorgesehen, den Tatbestand der verbundenen Verträge auch auf Darlehen erstrecken, die nicht ausschließlich, sondern nur

---

365 *Habersack*, in: FS Picker, S. 327, 330.

366 Stichwort „*targeted harmonisation*", vgl. *Reich*, ZEuP 2010, 7, 25; *Tonner*, VuR 2014, 23, 24; *ders.*, VuR 2013, 443, 444.

367 *Wendehorst*, ZEuP 2011, 263, 269.

368 *Ibid.*

369 *Ibid.*

teilweise der Finanzierung des anderen Vertrages dienen. Selbst auf Fallgestaltungen, die weder von der Vermutungsregelung des § 358 Abs. 3 S. 2 BGB erfasst sind noch unter die Regelung des § 360 BGB zu subsumieren sind, können die Regelungen über verbundene Verträge Anwendung finden.[370] Von Bedeutung ist dies insbesondere für das praktisch wichtige Verbindungselement des Ausschlusses des Verbrauchers von der freien Verfügung über die Darlehensvaluta.[371] Dieser Ausschluss stellt zwar nach ständiger Rechtsprechung ein zentrales Merkmal für die Annahme des Verbundscharakters der Verträge dar,[372] hat aber nicht als Vermutungstatbestand in § 358 Abs. 3 S. 2 BGB Einzug gefunden.

Inhaltlich überschießende Regelungen finden sich im deutschen Recht zudem auf der Rechtsfolgenseite eines etwaigen Widerrufes des Verbrauchers.

So sieht die deutsche Regelung nicht nur einen Widerrufsdurchgriff auf den verbundenen Darlehensvertrag vor (§ 358 Abs. 1 BGB), sondern auch der umgekehrte Fall des Durchgriffs auf den Liefervertrag im Falle des Widerrufes des Verbraucherdarlehensvertrages ist möglich (§ 358 Abs. 2 BGB).

Diese Möglichkeit ist von Art. 15 Abs. 1 VerbrKrRL nicht erfasst, jedoch auch nicht ausgeschlossen worden.[373] Eine Erstreckung des Widerrufes des Darlehensvertrages ist somit stets und nicht nur in den Fällen des Art. 14 Abs. 4 VerbrKrRL zulässig.

Das deutsche Recht liefert zudem in § 358 Abs. 4 S. 5 BGB einen, die Richtlinienvoraussetzungen überschreitenden, verbraucherfreundlichen Mechanismus im Rahmen der Rückabwicklung. Wenn das Darlehen dem Verkäufer bereits zugeflossen ist, tritt der Darlehensgeber hinsichtlich der Rechtsfolgen des Widerrufs in die Rechte und Pflichten des Verkäufers aus dem Liefervertrag ein. Hierdurch soll eine bilaterale Rückabwicklung zwischen Verbraucher und Darlehensgeber erreicht werden, sodass der Verbraucher den Darlehensbetrag nicht erst dem Darlehensgeber zurückerstatten und dann seinerseits vom Verkäufer die Rückzahlung des Kaufpreises verlangen muss. Art. 15 Abs. 3 VerbrKrRL steht insoweit nicht entgegen und auch aus Art. 14 Abs. 3 lit. b VerbrKrRL ergeben sich keine gegenläufigen Regelungen.

370 *Habersack*, in: FS Picker, S. 327, 332.

371 *Ibid.*

372 Dazu genauer im Folgenden unten unter A III 1.

373 Egrd. 9 der VerbrKrRL stellt dies nochmal eindeutig klar.

b) Situation in Frankreich

Der in Art. 15 VerbrKrRL vorgesehene Einwendungsdurchgriff schützt den Verbraucher dann, wenn es nach Vertragsschluss bzgl. der Waren oder Dienstleistungen zu Störungen kommen sollte. So kann der Verbraucher bspw. seine Rechte gegen den Lieferanten bzw. Dienstleistungserbringer geltend machen, wenn die Waren oder Dienstleistungen nicht, oder nur teilweise geliefert wurden, oder sie nicht dem Warenlieferungs- oder Dienstleistungsvertrag entsprachen.

Der französische Gesetzgeber setzt hingegen auf Prävention.[374] Bereits in der Vertragsabschlussphase wird der Verbraucher durch eine wechselseitige Abhängigkeit der beiden Verträge wirksam geschützt. Nach Art. L. 311–31 CConsom hängt die vertragliche Verpflichtung des Darlehensnehmers von der Lieferung seitens des Lieferanten ab. Die Rückzahlungsverpflichtung des Darlehensnehmers wird erst dann wirksam, wenn der Lieferant seine Hauptleistungspflichten erfüllt hat. Vor allem für solche Fälle, in denen der Darlehensgeber die Darlehenssumme bereits an den Lieferanten ausbezahlt hat, der Lieferant jedoch wegen Insolvenz die Ware bzw. Dienstleistung nicht erbringen kann, gewährleistet das System der gegenseitigen Abhängigkeit dem Verbraucher einen hohen Schutzstandard.[375] Mit der Nichterbringung der Leistung entfällt auch die Rückzahlungsverpflichtung des Darlehensnehmers und bereits gezahlte Raten können zurückgefordert werden.

Auch der umgekehrte Fall wird von Art. L. 311–35 CConsom erfasst. Mit dieser Norm wird der Verbraucher vor einer etwaigen Zahlungsunfähigkeit geschützt, indem die beiden Verträge, um eigenständige Wirkung gegenüber dem Käufer bzw. Darlehensnehmer zu entfalten, einander bedingen. Solange der Kreditvertrag noch nicht wirksam geschlossen ist, muss der Lieferant nicht leisten. Der Käufer ist somit nicht der Gefahr ausgesetzt, den Kaufpreis ohne wirksame Darlehensvereinbarung zu schulden.[376]

---

374 Vgl. *Charlton*, National Report France, S. 16.

375 *Schmitz*, Der finanzierte Abzahlungskauf im deutschen und französischen Recht, S. 152.

376 *Schmitz*, Der finanzierte Abzahlungskauf im deutschen und französischen Recht, S. 172 ff., 217.

c) *Situation in England*

Nicht zu Unrecht wird behauptet, dass der Verbraucherschutzstandard Englands einer der höchsten innerhalb der Europäischen Union ist.[377] Dies trifft insbesondere mit Blick auf die Regelung über die verbundenen Verträge zu.

Wenn ein *debtor-creditor-supplier agreement* i.S.v. s. 12 (b) oder (c) CCA vorliegt, gewährt s. 75 CCA dem Verbraucher im Falle des Bestehens eines Anspruchs gegen den Lieferanten wegen eines Vertragsverstoßes diesen Anspruch auch gegen den Darlehensgeber geltend zu machen.

Abweichend von der Definition des verbundenen Vertrages in Art. 3 lit. n VerbrKrRL finden die in s. 75 CCA vorgesehenen verbraucherschützenden Regelungen bei verbundenen Verträgen selbst dann Anwendung, wenn das Darlehen nicht ausschließlich der Finanzierung eines Vertrags über Lieferung bestimmter Waren oder der Erbringung einer bestimmten Dienstleistung dient (Art. 3 lit. n (i) VerbrKrRL) bzw. nicht mit dem Kauf- bzw. Dienstleistungsvertrag eine wirtschaftliche Einheit bildet (Artt. 3 lit. n (ii) VerbrKrRL). Selbst wenn der Lieferant in keinster Weise bei Vorbereitung und Durchführung des Darlehensvertrages beteiligt war (so insb. im Falle der Kreditkartenbezahlung)[378], kommen dem Verbraucher die Reglungen von s. 75 CCA zu Gute. Dass dies eine richtliniengemäße Ausgestaltung darstellt, wird durch Erwägungsgrund 10 der VerbrKrRL verdeutlicht. Richtlinienkonform ist es daher auch, dass das englische Recht den Darlehensgeber bei nur teilweiser Finanzierung des Kauf- bzw. Dienstleistungsvertrages gem. s. 75 (1) CCA für den gesamten Vertrag haften lässt.

Da das englische Recht eine derart enge Verbindung von Kauf- bzw. Dienstleistungsvertrag und Darlehensvertrag wie sie in der VerbrKrRL vorgesehen ist, nicht verlangt, wird der Anwendungsbereich zudem auf Personen erweitert, die, wenn überhaupt, nur mittelbar am Geschäft beteiligt sind. So liegt nach dem englischen CCA auch dann ein *debtor-creditor supplier agreement* vor, wenn die

---

377 So beschreibt die englische Regierung s. 75 CCA als „significant element of the UK consumer protection regime", *BERR*, Consultation Consumer Credit Directive (2009), S. 87, abrufbar unter: http://www.bis.gov.uk/Consultations/consumer-credit-directive (Stand: 1.6.2014); siehe auch: *Charlton*, National Report UK, S. 24; und spricht von „highest levels of consumer protection in Europe", Explanatory Memorandum to the Consumer Credit (EU Directive) Regulations 2010, 2010 No. 1010, S. 89, abrufbar unter: http://www.legislation.gov.uk/uksi/2010/1010/resources (Stand: 1.6.2014); ebenso: *Emmerich*, in: Von Westphalen/Emmerich/von Rottenburg, Verbraucherkreditgesetz, Einl. Rn 47.

378 Siehe dazu noch unten unter A III 3 a.

Vereinbarungen nicht durch Lieferant und Darlehensgeber in Person getroffen wurden. Ausreichend sind bereits Vereinbarungen mit ihren *associates*[379].

In allen Fällen verbundener Verträge i.S.d. Art. 3 lit. n (ii) VerbrKrRL garantiert Art. 15 Abs. 2 S. 1 VerbrKrRL dem Verbraucher bei unterbliebener oder nicht vertragsgemäßer Leistung durch den Lieferanten bzw. Dienstleistungserbringer einen Einwendungsdurchgriff gegen den Darlehensgeber. Dabei bestimmen die Mitgliedstaaten, in welchem Maße und unter welchen Bedingungen diese Rechtsmittel ausgeübt werden können.

S. 75 CCA verzichtet nicht nur auf die Subsidiarität des Einwendungsdurchgriffs, wie sie in Art. 15 Abs. 2 VerbrKrRL vorgesehen ist. Vielmehr ordnet s. 75 (1) CCA an, dass Lieferant und Darlehensgeber dem Verbraucher als Gesamtschuldner gegenüberstehen. Die Zulässigkeit einer derartigen innerstaatlichen Regelung wird explizit in Art. 15 Abs. 3 VerbrKrRL aufgeführt.

3. *Richtlinienkonformität*

a) *Situation in Deutschland*

Auch wenn der deutsche Gesetzgeber innerhalb seiner Gestaltungsspielräume augenscheinlich zu Gunsten des Verbraucherschutzes tätig geworden ist, stellt sich nunmehr die Frage, ob es trotz alledem auch Bereiche im Rahmen der §§ 358 ff. BGB gibt, in denen die gesetzliche Umsetzung hinter dem Regelungsauftrag des europäischen Gesetzgebers zurück bleibt.

aa) § 358 BGB

Normzweck und Regelungsgehalt des § 358 BGB ist der sog. Widerrufsdurchgriff und dessen Folgen. § 358 BGB enthält dabei zwei zu unterscheidende Fallvarianten. Abs. 1 betrifft den Fall, dass das finanzierte Geschäft widerrufen wird und erstreckt die sich daraus ergebenden Folgen auf den verbundenen Darlehensvertrag. Abs. 2 hingegen betrifft genau den spiegelbildlichen Fall, nämlich dass sich die Folgen des Widerrufes des Verbraucherdarlehensvertrages auf das finanzierte Geschäft erstrecken. Sind beide Verträge zugleich widerruflich, hat der Verbraucher die Wahl, ob er den finanzierten Vertrag widerruft und somit auch mittelbar über Abs. 1 den Darlehensvertrag in ein Rückgewährschuldverhältnis umwandelt, oder ob er den Verbraucherdarlehensvertrag nach § 495 BGB widerruft und sich dieser nach Abs. 2 auf das finanzierte Geschäft auswirkt. Dieses

---

379 S. 184 CCA definiert, was unter *associates* i.S.d. CCA zu verstehen ist. Unter die einigermaßen komplizierte Regelung können u.a. auch der Ehepartner, Lebenspartner, Verwandte sowie juristische Personen fallen.

Wahlrecht war jedoch mit Blick auf den – mittlerweile zur jüngeren Rechtsgeschichte gehörenden – § 358 Abs. 2 S. 2 BGB a.F. keine Selbstverständlichkeit.

§ 358 Abs. 2 S. 2 BGB a.F. enthielt noch eine Konkurrenzregel, wonach das auf den Verbraucherdarlehensvertrag bezogene Widerrufsrecht aus § 495 BGB ausgeschlossen war, wenn der Verbraucher das finanzierte Geschäft widerrufen konnte.[380]

Mit Blick auf Art. 14 Abs. 1 VerbrKrRL lag in dieser systematischen Ausgestaltung ein klarer Verstoß gegen sekundäres Unionsrecht. Der Beginn der Widerrufsfrist des Liefervertrages bei Vorliegen aller ihn auslösenden Voraussetzungen vollzog sich unabhängig davon, ob bereits ein Verbraucherdarlehensvertrag abgeschlossen worden war oder nicht. In der Folge konnte es zu der für den Verbraucher misslichen Situation kommen, dass die Frist des Widerrufsrechtes nach § 495 BGB weit unter 14 Tage verkürzt wurde, da der Verbraucher nach § 358 Abs. 2 BGB a.F. primär den Liefervertrag zu widerrufen hatte. Mit dem Gesetz zur Musterwiderrufsinformation[381] hat sich der Gesetzgeber schließlich dazu entschlossen die Sätze 2 und 3 des § 358 BGB zu beseitigen.

Unabhängig davon gilt als einheitliche Rechtsfolge beider Absätze gem. § 358 Abs. 4 S. 1 BGB eine Rückabwicklung nach § 357 BGB. Trotz dieser generellen Einheitlichkeit ergeben sich indes Divergenzen zwischen § 358 Abs. 1 und Abs. 2 BGB mit Blick auf die Zinsen und Kosten der Rückabwicklung. § 358 Abs. 4 S. 4 BGB statuiert, dass nur im Falle des Abs. 1 Ansprüche auf Zahlung von Zinsen und Kosten aus der Rückabwicklung des Darlehensvertrages gegen den Verbraucher ausgeschlossen sind. Sinnwidrige Ergebnisse scheinen sich dann aus den Ziffern 8a und 8b der Gestaltungshinweise des neuen Musters für eine Widerrufsinformation für Verbraucherdarlehensverträge[382] zu ergeben. Danach soll es der Verbraucher – bewusst oder unbewusst – selbst in der Hand haben, mit der Wahl des Widerrufsrechtes entweder nach Abs. 1 oder Abs. 2 auch darüber entscheiden zu können, ob ihm die Zahlung von Zinsen und Kosten auferlegt werden kann oder nicht.[383] Dass dies eine tatsächliche Wahl darstellen soll, deren Für und Wider der Verbraucher ernsthaft abzuwägen sucht, muss

---

380 Vgl. BT-Drucks. 14/6040, S. 201; *Wildemann*, VuR 2011, 55, 57.

381 Gesetz zur Einführung einer Musterwiderrufsinformation für Verbraucherdarlehensverträge, zur Änderung der Vorschriften über das Widerrufsrecht bei Verbraucherdarlehensverträgen und zur Änderung des Darlehensvermittlungsrechts vom 24.07.2010, BGBl. I 2010, S. 977 ff.

382 Anlage 6 zu Art. 246 § 6 Abs. 2 und § 12 Abs. 1 EGBGB; *Wildemann*, VuR 2011, 55, 58 Fn. 46.

383 *Wildemann*, VuR 2011, 55, 58.

indes für Jedermann abwegig erscheinen. Es ist davon auszugehen, dass der Verbraucher stets eine Rückabwicklung über § 358 Abs. 1 BGB präferieren wird, falls er, im Rahmen der auf ihn eintreffenden Informationsflut bei Abschluss des Darlehensvertrages, diesen Teil der Widerrufsinformation überhaupt aktiv wahrnehmen wird.[384]

bb) § 360 BGB n.F.

§ 360 BGB n.F. regelt den Widerrufsdurchgriff bei den sog. „zusammenhängenden Verträgen".

Für zusammenhängende Verträge i.S.d. § 360 Abs. 2 BGB finden die Regelungen des § 358 Abs. 4 S. 1–3 BGB gem. § 360 Abs. 1 BGB entsprechende Anwendung. Systematische Besonderheit ist dabei die Subsidiarität dieses Tatbestandes zu den Fällen des § 358 Abs. 3 BGB.

§ 360 BGB betrifft all jene Fälle, in denen kein verbundener Vertrag i.S.d. § 358 Abs. 3 BGB vorliegt. § 360 BGB steht damit in Einklang mit Art. 15 der neuen VRRL, nachdem der Verbraucher auch an einen mit dem widerrufenen Vertrag im Zusammenhang stehenden Vertrag nicht gebunden sein soll. Er soll von einem möglichen Widerruf nicht dadurch abgehalten werden, dass er auch in diesem Fall an einen weiteren, mit dem widerrufenen Vertrag im Zusammenhang stehenden Vertrag gebunden bleibt. Der Widerruf wird daher auf alle zusammenhängenden Verträge erstreckt.[385]

Auch wenn der Tatbestand des verbundenen Vertrages nicht erfüllt ist, sollen einzelne Rechtsfolgen verbundener Verträge zur Anwendung kommen.[386] Als Folge ergibt sich zwar ein Subsidiaritätsverhältnis des § 360 BGB zu § 358 Abs. 3 S. 2 und 3 BGB sowie zu § 358 Abs. 3 S. 1 BGB. Mit Blick auf die VerbrKrRL sowie die VRRL erscheint diese Konzeption indes grundsätzlich als unproblematisch.[387] Anders als bei den verbundenen Verträgen i.S.d. Art. 3 lit. n (ii) VerbrKrRL bzw. § 358 Abs. 3 BGB stehen die angesprochenen Verträge hier in einem Haupt- und Nebenvertragsverhältnis.[388] Art. 14 Abs. 4 VerbrKrRL spricht insoweit von „Nebenleistung im Zusammenhang mit dem Kreditvertrag", Art. 2 Nr. 14 VRRL von akzessorischen Verträgen, die lediglich „im Zusammenhang" mit dem in Frage stehenden Vertrag stehen.

---

384 *Ibid.*

385 Vgl. BT-Drucks. 17/12637 S. 67.

386 MünchKomm/*Habersack*, § 359 a BGB Rn 4; *Habersack*, in: FS Picker, S. 327, 333.

387 *Ibid.*

388 Dazu ausführlich *Wendt/Lorscheid-Kratz*, BB 2013, 2434, 2436 f.

Schon bei § 359 a Abs. 1 BGB a.F. war es jedoch problematisch, dass zwar eine entsprechende Erstreckung des Widerrufes nach § 358 Abs. 2 BGB vorgesehen war, und auch die Widerrufsfolgen des § 358 Abs. 4 BGB zur Anwendung gelangten, § 359 a Abs. 1 BGB a.F. jedoch nicht auf den Einwendungsdurchgriff des § 359 BGB verwies. § 359 a BGB a.F. (nunmehr § 360 Abs. 2 S. 2 BGB n.F.) betrifft jene Vertragskonstellationen, in denen die Ware oder die Leistung des Unternehmers aus dem widerrufenen Vertrag im Verbraucherdarlehensvertrag genau angegeben ist. Nach Art. 3 lit. n (ii) VerbrKrRL stellen diese Konstellationen eine eigens definierte Fallgruppe verbundener Verträge dar. Das deutsche Recht hingegen qualifiziert jene Verträge als bloß zusammenhängende Verträge gem. § 360 BGB n.F. und nicht als verbundenen Darlehensvertrag gem. § 358 BGB, mit der Folge, dass diese Verträge dem Einwendungsdurchgriff des § 359 BGB gänzlich entzogen werden. Art. 15 Abs. 2 S. 1 VerbrKrRL gewährt jedoch in allen Fällen verbundener Verträge i.S.d. Art. 3 lit. n (ii) VerbrKrRL bei unterbliebener oder nicht vertragsgemäß erbrachter Leistung durch den Lieferanten einen Einwendungsdurchgriff. Der Gesetzgeber, der den Einwendungsdurchgriff in diesem Fall bewusst außer Acht gelassen hat, rechtfertigt dies mit dem Argument, dass sonst ein erhebliches Risiko für den Darlehensgeber bestehe, da er den Lieferanten nicht kenne. Dies sei etwa der Fall, wenn der Verbraucher sich erst nach Auszahlung des Darlehens für einen bestimmten Vertragspartner entscheide.[389] Auch im Rahmen der Umsetzung der neuen VRRL rückt der deutsche Gesetzgeber von seiner Sichtweise nicht ab. Unterstützend verweist er auf die in Art. 15 Abs. 2 S. 2 VerbrKrRL vorgesehene Öffnungsklausel, die es den Mitgliedstaaten überlässt, in welchem Maße und unter welchen Bedingungen die jeweiligen Rechtsmittel ausgeübt werden können.[390]

Bei Analyse des Gesetzeswortlauts der Richtlinie verkennt der deutsche Gesetzgeber jedoch die Tatsache, dass die Möglichkeit des Einwendungsdurchgriffes in den Fällen, in denen die Ware oder die Leistung des Unternehmers aus dem widerrufenen Vertrag im Verbraucherdarlehensvertrag genau angegeben ist, zunächst grundsätzlich bestehen muss. Es darf dem jeweiligen Verbraucher nicht von Anfang an verwehrt sein seine Einwendungen aus dem Kauf- bzw. Darlehensvertrag auch dem jeweiligen Kreditgeber entgegenzuhalten.[391] Erst die konkrete Ausgestaltung bleibt variabel. Art. 15 Abs. 2 S. 1 VerbrKrRL sieht keine

389 Begr. RegE, BT-Drucks. 16/11643 S. 73.

390 BT-Drucks. 17/12637 S. 68.

391 Zweifelnd, dass die vollständige Versagung des Einwendungsdurchgriffes noch von der durch Art. 15 Abs. 2 S. 2 VerbrKrRL gewährten Freiheit gedeckt ist: *Wendehorst*, NJW 2014, 577, 584 Fn. 60.

Ausnahmetatbestände vor und bezieht sich in seinem Anwendungsbereich auf sämtliche Fälle der verbundenen Verträge.[392]

Eine Korrektur dieser Richtlinienwidrigkeit durch richtlinienkonforme Auslegung ist nur schwerlich zu vertreten. Selbst die Grundsätze des richtungsweisenden *Quelle-Urteils* des BGH,[393] dessen zentrale Bestimmung die Zulässigkeit einer richtlinienkonformen Auslegung gegen den Wortlaut des nationalen Gesetzes beinhaltete, stoßen in dieser Konstellation an ihre Grenzen. Eine richtlinienkonforme Auslegung kann dann nicht vorgenommen werden, wenn sie eine eindeutige Entscheidung des Gesetzgebers, die er aufgrund seiner eigenen rechtspolitischen Vorstellungen für bindend hält, determinieren würde.[394] Bei einer solchen „Auslegung *contra legem*" läge ein nicht zu rechtfertigender Verstoß gegen die Bindung der Gerichte an Recht und Gesetz (Art. 20 Abs. 3 GG) und das Gewaltenteilungsprinzip (Art. 20 Abs. 2 S. 2 GG) vor.[395] Dass der Gesetzgeber im Falle des

§ 359 a Abs. 1 BGB den Einwendungsdurchgriff entgegen der Richtlinienvorgaben ausgestalten wollte, hat er unzweifelhaft durch seine Argumentationsweise in der Gesetzesbegründung zu erkennen gegeben[396] und auch für § 360 Abs. 2 S. 2 BGB n.F. im Entwurf zum neuen VRRLUmsG nochmals eingehend bestätigt.[397]

Dennoch muss an dieser Stelle hervorgehoben werden, dass die bloße Erwähnung der konkreten Ware bzw. Dienstleistung im finanzierenden Vertrag zwar aus europäischer Sicht als ausreichendes Kriterium für die Annahme einer wirtschaftlichen Einheit mit der Rechtsfolge eines Einwendungsdurchgriffes angesehen wird. Die Durchbrechung des Grundsatzes der Relativität der Schuldverhältnisse mit einem nur formalen Kriterium rechtfertigen zu wollen, kann aber insbesondere aus deutscher Sicht nicht überzeugen.[398] Den Mitgliedstaaten sollte insoweit ein Regelungsspielraum dahingehend belassen werden, ob sie für das Vorliegen einer wirtschaftlichen Einheit zusätzlich eine irgendwie geartete Rechtsbeziehung zwischen Darlehensgeber und Lieferant fordern wollen, oder

---

392 MünchKomm/*Habersack*, § 359 a BGB Rn 11; *Schürnbrand*, ZBB 2010, 123, 127; *Habersack*, in: FS Picker, S. 327, 338.

393 BGHZ 179, 27 m.w.N.

394 *Wildemann*, VuR 2011, 55, 59; *Schürnbrand*, ZBB 2010, 123, 127; *Höpfner/Rüthers*, AcP 209 (2009), 1, 32 ff.; a.A. *Pfeiffer*, NJW 2009, 412.

395 BAG DB 2009, 1018, Rz. 64 ff.

396 Begr. RegE, BT-Drucks. 16/11643 S. 73.

397 BT-Drucks. 17/12637 S. 68.

398 Vgl. zum österreichischen Recht: *Bollenberger*, ÖBA 2008, 782, 786.

nicht.[399] Ausgehend von der Entstehungsgeschichte der Norm, stellt ein derartiges Verständnis auch nicht zwangsläufig eine Umgehung der in Art. 3 lit. n VerbrKrRL vorgesehenen Definition des verbundenen Vertrages dar. Noch im gemeinsamen Standpunkt des Rates vom 20.9.2007 war die Erweiterung auf Fälle in denen die Ware bzw. Dienstleistung lediglich im Kreditvertrag genannt wird, gerade abgelehnt worden.[400] Dass dieser Fall letztlich positiv gesetzlichen Niederschlag fand, ist wohl auf ein Redaktionsversehen zurückzuführen.[401] Durch Berücksichtigung der dritten Variante des Art. 3 lit. n (ii) VerbrKrRL, unter abgeschwächtem Schutzniveau, stellt die deutsche Kompromisslösung insoweit eine adäquate Umsetzung dar.

Bis zur Umsetzung der VRRL war zudem die von § 359 a Abs. 2 BGB a.F. vorgesehene Regelung über Zusatzleistungen mit Blick auf ihre Richtlinienkonformität nicht unproblematisch. § 359 a Abs. 2 BGB a.F. ließ die Regelungen des § 358 Abs. 2 und 4 BGB entsprechend auf Verträge über Zusatzleistungen, die der Verbraucher in unmittelbaren Zusammenhang mit dem Darlehensvertrag geschlossen hat, zur Anwendung kommen. Unter Zusatzleistung i.S.d. § 359 a Abs. 2 BGB a.F. verstand man dabei nach der Legaldefinition des Art. 247 § 8 EGBGB die auf Verlangen des Darlehensgebers erfolgende Inanspruchnahme zusätzlicher Leistungen des Darlehensgebers und den auf Verlangen des Darlehensgebers erfolgenden Abschluss weiterer Verträge mit Dritten.[402]

Art. 14 Abs. 4 VerbrKrRL sieht jedoch eine derart enge, ausschließlich vom Willen des Kreditgebers ausgehende Voraussetzung für das Vorliegen einer verbundenen Zusatzleistung nicht vor. Die einzige Voraussetzung, die von Art. 14 Abs. 4 VerbrKrRL aufgestellt wird, ist die des unmittelbaren Zusammenhangs und damit eine direkte kausale Verknüpfung zwischen der Inanspruchnahme zusätzlicher Leistungen und dem Darlehensvertrag. Für den deutschen Gesetzgeber,

---

399 *Bollenberger*, ÖBA 2008, 782, 791.

400 Gemeinsamer Standpunkt (EG) Nr. 14/2007 vom 20. September 2007, vom Rat festgelegt gemäß dem Verfahren des Artikels 251 des Vertrags zur Gründung der Europäischen Gemeinschaft im Hinblick auf den Erlass einer Richtlinie des Europäischen Parlaments und des Rates über Verbraucherkreditverträge und zur Aufhebung der Richtlinie 87/102/EWG des Rates, abrufbar unter: http://eur-lex.europa.eu/LexUriServ/LexUriServ.do?uri=CELEX:52007AG0014:DE:NOT (Stand: 1.6.2014).

401 Eine ausführliche Darstellung der geschichtlichen Entwicklung der Regelung des Einwendungsdurchgriffes findet sich bei: *Bollenberger*, ÖBA 2008, 782.

402 Begr. RegE, BT-Drucks. 16/11643 S. 73; Erman[13]/*Saenger*, § 359 a BGB Rn 4; Palandt[72]/*Grüneberg*, § 359 a BGB Rn 4; Staudinger/*Kessal-Wulff*, § 359 a BGB Rn 4; *Wildemann*, VuR 2011, 55, 59; *Schürnbrand*, ZBB 2010, 123, 127.

der wie oben dargestellt das Stehen oder Fallen des Vertrages über die Zusatzleistung nach Art. 247 § 8 EGBGB einseitig an den Willen des Darlehensgebers knüpft, war diese Voraussetzung nur von geringer Bedeutung.[403] Die vorgesehene Einschränkung war somit richtlinienwidrig.[404]

Mit § 360 BGB n.F. erübrigt sich die dargestellte Problematik. In Umsetzung des Art. 15 der VRRL wird die alte noch in § 359 a Abs. 2 BGB enthaltene Systematik nicht mehr aufrechterhalten. Als einheitliche Vorschrift für zusammenhängende Verträge soll § 360 BGB n.F. die bisher getrennten Regelungen bündeln.[405]

b) Situation in Frankreich

Frankreich verfügte bereits vor Erlass der VerbrKrRL des Europäischen Parlaments und des Rates vom 23. April 2008 über verbraucherschützende Vorschriften, die den in der Richtlinie aufgestellten Mindestbedingungen entsprachen. So war der von Art. 15 Abs. 1 VerbrKrRL geforderte Widerrufsdurchgriff bereits in Art. L. 311–25 CConsom a.F. (Art. L. 311–36 CConsom n.F.) positivrechtlich verankert.[406]

Dem von Art. 15 Abs. 2 VerbrKrRL geforderten Einwendungsdurchgriff entsprach bereits Art. L. 311–21 CConsom a.F. (Art. L. 311–32 CConsom n.F.) und ging bzw. geht mit dem in Art. L. 311–21 Abs. 1 S. 2 CConsom a.F. (Art. L. 311–32 Abs. 1 S. 2 CConsom n.F.) vorgesehenen Auflösungs- bzw. Nichtigkeitsdurchgriff sogar darüber hinaus.[407]

Zu beachten ist jedoch, dass der Einwendungsdurchgriff gem. Art. L. 311–21 CConsom a.F. davon abhängig gemacht wurde, dass das vorhergehende Angebot des Kreditvertrages die zu finanzierende Sache oder Dienstleistung bezeichnet. Dieses Erfordernis wurde, da es im Wortlaut des Art. L. 311–21 CConsom a.F. selbst nicht vorgesehen war, aus einer analogen Anwendung des Art. L. 311–20 CConsom a.F. hergeleitet.[408] Bereits vor dem Erlass der VerbrKrRL wurde jene

---

403 *Wildemann*, VuR 2011, 55, 59.

404 *Wildemann*, VuR 2011, 55, 59; *Schürnbrand*, ZBB 2010, 123, 127; *Habersack*, in: FS Picker, S. 327, 338.

405 Vgl. BT-Drucks. 17/12637 S. 67.

406 *Teufel*, Der finanzierte Verbrauchsgüterkauf, S. 108.

407 *Teufel*, Der finanzierte Verbrauchsgüterkauf, S. 108.

408 *Teufel*, Der finanzierte Verbrauchsgüterkauf, S. 188; noch zu Art. 9 Loi Scrivener: *Schmidt/Gramling*, Commentaire de la loi du 10 janvier 1978, S. 73 Rn 204.

Vorgehensweise jedoch zu Recht von Rechtsprechung[409] und Literatur[410] kritisiert. Wäre die Geltendmachung des Art. L. 311–21 CConsom a.F. allein abhängig von der vorherigen Erwähnung der finanzierten Sache bzw. Dienstleistung im Kreditvertrag, läge es ausschließlich in der Macht des Kreditgebers, ob dem Verbraucher der Schutz des Art. L. 311–21 CConsom a.F. gewährt würde oder nicht.[411]

Art. 15 Abs. 3 VerbrKrRL lässt nunmehr den Einwendungsdurchgriff bei allen verbundenen Verträgen i.S.d. Art. 3 lit. n VerbrKrRL zu. Das ist der Fall, wenn der betreffende Kredit ausschließlich der Finanzierung eines Vertrags über Lieferung bestimmter Waren oder die Erbringung einer bestimmten Dienstleistung dient und diese beiden Verträge objektiv betrachtet eine wirtschaftliche Einheit bilden. Dabei liegt eine wirtschaftliche Einheit gem. Art. 3 lit. n (ii) VerbrKrRL aber nicht nur dann vor, wenn im Kreditvertrag ausdrücklich die spezifischen Waren oder die Erbringung einer spezifischen Dienstleistung angegeben sind, sondern auch dann, wenn sich der Kreditgeber im Falle der Finanzierung durch einen Dritten bei der Vorbereitung oder dem Abschluss des Kreditvertrags der Mitwirkung des Warenlieferanten oder des Dienstleistungserbringers bedient. Diese weiterreichende Definition hatte der französische Gesetzgeber in sein System zu integrieren und kam dem schließlich mit der Einführung von Art. L. 311–1 Nr. 9 CConsom nach.[412]

c) *Situation in England*

Auch die englischen Regelungen wiesen Schwächen auf. Art. 2 Abs. 2 lit. c der VerbrKrRL legt fest, dass sich der Geltungsbereich der Richtlinie auf

---

409 EuGH, Urt.v. 04.10.2007 – C-429/05, Slg. I-8017 Rn 47–49 – Rampion/Franfinance, wo noch zu Art. 14 Abs. 2 der Richtlinie 87/102 festgestellt wurde, „dass der Kreditgeber aufgrund einer innerstaatlichen Regelung durch das schlichte Unterlassen der Angabe der finanzierten Gegenstände oder Dienstleistungen verhindern kann, dass er der Geltendmachung von Rechten durch den Verbraucher nach Art. 11 Abs. 2 dieser Richtlinie ausgesetzt ist“.

410 *Flores/Biardeaud*, D 2000, 191, 192 f., hier im Zusammenhang mit der Einflussnahme des Darlehensgebers auf den Schutz des Verbrauchers durch die Auswahl des vom Gesetz vorgesehenen Modellvertrages gem. Art. R. 311–6 CConsom; *Teufel*, Der finanzierte Verbrauchsgüterkauf, S. 188.

411 *Flores/Biardeaud*, D 2000, 191, 192 f.; *Teufel*, Der finanzierte Verbrauchsgüterkauf, S. 188.

412 Vgl. *Charlton*, National Report France, S. 12.

Kreditverträge erstreckt, bei denen der Gesamtkreditbetrag nicht weniger als 200 Euro oder nicht mehr als 75.000 Euro beträgt.

Anders als die Richtlinie stellt der CCA nicht auf die Darlehenssumme, sondern auf den Betrag der Ware ab. S. 75 (3) (b) CCA lässt die verbraucherschützenden Regelungen dann nicht zur Anwendung kommen, wenn der Wert der Ware weniger als 100 Pfund bzw. mehr als 30.000 Pfund beträgt. Dass der englische Gesetzgeber die Höchstgrenze im Vergleich zur Richtlinienregelung tiefer ansetzt, ist mit Blick auf das erhöhte Haftungsrisiko des Kreditgebers durchaus nachvollziehbar. Insbesondere steht das Risiko des Kreditgebers nicht im Verhältnis zu der ausbezahlten Darlehenssumme. So haftet er für den gesamten Wert des in Rede stehenden Kaufgegenstandes, selbst wenn die hingegebene Darlehenssumme vergleichsweise gering war.[413]

Dennoch weißt s. 75 CCA einen geringeren Verbraucherschutz in all jenen Fällen auf, in denen der Wert der Ware mehr als 30.000 Pfund beträgt und der Kreditvertrag die Deckungsgrenze von 75.000 Euro nicht übersteigt.

Mit den Consumer Credit (EU Directive) Regulations 2010[414] wurde diese Richtlinienwidrigkeit mit der Einführung von s. 75 A CCA behoben. Während s. 75 CCA unverändert bestehen bleibt, füllt s. 75 A CCA die bestehende Lücke aus. S. 75 A CCA findet nur auf jene Fälle Anwendung, in denen der Wert der Ware bzw. Dienstleistung 30.000 Pfund übersteigt, die Summe des verbundenen Kreditvertrages aber nicht mehr als 60.260 Pfund (75.000 Euro) beträgt. Ausgehend von Art. 15 Abs. 2 VerbrKrRL sieht s. 75 A (1) CCA vor, dass der Verbraucher seine Primär- und Sekundärrechte auch gegen den Kreditgeber geltend machen kann, wenn die Leistung aus dem Waren- oder Dienstleistungsvertrag nicht oder nicht vertragsgemäß erbracht wurde, er seine Rechte jedoch nicht gegen den Verkäufer durchsetzen konnte. Die Voraussetzungen hierfür werden in s. 75 (2) CCA spezifiziert. Anders als bei s. 75 CCA wird bei s. 75 A CCA ein anderes Verständnis bzgl. verbundener Verträge zugrunde gelegt. S. 75 A (5) CCA spricht von „*linked credit agreement*“ und übernimmt hierfür die in Art. 3 lit. n (ii) VerbrKrRL vorgesehene Definition für verbundene Kreditverträge.

---

413 *BIS*, Impact assessment of the Consumer Credit Directive, S. 48, abrufbar unter: http://www.bis.gov.uk/Consultations/consumer-credit-directive (Stand: 1.6.2014).

414 Abrufbar unter: http://www.legislation.gov.uk/uksi/2010/1010/contents/made (Stand: 1.6.2014).

4. *Zusammenfassung und Stellungnahme*

Vor Verabschiedung der Verbrauchkreditrichtlinie 87/102/EWG konnte man in der Europäischen Union zwei Gruppen mit jeweils unterschiedlichen Entwicklungsständen bzgl. des verbraucherschutzrechtlichen Standards unterscheiden.[415] Auf der einen Seite gab es diejenigen Mitgliedstaaten, die bereits vor dem Erlass erster Harmonisierungsmaßnahmen über ein ausgeprägtes nationales Verbraucherschutzrecht verfügten und deren Gesetze daher als Leit- und Vorbildfunktion für die späteren Richtlinien herangezogen wurden. Dazu gehörten insbesondere auch Frankreich und England. Der zweiten Gruppe, darunter auch Deutschland, waren solche ausgeprägten Verbraucherschutzsysteme zum frühen Zeitpunkt der siebziger Jahre noch nicht bekannt. Hier fanden sich lediglich Sondervorschriften über Abzahlungsgeschäfte oder Ähnliches.[416]

Mit Erlass und Umsetzung der Richtlinien 87/102/EWG und 2008/48/EG zum Verbraucherkreditrecht sowie der Richtlinie 2011/83/EU hat sich das Verbraucherschutzniveau aller Mitgliedstaaten weitestgehend angeglichen. Ob aber der Übergang vom Konzept der Mindestharmonisierung, wie es noch für die Umsetzung der Verbrauchkreditrichtlinie 87/102/EWG galt, zum Grundsatz der Vollharmonisierung einen entscheidenden Beitrag zur Rechtsvereinheitlichung auf dem Gebiet der verbundenen Verträge beigetragen hat, ist fraglich. Kontraproduktiv ist zumindest der durch die Erwägungsgründe 10 VerbrKrRL und 13 VRRL verbleibende, weite Gestaltungsspielraum der Mitgliedstaaten auf nationaler Ebene. Der Erlass oder die Aufrechterhaltung eigener Regelungen für Bereiche, die nicht in den Geltungsbereich der Richtlinie fallen, bleibt den Mitgliedstaaten freigestellt und begünstigt in Teilbereichen einen variierenden Schutzstandart zwischen den Mitgliedstaaten.

Je nach Sachverhalt mag dies dem Verbraucher durch die teilweise positiv überschießenden Regelungen zugute kommen. Während Deutschland dabei mit seinem doppelten Widerrufsdurchgriff und dem verbraucherfreundlichen Mechanismus im Rahmen der Rückabwicklung in § 358 Abs. 4 S. 5 BGB besticht, glänzt Frankreich mit einem besonders starken Schutz in der Vertragsabschlussphase. Die englische Regelung in s. 75 CCA macht durch ihren umfassenden Anwendungsbereich selbst der weit gefassten Definition des verbundenen Vertrages in Art. 3 lit. n VerbrKrRL Konkurrenz.

---

415 *Emmerich*, in: Von Westphalen/Emmerich/von Rottenburg, Verbraucherkreditgesetz, Einl. Rn 37.

416 Vgl. *Emmerich*, in: Von Westphalen/Emmerich/von Rottenburg, Verbraucherkreditgesetz, Einl. Rn 47.

Das Konzept einer Vollharmonisierung zur Herstellung eines echten Binnenmarktes ist auf diese Weise aber nicht zu erreichen und stellt wohl eher einen malerischen Ausdruck als eine Grundsatzentscheidung dar.[417]

III. Kriterien des verbundenen Vertrages

1. Deutschland: Darlehenszweck und wirtschaftliche Einheit

In § 358 Abs. 3 BGB sind die Voraussetzungen angegeben, unter denen Verträge als miteinander verbunden zu qualifizieren sind.

Grundvoraussetzung ist zunächst, dass der Verbraucher zwei Verträge schließt, nämlich einen „Vertrag über die Lieferung einer Ware oder der Erbringung einer anderen Leistung" und einen Verbraucherdarlehensvertrag. Des Weiteren wird als prägendes Merkmal die Verbundenheit der beiden Verträge verlangt. § 358 Abs. 3 S. 1 BGB setzt dahingehend voraus, dass das Darlehen ganz oder teilweise der Finanzierung des anderen Vertrages dient (a) und beide Verträge eine wirtschaftliche Einheit bilden (b). § 358 BGB bildet insoweit eine Ausnahme vom Grundsatz der Relativität der Schuldverhältnisse und ist damit im Zweifel eher eng auszulegen.[418]

a) Darlehenszweck

§ 358 Abs. 3 BGB spricht zunächst davon, dass das Darlehen der Finanzierung des anderen Vertrages dienen muss.

Dass eine irgendwie geartete Zweckbindung vorliegen muss, ergibt sich insoweit unzweifelhaft aus dem Wortlaut. Zu erörtern bleibt jedoch, was genau unter dieser Zweckbindung zu verstehen ist.

Einer Meinung zu Folge sei hierunter die „Zweckbindung des Darlehens" zu verstehen. Im Rahmen dieser Auslegung ist der Verbraucher dann insoweit gebunden als dass er, unter Ausschluss seiner freien Verfügungsbefugnis, die Kreditsumme nur zur Finanzierung eines ganz bestimmten Geschäftes einsetzen dürfe.[419] Dabei komme es auf die gemeinsame Sicht der vertragsschließenden Parteien an, die eine dementsprechende Abrede über den Ausschluss der Verfügungsgewalt

---

417 *Habersack*, in: FS Picker, S. 327, 332 spricht insoweit von einem bloßen „Lippenbekenntnis".

418 *Müncher*, in: Peters/Müncher/Lwowski, Verbraucherdarlehensrecht, S. 218.

419 *Ott*, in: Bruchner/Ott/Wagner-Wieduwilt, Verbraucherkreditgesetz § 9 Rn 39, 44; *Münstermann/Hannes*, Verbraucherkreditgesetz, § 9 Rn 464; *Emmerich*, in: Von Westphalen/Emmerich/von Rottenburg, Verbraucherkreditgesetz, § 9 Rn 41.

treffen, sich zumindest aber auf eine diesbezügliche Geschäftsgrundlage verständigen müssen.[420]

Nach anderer, überwiegender Auffassung handelt es sich jedoch um ein selbstständiges, neben dem der wirtschaftlichen Einheit stehendes, Tatbestandsmerkmal. Dieses deskriptive Merkmal[421] sei dahingehend zu verstehen, dass das Darlehen, objektiv betrachtet, zum Zwecke der Finanzierung eines irgendwie gearteten Leistungsgeschäfts eingesetzt werden solle.[422] Eine kreditvertragliche Zweckbestimmung sei insoweit (noch) nicht erforderlich.[423]

Maßgebend für die letztgenannte Ansicht spricht die Entstehungsgeschichte in Bezug auf das Verhältnis zwischen dem Merkmal der Zweckbindung und dem zweiten Tatbestandsmerkmal, dem der wirtschaftlichen Einheit. Bereits im Rahmen des § 9 Abs. 1 VerbrKrG sollte das Merkmal der wirtschaftlichen Einheit die „wesentliche Voraussetzung für einen Haftungsdurchgriff" darstellen.[424] Die Zweckbindung i.S.d. Einschränkung der Verfügungsgewalt, wie es die erste Meinung vertritt, wurde jedoch stets vom BGH als eines von mehreren möglichen Kriterien zur Begründung der wirtschaftlichen Einheit des Vertrages herangezogen.[425] Es verdrängte im Laufe der Jahre das nunmehr in § 358 Abs. 3 BGB enthaltene Kriterium des arbeitsteiligen Zusammenwirkens zwischen Kreditgeber und Verkäufer. Wenn aber nun der Kreditzweck mit der Zweckbindung gleichgestellt würde, käme dieses Merkmal zur Begründung der wirtschaftlichen Einheit nicht mehr in Betracht. Die damit einhergehende Folge wäre eine Verringerung des von § 358 BGB bezweckten Verbraucherschutzes.[426] Eine wirtschaftliche Einheit i.S.d. § 358 Abs. 3 BGB ließe sich dann nicht mehr mit dem Ausschluss der Verfügungsgewalt des Verbrauchers durch die Zweckbindung des Kredits begründen, obgleich diesem Verbindungselement zentrale Bedeutung zukommt.

---

420 *Emmerich*, in: Von Westphalen/Emmerich/von Rottenburg, Verbraucherkreditgesetz, § 9 Rn 38.

421 MünchKomm/*Habersack*, § 358 BGB Rn 29.

422 OLG Düsseldorf NJW 1997, 2056, 2057; MünchKomm/*Habersack*, § 358 BGB Rn 30; Staudinger/*Kessal-Wulf*, § 358 BGB Rn 24; *Habersack*, ZHR 1992, 45, 55.

423 MünchKomm/*Habersack*, § 358 BGB Rn 31.

424 BT-Drucks. 11/5462 S. 12, 23; MünchKomm/*Habersack*, § 358 BGB Rn 30.

425 BGH NJW 1979, 2511; BGH NJW 1982, 1694 = BGHZ 83, 301, 305 f.; BGH NJW 1987, 1813, 1814; MünchKomm/*Habersack*, § 358 BGB Rn 47 weist darauf hin, dass dieses Merkmal seit BGH NJW 1980, 938, 939 in keinem der vom BGH entschiedenen Fälle unberücksichtigt geblieben ist.

426 MünchKomm/*Habersack*, § 358 BGB Rn 30; Staudinger/*Kessal-Wulf*, § 358 BGB Rn 24; *Habersack*, ZHR 1992, 45, 53 ff.

Daher gewinnt dieses Tatbestandsmerkmal neben dem der wirtschaftlichen Einheit nur eine geringe Bedeutung. Allerdings liefert es bereits vorab eine Filterfunktion. Beim Nichtvorliegen der Zweckbindung bleibt schließlich die – insoweit umfangreichere – Prüfung des ausgeprägten Merkmals der wirtschaftlichen Einheit außen vor.[427]

b) Wirtschaftliche Einheit

Zentrales Merkmal des verbundenen Vertrages bildet das Merkmal der wirtschaftlichen Einheit. Dabei wurde dieser Schlüsselbegriff in Rechtsprechung und Gesetzgebung lange Zeit kontrovers diskutiert. Eine genaue Definition des Tatbestandsmerkmales ist allein deshalb unverzichtbar, als dass es rechtfertigen muss, warum man den Verbraucher zu Lasten von Darlehensgeber und Verkäufer besser behandelt als den bloßen Barkäufer, der einen Kredit auf eigene Initiative hin aufnimmt.[428]

Eine wirtschaftliche Einheit liegt nach allgemeiner Auffassung dann vor, wenn die Verträge eine derart enge Verbindung zueinander aufweisen, dass sie sowohl rechtlich als auch wirtschaftlich einander bedingen und ergänzen.[429] Dabei sind sie als Teilstücke eines einheitlichen Rechtsgebildes dergestalt verbunden, dass keines der Geschäfte ohne das andere abgeschlossen worden wäre.[430] Die erforderlichen Verbindungselemente können von Fall zu Fall verschieden ausgestaltet sein. Besonders aufgeführt sind dabei in § 358 Abs. 3 S. 2 BGB zwei Fallgestaltungen, die zu einer unwiderleglichen Vermutung des Vorliegens einer wirtschaftlichen Einheit führen.

Eine wirtschaftliche Einheit ist insbesondere dann anzunehmen, wenn der Unternehmer selbst die Gegenleistung des Verbrauchers finanziert, oder aber im Falle der Finanzierung durch einen externen Dritten, wenn sich der Darlehensgeber bei der Vorbereitung oder dem Abschluss des Verbraucherdarlehensvertrages der Mitwirkung des Unternehmers bedient.

Greift die Vermutungswirkung des § 358 Abs. 3 S. 2 BGB nicht ein, ist zu prüfen, ob sich ein verbundenes Geschäft gem. § 358 Abs. 3 S. 1 BGB gleichwohl aus sonstigen Indizien ergibt. Dabei sind die einzelnen Elemente, die zu einer

---

427 Staudinger/*Kessal-Wulf*, § 358 BGB Rn 24.

428 *Dauner-Lieb*, WM 1991, Sonderbeilage Nr. 6, S. 6.

429 BGH NJW 1967, 1036; BGH NJW 1980, 938, 939; BGH NJW 1984, 1754; BGH NJW-RR 1990, 1072, 1073 m.w.N.; MünchKomm/*Habersack*, § 358 BGB Rn 36.

430 Vgl. bereits BGH NJW 1954, 185, 187; BGH NJW 1967, 1036; aus neuerer Zeit etwa BGH NJW 1996, 3414; BGH NJW 2000, 3065, 3066; MünchKomm/*Habersack*, § 358 BGB Rn 36.

Verbundenheit führen können, nicht abschließend entwickelt worden und variieren von Fall zu Fall.[431] Vom BGH als Verbindungselemente anerkannt wurden dabei insbesondere: Die Zweckbindung des Darlehens; das zeitgleiche Abschließen beider Verträge; die Übernahme einer Mithaftung durch den Unternehmer für die Verbindlichkeiten des Verbrauchers gegenüber dem Darlehensgeber; sowie die Tatsache, dass die Gültigkeit des Leistungsvertrages ausdrücklich von der Finanzierung durch eine entsprechende Vereinbarung des Verbrauchers mit einer bestimmten Bank abhängig gemacht wird.[432]

Es ist jedoch seit geraumer Zeit umstritten, ob das Tatbestandsmerkmal der wirtschaftlichen Einheit im Übrigen ausschließlich objektiv bestimmt wird oder ob auch subjektive Elemente Berücksichtigung finden müssen.

Bereits seit Inkrafttreten des § 9 VerbrKrG, aber auch im Rahmen des diesen ablösenden § 358 BGB, folgen einige Vertreter in der Literatur der Auffassung, dass das Vorliegen der wirtschaftlichen Einheit verbundener Verträge insbesondere aus subjektiver Käufersicht zu beurteilen sei.[433]

Ausgehend von der wechselbezüglichen Abhängigkeit des Kauf- und Darlehensvertrages stellte der BGH mit dem maßgeblichen Urteil vom 5.7.1971[434] zunächst fest, dass es darauf ankäme, ob der Kreditnehmer davon ausgehen musste, dass die beiden Verträge zu einer Wirkungseinheit zusammengeschlossen waren, mit der Folge, dass Kreditgeber und Verkäufer ihm als Vertragsparteien gemeinsam gegenüberstanden. Grundsätzlich habe der Kreditnehmer keinen Einblick in die internen Geschäftsbeziehungen zwischen dem Kreditgeber und dem Verkäufer. Deshalb sei, für die Beurteilung der Parteibeziehungen, aus objektiver Empfängersicht des Kreditnehmers zu entscheiden.[435]

Zusätzlich wurde in der Rechtsprechung ebenfalls statuiert, dass eine wirtschaftliche Einheit selbst bei Vorliegen ausreichender Verbindungselemente zu

---

431 Vgl. Staudinger/*Kessal-Wulf*, § 358 BGB Rn 31.

432 M.w.N. zu den aufgeführten Fallkonstellationen: Staudinger/*Kessal-Wulf*, § 358 BGB Rn 32.

433 *Koeppen*, FLF 1992, 86, 91; *Metz*, NJW 1991, 2804, 2812; *Reinking*, FLF 1993, 174; *Ott*, in: Bruchner/Ott/Wagner-Wieduwilt, Verbraucherkreditgesetz § 9 Rn 54, 56; *Münstermann/Hannes*, Verbraucherkreditgesetz, § 9 Rn 465, 467; ausführliche Analyse der genannten Fallgruppen und weiterer möglicher Verbindungselemente in: *Kabey*, Der Tatbestand des verbundenen Vertrages, S. 130 ff.

434 BGH NJW 1971, 2303 = BGH WM 1971, 1265.

435 BGH NJW 1971, 2303, 2306 = BGH WM 1971, 1265, 1267; *Dauner-Lieb*, WM 1991, Sonderbeilage Nr. 6, S. 9.

verneinen sein könnte. Dies insbesondere dann, wenn der Kreditgeber in Wahrnehmung einer umfangreichen Aufklärungspflicht den Kreditnehmer vor Abschluss des Darlehensvertrages darüber aufklärt, dass der Kredit unabhängig vom Kaufvertrag gewährt werde und somit die auf den Kaufvertrag bezogenen Einreden nicht auf den Kreditvertrag durchschlagen können.[436]

Eine vermittelnde Ansicht will hingegen eine Verobjektivierung der subjektiven Sicht vornehmen. Bei Beurteilung der wirtschaftlichen Einheit im Einzelfall soll es dabei nicht auf den konkret vertragsschließenden Verbraucher ankommen, sondern auf den Verständnishorizont eines vernünftigen Durchschnittsverbrauchers.[437]

Mit der Formulierung des heutigen § 358 BGB scheint die Entscheidung des Gesetzgebers richtungsweisend für eine objektive Bestimmung der wirtschaftlichen Einheit ausgefallen zu sein. Im Unterschied zu der Vorgängerregelung des § 9 VerbrKG („[...] als wirtschaftliche Einheit anzusehen sind") wird nun insbesondere an das arbeitsteilige Zusammenwirken von Darlehensgeber und Verkäufer angeknüpft. Zwar sind die Beispiele in § 358 Abs. 3 S. 2 BGB nicht abschließend formuliert („insbesondere"). Sie stellen jedoch eine Richtlinie für verwandte, künftig auftretende, oder gegenwärtig abweichende Fälle dar.

Einer subjektiven Betrachtungsweise ist zudem bereits durch die Ausgestaltung des § 358 BGB als halbzwingende Norm die Grundlage entzogen worden. Danach ist selbst ein individualvertraglich vereinbarter Verzicht des Verbrauchers auf den Widerrufsdurchgriff unwirksam. Dann muss aber erst recht eine vorherige Aufklärung des Verbrauchers über das Abspaltungsrisiko ohne Einfluss auf seine Rechte sein.[438]

Allein dieses objektive Verständnis verträgt sich im Übrigen mit Art. 3 lit. n (ii) VerbrKrRL, dem ebenfalls ein objektiver Tatbestand verbundener Verträge zugrunde liegt.[439]

2. *Frankreich: Unionsrechtlicher Begriff*

Mit dem Gesetz Nr. 2010-737 vom 1. Juli 2010 betreffend der Reformation des Verbraucherkredites[440] hat der französische Gesetzgeber in

436 BGH NJW 1982, 1694, 1696; BGH NJW 1992, 2560, 2562.

437 *Bülow/Artz*, Verbraucherprivatrecht, § 5 Rn 104.

438 MünchKomm/*Habersack*, § 358 BGB Rn 24.

439 MünchKomm/*Habersack*, § 358 BGB Rn 24; Staudinger/*Kessal-Wulf*, § 358 BGB Rn 27.

440 S.o. Fn. 348.

Art. L. 311-1 Nr. 9 CConsom erstmals eine einheitliche Definition des verbundenen Vertrages eingeführt.

Das heißt jedoch nicht, dass dem Gesetzgeber der Fall einer Kombination von Kauf- bzw. Dienstleistungsvertrag mit einem Kreditvertrag nicht bereits bekannt war. Die Anforderungen, die an das Vorliegen eines solchen verbunden Vertrages gestellt werden sollten, kodifizierte er bereits in Art. L. 311-21 CConsom a.F.[441] Nach Art. L. 311-21 CConsom war für einen verbundenen Vertrag erforderlich, dass das Darlehen der Finanzierung einer bestimmten Ware bzw. Dienstleistung diente und dass dieser Zweck auch im jeweils vorgeschalteten Angebot des Darlehensnehmers festgesetzt wurde.

Nunmehr findet sich die Legaldefinition des verbundenen Vertrages in Art. L. 311-1 Nr. 9 CConsom. Die dort eingeführte Definition ist nahezu wortgetreu aus der französischen Fassung des Art. 3 lit. n VerbrKrRL übernommen worden. Ein verbundener Vertrag liegt somit vor, wenn:

1. Der betreffende Kredit ausschließlich der Finanzierung eines Vertrags über Lieferung bestimmter Waren oder die Erbringung einer bestimmten Dienstleistung dient und
2. Diese beiden Verträge objektiv betrachtet eine wirtschaftliche Einheit bilden; von einer wirtschaftlichen Einheit ist auszugehen, wenn der Warenlieferant oder der Dienstleistungserbringer den Kredit zugunsten des Verbrauchers finanziert oder wenn sich der Kreditgeber im Falle der Finanzierung durch einen Dritten bei der Vorbereitung oder dem Abschluss des Kreditvertrags der Mitwirkung des Warenlieferanten oder des Dienstleistungserbringers bedient oder wenn im Kreditvertrag ausdrücklich die spezifischen Waren oder die Erbringung einer spezifischen Dienstleistung angegeben sind.

3. *England: Debtor-creditor supplier agreements*

Als sog. „*debtor-creditor supplier agreements*" finden die mit einem Rechtsgeschäft verbundenen Verträge im englischen Recht in s. 12 (b) und (c) CCA Niederschlag. Das englische Recht unterscheidet dabei insbesondere zwischen „*debtor-creditor supplier agreements for restricted use*" (a) und „*debtor-creditor supplier agreements for unrestricted use*" (b).

441 Aufgrund der bis dahin bestehenden systematischen Einordnung der verbundenen Verträge bei den Regelungen über die Kreditverträge, spricht der französische Gesetzgeber von „zweckgebundenem Kredit" bzw. „*Crédit affecté*", vgl. *Teufel*, Der finanzierte Verbrauchsgüterkauf, S. 29.

a) Debtor-creditor supplier agreements for restricted use

Unter einem unter s. 12 (b) CCA i.V.m. s. 11 (1) (b) CCA fallenden *restriced use credit* versteht man einen vom Darlehensgeber geschaffenen Vertrag, der mit Blick auf künftige oder aber vorvertragliche Absprachen (*arrangements*) zwischen ihm und dem Lieferant ausgeformt wurde.

Welche Anforderungen jedoch an diese zwischen dem Darlehensgeber und dem Lieferant bestehenden „künftigen" bzw. „vorvertraglichen *arrangements*" zu stellen sind, damit ein verbundener Vertrag i.S.d. s. 12 (b) CCA vorliegt, ist nicht ganz eindeutig.

Ein Versuch der Definition des Begriffes *„arrangements"* findet sich zunächst in s. 187 CCA. S. 187 (1) i.V.m. s. 187 (4) CCA besagt, dass ein Vertrag als durch vorvertragliche Vereinbarung zustandegekommen gilt, wenn er gemäß den vorherigen *arrangements* zwischen Darlehensgeber und Lieferant bzw. deren *associates*[442] oder zur Förderung der Umsetzung jener *arrangements* geschlossen wurde. Ähnlich zirkelschlussartig definiert s. 187 (2) CCA, dass ein Vertrag als mit Blick auf künftige Vereinbarungen als zustandegekommen gilt, wenn er mit der Erwartung abgeschlossen wurde, dass alsbald nach Vertragsschluss auch die jeweiligen *arrangements* zwischen dem Darlehensnehmer und dem Lieferant bzw. deren *associates* getroffen werden. Eine eindeutige Definition lässt sich aus diesen Normen jedoch nicht gewinnen.[443] S. 187 CCA enthält keine Erläuterungen des Begriffes *arrangement*. Vielmehr bedient sich der Gesetzgeber zur weiteren Erläuterung im zweiten Halbsatz jeweils selbst diesen Begriffes. Verstärkt wird die Definitionsschwäche zudem durch die Verwendung von, in Wortlaut und Bedeutung, besonders weit gefassten Begriffen wie *„shall be treated as"*.[444]

Zumindest kann aber festgehalten werden, dass ein *arrangement* i.S.d. s. 12 (b) und (c) CCA einen weitergehenden Anwendungsbereich als ein „Vertrag" (*contract*) und eine „Vereinbarung" (*agreement*) hat.[445]

Einen Hinweis wie weitgehend die englischen Gerichte den Begriff des *arrangements* auslegen, zeigt *Office of Fair Trading v Lloyds TSB Bank Plc.129.*[446] Mit diesem Fall wurde festgestellt, dass selbst dann ein *arrangement* und somit ein

---

442 S.o. Fn. 368.

443 *Hibbert/Smith*, in: Philpott/Hibbert/Neville, u.a., The Law of Consumer Credit, S. 42.

444 *Hibbert/Smith*, in: Philpott/Hibbert/Neville, u.a., The Law of Consumer Credit, S. 43; Office of Fair Trading v Lloyds TSB Bank Plc [2007] UKHL 48.

445 *Hibbert/Smith*, in: Philpott/Hibbert/Neville, u.a., The Law of Consumer Credit, S. 43.

446 Office of Fair Trading v Lloyds TSB Bank Plc [2007] UKHL 48.

debtor-creditor supplier agreement i.S.d. s. 12 (b) CCA vorliegt, wenn der Käufer zur Zahlung des Kaufpreises seine Kreditkarte einsetzt. Begründet wurde dies insbesondere damit, dass beide Parteien, sowohl Lieferant als auch die kartenausstellende Bank, sich durch ihre Teilnahme am Kreditkartenzahlungsverkehr im weitesten Sinne auch den diesbezüglichen Regelungen und allgemeinen Bestimmungen unterworfen haben.[447]

Zu weitgehend wäre es wiederrum, ein *arrangement* zwischen Darlehensgeber und Lieferant bereits in der bloßen Absprache bzgl. des Ablaufs der Geldüberweisung zu erblicken. Dies sind Umstände der laufenden Geschäftsbeziehungen, die außer der Festsetzung der konkreten Transaktionsumstände keine weiteren Verbindlichkeiten schaffen sollen.[448]

b) *Debtor-creditor supplier agreements for unrestricted use*

Ein *debtor-creditor supplier agreements for unrestricted use* gem. s. 12 (c) CCA soll hingegen vorliegen, wenn der vom Darlehensgeber mit Blick auf künftige oder aber vorvertragliche Vereinbarungen zwischen ihm und einem Dritten geschaffene Vertrag, in Kenntnis der Tatsache, dass der Kredit für ein Geschäft zwischen dem Schuldner und einer (anderen) dritten Person bestimmt ist, ausgeformt wurde.

Die Identität des Dritten muss dem Darlehensgeber dabei bekannt sein. Ein derartiges *debtor-creditor supplier agreement for unrestricted use* liegt bspw. dann vor, wenn der Darlehensgeber eine Übereinkunft mit dem Lieferant hat, dass dieser seinen Kunden, je nach Bedarf, den Darlehensgeber als Vertragspartner für die Finanzierung des Kaufgegenstandes vermittelt. Dabei soll die hingegebene Darlehenssumme zwar theoretisch für den konkreten Kauf verwendet werden. Eine Verwendung der bereitgestellten Summe für andere Zwecke durch den Käufer bleibt jedoch möglich. Die vorliegende Konstellation soll indessen nicht den Verbundscharakter der Geschäfte ausschließen. Eine Umgehung der für den Darlehensgeber durch den Verbundscharakter entstehenden nachteiligen Folgen soll nicht dadurch ausgeschlossen werden, dass der Kredit anderweitig verwendet wird, wenn er doch mit dem Hintergrund der Finanzierung des konkreten Geschäftes gewährt wurde.[449]

---

447 So auch: *Harvey/Parry*, Consumer Protection, S. 302.

448 Vgl. *Crowther Report,* Rn 6.2.22.

449 Vgl. dazu im Ganzen: *Hibbert/Smith*, in: Philpott/Hibbert/Neville, u.a., The Law of Consumer Credit, S. 44.

4. *Zusammenfassung*

Primär ist festzuhalten, dass sowohl die deutsche als auch die englische und französische Definition des verbundenen Vertrages insgesamt, trotz vereinzelter Abweichungen, mit Blick auf Art. 3 lit. n VerbrKrRL richtlinienkonform ausgestaltet sind.

Die VerbrKrRL zeigt mit den Anforderungen, die sie an das Vorliegen eines verbundenen Vertrages stellt, einmal mehr, dass hier nicht immer ein Konzept der Vollharmonisierung vorliegt. Sie besteht vielmehr aus einer Mischung von voll- und mindestharmonisierten Regelungsbereichen. So besagt Satz vier des zehnten Erwägungsgrundes, dass die Mitgliedstaaten die Bestimmungen dieser Richtlinie auch auf verbundene Kredite anwenden können, die nicht unter die Begriffsbestimmung dieser Richtlinie für verbundene Kreditverträge fallen.

Anders als noch in Art. 11 Abs. 2 der alten VerbrKrRL, ist Art. 3 lit. n VerbrKrRL nicht mehr auf die Fälle einer ausschließlichen Zusammenarbeit zwischen Kreditgeber und Lieferant begrenzt.[450] In Anpassung an bereits bestehende nationale Definitionen ist es nunmehr ausreichend, dass der Warenlieferant oder Dienstleistungserbringer den Kredit zugunsten des Verbrauchers finanziert oder, dass sich der Kreditgeber bei der Vorbereitung oder dem Abschluss des Kreditvertrages der Mitwirkung des Warenlieferanten oder Dienstleistungserbringers bedient. Mehr noch, Variante 3 des Art. 3 lit. n (ii) VerbrKrRL lässt es für das Vorliegen eines verbundenen Vertrages bereits genügen, wenn im Kreditvertrag die zu erwerbenden Waren bzw. Dienstleistungen spezifisch genannt sind. Eine Zusammenarbeit oder Rechtsbeziehung zwischen dem Kreditgeber und dem Lieferanten ist nicht mehr erforderlich.[451]

England verfügt mit der Definition des *„debtor-creditor supplier agreements for restricted and unrestricted use“* über den weitesten Begriff des verbundenen Vertrages. Zwar wird auch hier eine irgendwie geartete Rechtsbeziehung entsprechend der ersten beiden Varianten des Art. 3 lit. n (ii) VerbrKrRL gefordert. Dass dafür aber bereits eine Kreditkartenzahlung ausreicht[452], zeigt deutlich den überaus weitgesteckten Anwendungsbereich auf.

Der deutsche Gesetzgeber wählt eine restriktivere Definition. Das Darlehen muss ganz oder teilweise der Finanzierung des anderen Vertrages dienen und beide Verträge müssen eine wirtschaftliche Einheit bilden. Für das Vorliegen einer wirtschaftlichen Einheit müssen die Verträge eine derart enge Verbindung

---

450 Vgl. *Bollenberger*, ÖBA 2008, 782, 786.

451 *Dehn*, ÖBA 2009, 185, 188.

452 S.o. unter A III 3 a.

zueinander aufweisen, dass sie sowohl rechtlich als auch wirtschaftlich einander bedingen und ergänzen.[453] Die von Art. 3 lit. n (ii) VerbrKrRL vorgesehene Variante der Bejahung eines verbundenen Vertrages bei spezifischer Benennung der zu erwerbenden Ware im Kreditvertrag, wird von der deutschen Regelung lediglich unter einem abgeschwächten Schutzniveau, mangels Anwendbarkeit des Einwendungsdurchgriffes, in § 360 Abs. 2 S. 2 BGB anerkannt.

Anders als der deutsche Gesetzgeber hat der französische Gesetzgeber alle von Art. 3 lit. n (ii) VerbrKrRL vorgegebenen Varianten, inklusive der dritten Variante, vollumfänglich in das nationale Recht transferiert. Dies ist wohl vor allem dem Umstand geschuldet, dass vor Einführung der VerbrKrRL die Abhängigkeit von Darlehensvertrag und finanziertem Vertrag nur auf eben jenem formalen Kriterium, wie Variante drei des Art. 3 lit. n (ii) VerbrKrRL es vorsieht, beruhte.[454]

B. Grenzüberschreitende verbundene Verträge

Nicht nur der international versierte Verbraucher verlagert zunehmend seine Verbraucherkreditgeschäfte in das grenzüberschreitende Ausland. Auch der staatenverbundene Verbraucher greift des Öfteren auf attraktive, ausländische Vertragsangebote zurück. Dass dies, zumindest aus Unionssicht, kein unbeabsichtigter Reflex ist, zeigt sich bereits an der verbraucherpolitischen Strategie der Europäischen Union. Es ist gerade eines der führenden Ziele, den grenzüberschreitenden Konsum mit Blick auf einen staatenübergreifenden Binnenmarkt zu festigen.[455]

Dass mit grenzüberschreitenden Verträgen Unsicherheiten einhergehen, ist bereits durch die Konfrontation des deutschen Rechtsanwenders mit der Anwendung fremden Rechts intiiert. Insbesondere der Verbraucher ist hierbei gefährdet.[456] Zwar strebt der europäische Gesetzgeber ein hohes Verbraucherschutzniveau, das insbesondere durch die Grundsätze der Vollharmonisierung gesichert werden soll, an. Allerdings können dem einzelnen Verbraucher, mit Blick auf die bereits angesprochenen, verbleibenden Gestaltungsspielräume der Mitgliedstaaten, aber auch mit Blick auf grenzüberschreitende Verträge mit Bezug zum außereuropäischen Ausland, u.U. doch die im materiellen Recht vorgesehenen Schutzmechanismen durch die Regeln des Kollisionsrechts oder durch Rechtswahl wieder genommen werden.

---

453 S.o. Fn. 418.

454 S.o. unter A II 3 b.

455 *Heiderhoff*, in: Rauscher, EuZPR/EuIPR, Art. 6 Rom I-VO Rn 2.

456 *Heiderhoff*, in: Rauscher, EuZPR/EuIPR, Art. 6 Rom I-VO Rn 1.

Der folgende Abschnitt wird sich daher insbesondere mit der Problematik der kollisionsrechtlichen Anknüpfung verbundener Verträge beschäftigen. In einem ersten Schritt soll dabei der Begriff des verbundenen Vertrages unter der Rom I-VO bestimmt werden. Daran anknüpfend wird erläutert, welche Fallkonstellationen sich im Rahmen der kollisionsrechtlichen Anknüpfung verbundener Verträge ergeben können und was die ggf. damit verbundenen Schwierigkeiten bzw. Herausforderungen sind.

I. Begriff und Reichweite des verbundenen Vertrages unter der Rom I-VO

Systembegriffe spielen in zusammenhängenden Gesetzeswerken, wie der Rom I-VO, eine entscheidende Rolle, um die Reichweite des jeweils in Frage stehenden Sachverhaltes festzulegen. Die Rom I-VO bietet weder eine Definition noch sonstige Hinweise darauf, was unter einem verbundenen Vertrag zu verstehen sein könnte. Dennoch bleibt zu untersuchen, ob der Begriff des verbundenen Vertrages auf andere Weise ermittelt werden kann und wenn ja, welche Anforderungen er aufstellt.

1. Ermittlung anhand der einschlägigen Auslegungsgrundsätze

Anders als noch Art. 18 EVÜ, enthält die Rom I-VO keine allgemeinen Anordnungen zu den einschlägigen Auslegungsmethoden und –kriterien.[457] Einer solchen Vorschrift bedarf es aber auch allein deshalb nicht mehr, da die Rom I-VO ohnehin, als sekundäres Unionsrecht, der Auslegungsmethoden des Unionsrechts unterworfen ist.[458]

Besondere Bedeutung kommt dabei einer einheitlichen Auslegung der Regeln der Rom I-VO zu. Die einheitliche Anwendung des Unionsrechts würde gestört, wenn mitgliedstaatliche Gerichte die Verordnung nach ihrem jeweiligen nationalen Vorverständnis anwenden und unterschiedlich auslegen würden.[459] Die in der Rom I-VO verwendeten Begriffe werden daher verordnungsautonom aus sich selbst heraus ausgelegt.[460]

---

457 Staudinger/*Magnus*, Einl zur Rom I-VO Rn 59; *von Hein* in: Rauscher, EuZPR/EuIPR, Einl Rom I-VO Rn 54.

458 Staudinger/*Magnus*, Einl zur Rom I-VO Rn 59; *von Hein* in: Rauscher, EuZPR/EuIPR, Einl Rom I-VO Rn 54.

459 MünchKomm/*Martiny*, Vor Art. 1 Rom I-VO Rn 15.

460 EuGH, Urt.v. 18.01.1984 – C-327/82, Slg. 1984, 107 Rn 11– Ekro; EuGH, Urt.v. 19.09.2000 – C-287/98, Slg. I-6917 Rn 43 – Linster; Bamberger/Roth/*Spickhoff*,

Trotz des Nichtvorhandenseins einer verbindlichen Begriffsdefinition des verbundenen Vertrages innerhalb der Rom I-VO, verbietet sich auch hier der Rückgriff auf die Rechtsbegriffe der nationalen Rechtsordnungen. Eine verbindliche Anwendung vergleichbarer mitgliedstaatlicher Begriffe wäre, allein aufgrund der unterschiedlichen Entwicklungen dieser Begriffe, mit den Zielen und dem Aufbau der Rom I-VO unvereinbar.[461]

Die autonome Auslegung der Verordnung folgt grundsätzlich den allgemein anerkannten Auslegungsmethoden des Europarechts.[462] So sind neben dem Wortlaut und der Entstehungsgeschichte insbesondere der systematische Zusammenhang und der Sinn und Zweck zu berücksichtigen.[463]

a) Grammatikalische Auslegung

Start- und Endpunkt jedweder Auslegung bildet der Wortlaut der Rom I-VO.[464] Das bedeutet für die verbundenen Verträge unter der Rom I-VO, dass der Startpunkt an anderer Stelle gesetzt werden muss und Grenzen auf einem anderen Wege gefunden werden müssen. Denn zum gegenwärtigen Zeitpunkt findet sich in der gesamten Rom I-VO der Begriff des verbundenen Vertrages nicht.

b) Historische Auslegung

Im Allgemeinen kommt der historischen Auslegung im Rahmen des Unionsrechts eine eher untergeordnete Bedeutung zu. Dies mag vor allem daran liegen, dass Verhandlungsprotokolle und Entstehungsdokumente, v.a. zu den Gründungsverträgen der EU, nicht zugänglich sind.[465] Anderes gilt jedoch im Sekundärrecht. Insbesondere für die Auslegung der Rom I-VO kommt der historischen Auslegung eine beträchtliche Bedeutung zu.[466] Gerade mit Blick auf das Grundprinzip

---

Art. 1 Rom I-VO Rn 9; *Rauscher*, IPR, § 1 E Rn 113; *Stotz*, in: Riesenhuber, Europäische Methodenlehre, § 22 Rn 18.

461 Dazu *Pechstein/Drechsler*, in: Riesenhuber, Europäische Methodenlehre, § 8 Rn 19.

462 MünchKomm/*Martiny*, Vor Art. 1 Rom I-VO Rn 15 a; Staudinger/*Magnus*, Einl zur Rom I-VO Rn 59; *Martiny*, in: Reithmann/Martiny, IPR, Rn 37.

463 Staudinger/*Magnus*, Einl zur Rom I-VO Rn 59.

464 *Von Hein* in: Rauscher, EuZPR/EuIPR, Einl Rom I-VO Rn 57; *Riesenhuber*, in: Riesenhuber, Europäische Methodenlehre, § 11 Rn 20; *Volkmann*, JuS 2001, 521, 535; im Zusammenhang mit der Auslegung von Richtlinien: *Schulte-Nölke*, in: Schulze (Hrsg.), Auslegung europäischen Privatrechts, S. 143, 157 f.

465 *Pechstein/Drechsler*, in: Riesenhuber, Europäische Methodenlehre, § 8 Rn 32; *Lecheler*, Einführung in das Europarecht, § 5 IV 2 b.

466 Staudinger/*Magnus*, Einl zur Rom I-VO Rn 61.

der „Kontinuität mit der Vorgängerregelung“[467] ist es im Rahmen von Auslegungsfragen der Rom I-VO unerlässlich, den Wortlaut des EVÜ sowie den dazu gegebenen Bericht von *Giuliano/Lagarde* mit einzubeziehen.[468]

Vor diesem Hintergrund weckt der, die Verbraucherverträge betreffende, Art. 5 EVÜ besonderes Interesse. Art. 5 Abs. 1 EVÜ stellte ausdrücklich klar, dass der sachliche Anwendungsbereich der Norm, neben den Verträgen über die Lieferung beweglicher Sachen oder die Erbringung von Dienstleistungen, auch Verträge zur Finanzierung eines solchen Geschäfts umfasst.

Zwar gab auch das EVÜ keinen Aufschluss darüber, was unter „Verträgen zur Finanzierung eines solchen Geschäftes“ verstanden wird. Wegweisend kann insoweit jedoch Art. 13 Abs. 1 Nr. 2 des Übereinkommens über die gerichtliche Zuständigkeit und die Vollstreckung gerichtlicher Entscheidungen in Zivil- und Handelssachen (im Folgenden: EuGVÜ)[469] bzw. Art. 15 Abs. 1 lit. b der Verordnung (EG) Nr. 44/2001 des Rates vom 22. Dezember 2000 über die gerichtliche Zuständigkeit und die Anerkennung und Vollstreckung von Entscheidungen in Zivil- und Handelssachen (im Folgenden: EuGVVO)[470] sein. Insbesondere zur Wahrung der Kohärenz zwischen internationaler Zuständigkeit und anzuwendendem Recht sind die getroffenen Wertungen des EuGVÜ bzw. der EuGVVO zu berücksichtigen.[471]

467 *Ibid.*

468 MünchKomm/*Martiny*, Vor Art. 1 Rom I-VO Rn 15 b; Staudinger/*Magnus*, Einl zur Rom I-VO Rn 61; eingeschränkt auch: Bamberger/Roth/*Spickhoff*, Art. 1 Rom I-VO Rn 12.

469 In der Fassung des vierten Beitrittsübereinkommens vom 29.11.1996 veröffentlicht in Abl. EG 1998, C 27/1 nunmehr weitestgehend ersetzt durch die Verordnung (EG) Nr. 44/2001 des Rates vom 22. Dezember 2000 über die gerichtliche Zuständigkeit und die Anerkennung und Vollstreckung von Entscheidungen in Zivil- und Handelssachen (Brüssel I), Abl. EG 2001 L 12/1 und zuletzt neugefasst durch die Verordnung (EG) Nr. 44/2001 des Rates vom 22. Dezember 2000 über die gerichtliche Zuständigkeit und die Anerkennung und Vollstreckung von Entscheidungen in Zivil- und Handelssachen (Brüssel Ia), Abl. EU 2012 L 351/1

470 Abl. EG 2001 L 12/1 (Brüssel I) nunmehr Art. 17 EuGVVO (Brüssel Ia).

471 *Hausmann*, in: Wieczorek/Schütze, ZPO und Nebengesetze, Anh I § 40 Rn 13; vgl. auch *Giuliano/Lagarde*, Bericht über das Übereinkommen über das auf vertragliche Schuldverhältnisse anzuwendende Recht, Abl. EG 1980 C 282/1, 282/5 und BT-Drucks. 10/503, S. 33, 37; zum Gleichklang von Rom I-VO und Brüssel I-VO: *Rösler*, in: Basedow/Hopt/Zimmermann, Handwörterbuch des Europäischen Privatrechts, S. 1613.

Auch Art. 15 Abs. 1 lit. b EuGVVO spricht von anderen Kreditgeschäften, die zur Finanzierung eines Kaufs bestimmt sind. Nach autonomer Qualifikation handelt es sich hier genau um jene Fälle, in denen ein vom Käufer verschiedener Dritter den Kaufpreis entweder direkt an den Verkäufer bezahlt, oder aber dem Käufer einen Betrag zur Begleichung der Kaufpreisschuld zur Verfügung stellt und der Käufer sich zur Rückzahlung des Kredits an den Dritten verpflichtet.[472] Entscheidende Voraussetzung für das Vorliegen eines solchen Vertrages ist dabei die mangelnde freie Verfügbarkeit des Kreditnehmers über die Darlehenssumme.[473] Die Zweckgebundenheit des Darlehens zur Finanzierung eines Kaufs beweglicher Sachen i.S.v. Art. 15 Abs. 1 lit. b EuGVVO stellt somit einen zentralen Punkt dar, der dem Darlehensgeber im Zeitpunkt des Vertragsschlusses zumindest erkennbar sein muss.[474] Diese restriktive Begriffsbestimmung setzt sich vor allem mit einzelnen mitgliedstaatlichen Definitionen des verbundenen Vertrages in einen klaren Kontrast. Insbesondere das in s. 12 (c) CCA vorgesehene *debtor-creditor supplier agreement for unrestricted use*, bei dem die Verwendung der bereitgestellten Summe für andere Zwecke durch den Käufer nicht ausgeschlossen ist[475], würde vom Anwendungsbereich ausgeschlossen sein. Auch der deutsche Gesetzgeber sieht in der Zweckgebundenheit des Darlehens jedenfalls keine Mindestvoraussetzung für das Vorliegen eines verbundenen Vertrages.[476] Einzig der in Art. 3 lit. n (i) VerbrKrRL verankerte unionsrechtliche Begriff kann aufgrund seines klaren Wortlautes („Kreditvertrag, bei dem der betreffende Kredit *ausschließlich* der Finanzierung eines Vertrags über Lieferung bestimmter Waren oder die Erbringung einer bestimmten Dienstleistung dient")[477] den von Art. 13 Abs. 1 Nr. 2 EuGVÜ bzw. Art. 15 Abs. 1 lit. b EuGVVO aufgestellten Anforderungen genügen.

Wie dem Vorschlag für die Rom I-VO zu entnehmen ist[478], wurde aber im Internationalen Verbrauchervertragsrecht der materielle Anwendungsbereich

---

472 *Auer*, in: Geimer/Schütze, Internationaler Rechtsverkehr, Art. 15 EuGVVO Rn 36.

473 *Rechberger*, Ikü Hukuk Fakültesi Dergisi 2004, 89, 92; zu Art. 5 EVÜ direkt: *Nemeth*, Kollisionsrechtlicher Verbraucherschutz in Europa, S. 39.

474 *Rechberger*, Ikü Hukuk Fakültesi Dergisi 2004, 89, 92.

475 S.o. unter A III 3 b.

476 S.o. unter A III 1 a.

477 So auch *Rott*, EuLF 2006, I-61, I-64.

478 Siehe Vorschlag für eine Verordnung des Europäischen Parlaments und des Rates über das auf vertragliche Schuldverhältnisse anzuwendende Recht (Rom I), KOM (2005) 650 endg., S. 7.

nunmehr auf alle Vertragstypen und Vertragskategorien erstreckt.[479] Mit dieser Erweiterung setzte der Gesetzgeber ein verbreitetes Anliegen um, das insbesondere auch die Erstreckung des Anwendungsbereiches auf solche Darlehen, die nicht zur Finanzierung bestimmter Geschäfte dienen, beinhaltete.[480] In der Entstehungsphase der Rom I-VO kam dabei vor allem der RL 87/102 eine Vorbildfunktion zu. Noch in Art. 1 Abs. 2 lit. c der RL war der Konsument unabhängig davon geschützt, ob er einen gebundenen oder aber einen selbstständigen Darlehensvertrag abschloss.[481] Vielmehr wurden *alle* Formen des Verbraucherkredits umfasst.[482]

Die konzeptionelle Erweiterung sollte zudem einen Gleichklang zwischen der Rom I-VO und Art. 15 Abs. 1 lit. c EuGVVO herstellen.[483] Die Regelung des Art. 6 Rom I-VO stellt sich aber, angesichts des klaren Wortlautes, als noch weitgehender dar. Der Verbraucherschutz wird hier generell für Verträge gewährt, die ein Verbraucher mit einem Unternehmer schließt. Dies steht zwar unter der Prämisse, dass die einschränkenden Voraussetzungen des Art. 6 Abs. 1 lit. a oder b Rom I-VO vorliegen. Dem Art. 15 Abs. 1 lit. a und b EuGVVO entsprechende Bereichsausnahmen wurden indes nicht in das System integriert.

Die historische Entwicklung drückt somit eindeutig den Willen des Gesetzgebers aus, nunmehr alle Verträge der verbraucherschützenden Kollisionsnorm des Art. 6 Rom I-VO zu unterstellen. Die von Art. 13 Abs. 1 Nr. 2 EuGVÜ bzw. Art. 15 Abs. 1 lit. b EuGVVO aufgestellten Anforderungen bzgl. finanzierter Verträge können daher nicht übertragen werden.

c) Systematische Auslegung

Neben der Analyse des Stellenwertes der einzelnen Norm und der inneren Struktur der Rom I-VO[484], hat die systematische Auslegung der Verordnung an sich

479 *Heiderhoff*, in: Rauscher, EuZPR/EuIPR, Art. 6 Rom I-VO Rn 16; *Mankowski*, IHR 2008, 133, 141.

480 *Mankowski*, IHR 2008, 133, 141; *Basedow*, in: FS Jayme, S. 3, 7 f.

481 Dazu *Basedow*, in: FS Jayme, S. 3, 7 f.

482 So auch *Reich/Rott*, in: Basedow/Hopt/Zimmermann, Handwörterbuch des Europäischen Privatrechts, S. 1604, die dies insgesamt als einen gelungenen Versuch einer einheitlichen Regelung betrachten.

483 Schulze/*Staudinger*, Art. 6 Rom I-VO Rn 6; Staudinger/*Magnus* (2002), Art. 29 EGBGB Rn 31; *Kieninger*, EuZ 2007, 22, 25; *Kluth*, Die Grenzen des kollisionsrechtlichen Verbraucherschutzes, S. 268.

484 MünchKomm/*Martiny*, Vor Art. 1 Rom I-VO Rn 15 c.

unionsrechtlich-autonom zu erfolgen.[485] Im Grundsatz bedeutet dies, dass bei der Auslegung der Rom I-VO das gesamte primäre und sekundäre Unionsrecht als Referenzrahmen zu beachten ist.[486]

Durch die prozessrechtliche Flankierung der Rom I-VO von der EuGVVO und dem engen funktionalen Zusammenhang beider Verordnungen, ist insbesondere bei diesen Regelungswerken eine einheitliche Auslegung angezeigt.[487]

Zusätzlich können aber auch andere Sekundärrechtsakte zur Auslegung herangezogen werden.[488] Möglich wäre es daher, die Definition des verbundenen Vertrages, wie sie sich in Art. 3 lit. n VerbrKrRL findet, auf die Rom I-VO zu übertragen. Der betreffende Kredit muss dann ausschließlich der Finanzierung eines Vertrags über die Lieferung bestimmter Waren oder die Erbringung einer bestimmten Dienstleistung dienen und diese beiden Verträge müssen objektiv betrachtet eine wirtschaftliche Einheit bilden. Die in Art. 3 lit. n VerbrKrRL enthaltene Begrifflichkeit kollidiert dann jedoch mit Art. 15 Abs. 1 lit. c EuGVVO, der grundsätzlich alle Formen des Verbraucherkredits unabhängig von einschränkenden Voraussetzungen erfasst.

Da die Auslegung anhand des systematischen Zusammenhangs jedoch gerade etwaige Widersprüche mit anderen Normen vermeiden soll, muss letztlich einer Begrifflichkeit der Vorzug eingeräumt werden.

Dass der Angleichung an die Begrifflichkeiten der EuGVVO unzweifelhaft Vorrang zu gewähren ist, lässt sich nicht nur anhand seiner besonderen Bedeutung bzgl. des Gleichklangs mit der Rom I-VO festmachen.[489]

Bezweckt der Verordnungsgesetzgeber die Übernahme einer bestimmten Begrifflichkeit aus anderen Sekundärrechtsakten, so stellt er dies zumeist ausdrücklich klar. Davon betroffen sind bspw. die Begriffe „Finanzinstrumente“

485 Staudinger/*Magnus*, Einl zur Rom I-VO Rn 62.

486 *Ibid.*

487 Bamberger/Roth/*Spickhoff*, Art. 1 Rom I-VO Rn 11; *von Hein*, in: Rauscher, EuZPR/EuIPR, Einl Rom I-VO Rn 59; dieses Postulat wird auch ausdrücklich in Egrd. 7 der Rom I-VO festgehalten: „Der materielle Anwendungsbereich und die Bestimmungen dieser Verordnung sollten mit der [EuGVO und Rom II-VO] im Einklang stehen“; umfangreiche Darstellung zum Auslegungszusammenhang beider Verordnungen in: *Bitter*, IPRax 2008, 96.

488 Vgl. auch Staudinger/*Magnus*, Einl zur Rom I-VO Rn 62; *von Hein*, in: Rauscher, EuZPR/EuIPR, Einl Rom I-VO Rn 59; *Kropholler*, FS Max-Planck-Institut, S. 581, 591.

489 Vgl. Staudinger/*Magnus*, Einl zur Rom I-VO Rn 62.

und „übertragbare Wertpapiere“[490].[491] Im Internationalen Verbrauchervertragsrechtes fällt dabei besonders auf, dass bereits in der fraglichen Norm selbst, explizit auf die Begrifflichkeit anderer Sekundärrechtsakte verwiesen wird.[492] Gerade das Internationale Verbrauchervertragsrecht ist durch eine Vielzahl von harmonisierenden Richtlinien geprägt. Eine klarstellende Bezugnahme auf die jeweilige Richtlinie ist insoweit unumgänglich. Warum dann aber ein Verweis auf die VerbrKrRL bzgl. der Definition und der Voraussetzungen des verbundenen Vertrages absichtlich unterblieben sein sollte, wäre nicht zu erklären.

Da, wo es aber möglich ist ein Zusammenspiel der verschiedenen Sekundärrechtsakte zu erreichen, sollte auch eine einheitliche Begrifflichkeit angestrebt werden. Die Vielzahl der vom europäischen Gesetzgeber geschaffenen Regelungen sollte nicht unverbunden nebeneinanderstehen. Der Gesetzgeber hat vielmehr ein zusammenhängendes, nach Prinzipien geordnetes, widerspruchfreies Ganzes gewollt.[493]

Das sollte auch für jene Fallkonstellationen gelten, die mangels Verbrauchereigenschaft aus dem Anwendungsbereich der Rom I-VO herausfallen, aber dennoch durch ihre Eigenart besondere Merkmale eines verbundenen Vertrages aufweisen. Für die kollisionsrechtliche Beurteilung solcher Verträge könnte dann auf die in Art. 3 lit. n VerbrKrRL enthaltene Definition des verbundenen Vertrages zurückgegriffen werden.

Mit Rücksicht auf das innere System und seinen Regelungszusammenhang ist jedoch zu beachten, dass Art. 3 lit. n VerbrKrRL im Kontext des Verbraucherschutzes steht. Ob die Definition des Art. 3 lit. n VerbrKrRL aber auch kontextunabhängig auf den kollisionsrechtlichen Bereich angewandt werden kann, ist fraglich. Steht die Definition in einem spezifisch verbraucherrechtlichen Zusammenhang, wird man dies verneinen müssen. Dass die VerbrKrRL zumindest nicht ausschließlich dem Verbraucherschutz gewidmet ist, zeigt Erwägungsgrund 6. Ganz allgemein wird hier zunächst darauf hingewiesen, dass die Entwicklung eines transparenteren und effizienteren Kreditmarkts innerhalb des Binnenmarktes ohne Binnengrenzen für die Förderung grenzüberschreitender Geschäftstätigkeiten von entscheidender Bedeutung ist. Erst nach Erläuterung

490 Für Letztere verweist der Verordnungsgesetzgeber in Ergrd. 30 der Rom I-VO ausdrücklich auf die einschlägige Begrifflichkeit des Art. 4 der Richtlinie 2004/39/EG.

491 Vgl. auch *von Hein*, in: Rauscher, EuZPR/EuIPR, Einl Rom I-VO Rn 59.

492 Vgl. bspw. Art. 6 Abs. 4 lit. b und c der Rom I-VO, die ausdrücklich auf die Begrifflichkeit der Pauschalreise- und der Time-Sharing-Richtlinie verweisen.

493 Vgl. EuGH, Urt.v. 06.10.1982 – 283/81, Slg. 1982, 3415 Rn 20 – C.I.L.F.I.T./Ministero della sanità; *Riesenhuber*, in: Riesenhuber, Europäische Methodenlehre, § 11 Rn 25.

der allgemeinen Voraussetzungen eines verbundenen Vertrages in S. 2 wird dann in S. 3 auf die, insoweit spezifisch verbraucherschützenden, Rechtsfolgen verbundener Verträge eingegangen. Auch Erwägungsgrund 37 weist in S. 1 zunächst isoliert auf die Voraussetzungen des verbundenen Vertrages hin, bevor er in S. 2 die verbraucherspezifischen Auswirkungen erläutert.

In Art. 3 lit. n VerbrKrRL wird der verbundene Vertrag ebenfalls unabhängig von der Verbrauchereigenschaft definiert. Erst auf Rechtsfolgenseite, die den Widerrufs- und Einwendungsdurchgriff bereithält, zeigt sich der, der Richtlinie zuvorderst zu Grunde liegende, Leitgedanke des Verbraucherschutzes. Dass die in der Richtlinie enthaltene Definition des verbundenen Vertrages allein verbraucherschützende Zwecke erfüllt, kann daher mit Blick auf den Wortlaut und die Erwägungsgründe abgelehnt werden. Wenn die Richtlinie ein zukunftsweisendes Gemeinschaftsrecht, das sich auch der Förderung grenzüberschreitender Rechtsgeschäfte verschreibt, im Blick hatte, dann sollten ebenfalls die darin enthaltenen Begriffsbestimmungen übergreifend als Richtmaß herangezogen werden können.

Insbesondere mit Blick auf das oft angeführte Prinzip der (kollisionsrechtlichen) Rechtssicherheit, kann und sollte somit auch für die kollisionsrechtliche Beurteilung verbundener Verträge die Definition des Art. 3 lit. n VerbrKrRL vergleichend herangezogen werden.

d) Teleologische Auslegung

Die teleologische Auslegung beschäftigt sich mit dem Sinn und Zweck der Norm. Mit dieser Auslegungsmethode soll der historische Gesetzeszweck ermittelt werden, der den Gesetzgeber zur Schaffung einer bestimmten positivrechtlichen Regelung bewogen hat.[494]

Da, wie bereits festgestellt wurde, mangels einer ausdrücklichen Regelung des verbundenen Vertrages, als einziger historisch bedingter Anknüpfungspunkt Art. 6 Rom I-VO (Art. 5 EVÜ) in Betracht kommt, stellt sich die Frage, welche spezifischen Zweckrichtungen dieser Artikel verfolgt. Unzweifelhaft dient die Kollisionsnorm des Art. 6 Rom I-VO dem Verbraucherschutz. Das pauschale Abstellen auf einen derart generellen Schutzzweck ist jedoch allein deswegen ungeeignet, weil es auf diese Weise kaum möglich ist, einzelne Lebenssachverhalte richtungsweisend zu deuten.[495] Erwägungsgrund 23 der Rom I-VO verschafft zumindest insoweit Klarheit, als dass im Zusammenhang mit Verträgen, bei denen die eine

494 Vgl. *Riesenhuber*, in: Riesenhuber, Europäische Methodenlehre, § 11 Rn 40.
495 *Riesenhuber*, in: Riesenhuber, Europäische Methodenlehre, § 11 Rn 41.

Partei als schwächer angesehen wird, die schwächere Partei durch Kollisionsnormen geschützt werden sollte, die für sie günstiger sind als die allgemeinen Regeln. Zwar gibt es keine allgemeine Auslegungsregel, die besagt, dass bei Zweifelsfällen stets zugunsten des Verbrauchers zu entscheiden ist (*in dubio pro consumptore*).[496] Der Gesetzgeber hat jedoch den Anwendungsbereich des Art. 6 Rom I-VO durch die Aufnahme von Ausnahmetatbeständen in Art. 6 Abs. 4 Rom I-VO klar umrissen. Für alle anderen Fälle, in denen ein Verbraucher wirksam Verträge mit einem Unternehmer schließt, greift der Schutz des Art. 6 Rom I-VO vollumfänglich ein. Damit lassen sich auch mit Blick auf den Sinn und Zweck dieser Norm keine einschränkenden Voraussetzungen für verbundene Verträge entnehmen.

Zusätzlich zu den inhaltlichen Regelungszwecken sind im Rahmen der teleologischen Auslegung auch die formalen Reglungszwecke zu berücksichtigen.[497] Dabei verfolgen die Kollisionsnormen der Rom I-VO, wie auch jede andere Privatrechtsangleichung in der Europäischen Union, den allgemeinen Zweck der Rechtsvereinheitlichung.[498] Im Fokus steht dabei u.a. die in den Erwägungsgründen 6 und 16 S. 1 der Rom I-VO als ausdrückliches Ziel genannte Rechtssicherheit. Die Normen der Rom I-VO sollen Vorhersehbarkeit bzgl. des anwendbaren Rechts schaffen. Vor diesem Hintergrund sollten dann, bei Vorliegen eines Verbrauchervertrages, die Anforderungen an die verbundenen Verträge nicht allzu hoch sein, sodass auch diese von dem generell weit gehaltenen Anwendungsbereich des Art. 6 Rom I-VO umfasst werden.

e) Zwischenergebnis

Eine eindeutige Begriffsbestimmung des verbundenen Vertrages durch autonome Auslegung der Rom I-VO ist nicht möglich. Rückschlüsse auf den Begriff bzw. die Voraussetzungen, die für das Vorliegen eines verbundenen Vertrages verlangt werden, konnten einzig aus Art. 5 EVÜ, der Vorgängerregelung des Art. 6 Rom I-VO, gezogen werden. Zwar sprach Art. 5 EVÜ eindeutig von „Verträgen zur Finanzierung eines solchen Geschäftes“. Nach autonomer Auslegung im Zusammenhang mit Art. 13 Abs. 1 Nr. 2 EuGVÜ bzw. Art. 15 Abs. 1 lit. c EuGVVO kam es dabei

---

496 *Von Hein*, in: Rauscher, EuZPR/EuIPR, Einl Rom I-VO Rn 63; *Riesenhuber*, in: Riesenhuber, Europäische Methodenlehre, § 11 Rn 41 a; ausführlich: *Riesenhuber*, JZ 2005, 829; a.A. *Rösler*, JZ 2006, 400 ff; *Tonner*, JZ 2006, 402 ff.

497 *Riesenhuber*, in: Riesenhuber, Europäische Methodenlehre, § 11 Rn 42.

498 Vgl. zur Ersten Richtlinie des Rates vom 9. März 1968: EuGH, Urt.v. 12.11.1974–32/74, Slg. 1974, 1201 Rn 6 – Haaga; *Riesenhuber*, in: Riesenhuber, Europäische Methodenlehre, § 11 Rn 42; *Kropholler*, Internationales Einheitsrecht, § 17 II 2, § 19 I, § 19 III 4.

für das Vorliegen eines derartigen verbundenen Vertrages auf die mangelnde freie Verfügbarkeit des Kreditnehmers über die Darlehenssumme an.[499] Allerdings hat die historische wie auch die systematische und teleologische Auslegung ergeben, dass auf diese einschränkende Voraussetzung nach Einführung der Rom I-VO nicht mehr abgestellt werden kann. Durch die Erweiterung des Anwendungsbereiches der Verbraucherverträge in Art. 6 Rom I-VO auf alle Vertragstypen und Vertragskategorien, und damit auch auf alle Formen des Verbraucherkredits, spielt eine etwaige Zweckgebundenheit keine Rolle mehr.

Zumindest für eine kollisionsrechtliche Beurteilung der verbundenen Verträge nach Art. 6 Rom I-VO, kommt es somit einzig auf das Vorliegen der Verbrauchereigenschaft im konkreten Fall an.

Für alle anderen Konstellationen kann die Begrifflichkeit des für die materiellrechtliche Ebene entwickelten Art. 3 lit. n VerbrKrRL vergleichend herangezogen werden.

2. Der Begriff des Verbrauchers unter der Rom I-VO

Da die bisherige Untersuchung ergeben hat, dass die Rom I-VO den verbundenen Vertrag nicht ausdrücklich regelt und sie auch sonst keine Hinweise bzgl. der Anknüpfung jener Vertragsverhältnisse bereithält, bleibt zunächst nur der Weg über Art. 5 EVÜ zu Art. 6 Rom I-VO. Bevor aber im Fortgang der Arbeit auf die kollisionsrechtliche Beurteilung der verbundenen Verträge eingegangen werden soll, ist es für die weitere Untersuchung dienlich, in einem ersten Schritt die Konzeption des Verbraucherbegriffes herauszuarbeiten.

Im folgenden Teil gilt es daher zu analysieren, welche Voraussetzungen Art. 6 Rom I-VO an das Vorliegen der Verbrauchereigenschaft stellt.

Zusätzlich soll eine Analyse einiger ausgewählter Verbraucherbegriffe im Kontext des Verbraucherkreditrechtes auf mitgliedstaatlicher Ebene vorgenommen werden. Inwieweit sich die mitgliedstaatlichen Begriffe unterscheiden und ob es Abweichungen und Unterschiede zum unionsrechtlichen Begriff gibt, soll beispielhaft anhand einer Bestandsaufnahme der in Deutschland, Frankreich und England vorherrschenden Verbraucherbegriffe erforscht werden.

a) Vertragsautonomer Verbraucherbegriff

Nach Art. 6 Abs. 1 Rom I-VO ist ein Verbraucher eine natürliche Person, die den Vertrag zu einem Zweck schließt, der nicht ihrer beruflichen oder gewerblichen Tätigkeit zugerechnet werden kann. Damit schließt sich die Rom I-VO an die in

499 S.o. unter B I 1 b.

Art. 15 EuGVVO (Art. 13 EuGVÜ) vorgesehene Begrifflichkeit an.[500] Die zum Verbraucherbegriff ergangenen Entscheidungen des EuGH einschließlich der Stellungnahmen zur Auslegung des Verbraucherbegriffes können somit auch im Bereich der Rom I-VO verwertet werden.[501]

Der EuGH bevorzugt dabei eine restriktive Auslegung des Verbraucherbegriffes.[502] Dies mag mit Blick auf den Ausnahmecharakter des Verbraucherschutzes auch prinzipiell angezeigt sein. Dennoch darf auch der besondere kollisionsrechtliche Verbraucherschutz nicht vernachlässigt werden.[503] Im Kollisionsrecht rechtfertigt sich der besondere Schutz des Verbrauchers vor allem daraus, dass der Verbraucher möglichst wenig mit Rechtsunterschieden konfrontiert werden soll.[504] In der Regel hat der grenzüberschreitend tätige Verbraucher gegenüber seinem international versierteren Vertragspartner keinen Einfluss auf die Vertragsgestaltung. Kontrahiert der im Inland ansässige Verbraucher mit ausländischen Lieferanten bzw. Dienstleistern, kann es durchaus vorkommen, dass diese dem Verbraucher die Wahl ausländischen Rechtes vorschreiben.[505] Zu prüfen, ob und inwieweit sich die jeweils einschlägige ausländische Rechtsordnung dann auf den Vertrag auswirken könnte, kann dem Verbraucher jedoch nicht zugemutet werden. Weil es aber eine der wesentlichen Zielbestimmungen des europäischen Verbraucherrechtes ist, das Vertrauen des Verbrauchers in grenzüberschreitende Geschäfte zu stärken[506], wäre eine enge Auslegung von Grenzfällen verfehlt. Das gilt insbesondere für die Fälle des *dual use*, in denen das getätigte Rechtsgeschäft sowohl privaten als auch beruflichen/gewerblichen Zwecken dient. Der EuGH bejaht in diesen Fällen nur dann eine Verbrauchereigenschaft des Käufers, wenn der dem Rechtsgeschäft inne wohnende berufliche/gewerbliche Zweck von ganz untergeordneter Bedeutung ist. So verneinte der EuGH im Fall eines Bauern, der Dachziegel für sein Bauernhaus gekauft hatte, das er zu ca. 60% privat und

500 *Limbach*, in: JurisPK-BGB, Art. 6 Rom I-VO Rn 12; MünchKomm/*Martiny*, Art. 6 Rom I-VO Rn 6; *Heiderhoff*, in: Rauscher, EuZPR/EuIPR, Art. 6 Rom I-VO Rn 19; Staudinger/*Magnus*, Art. 6 Rom I-VO Rn 38.

501 *Limbach*, in: JurisPK-BGB, Art. 6 Rom I-VO Rn 12; Staudinger/*Magnus*, Art. 6 Rom I-VO Rn 38.

502 Staudinger/*Magnus*, Art. 6 Rom I-VO Rn 39; noch zu Art. 13 EuGVÜ: EuGH, Urt.v. 20.2.1997– C-269/95, Slg. I-3767 Rn 16 – Benincasa/Dentalkit.

503 Staudinger/*Magnus*, Art. 6 Rom I-VO Rn 39.

504 *Heiderhoff*, in: Rauscher, EuZPR/EuIPR, Art. 6 Rom I-VO Rn 2.

505 Dazu im Ganzen MünchKomm/*Martiny*, Art. 6 Rom I-VO Rn. 1.

506 *Heiderhoff*, in: Rauscher, EuZPR/EuIPR, Art. 6 Rom I-VO Rn 2; aktuell: Richtlinie 2011/83/EU des Europäischen Parlaments und des Rates vom 25. Oktober 2011 über die Rechte der Verbraucher, Abl. L 304/64, insb. Ergrd. 5.

im Übrigen gewerblich nutzte, die Verbrauchereigenschaft.[507] Im Zweifel ist der Bauer aber nicht erfahrener im Ziegelkauf als ein normaler Verbraucher. Auch er wird weder über die gleiche Routine noch über das wirtschaftliche *know-how* verfügen, wie sein gewerblich bzw. beruflich tätiger Vertragspartner. Für die kollisionsrechtliche Qualifizierung als Verbrauchervertrag sollte es daher reichen, dass der private Zweck des Rechtsgeschäftes überwiegt.[508] Eine Stärkung des grenzüberschreitenden Handels auf Binnenmarktebene wird andernfalls nicht erreicht werden können.

Auch im Bericht *Giuliano/Lagarde* wird bzgl. Art. 5 EVÜ, der Vorgängerregelung zu Art. 6 Rom I-VO, ein „wesentliches" Handeln außerhalb des Rahmens der beruflichen oder gewerblichen Tätigkeit zur Bejahung der Verbrauchereigenschaft als ausreichend angesehen.[509] „Im Wesentlichen" wird dabei ähnlich verstanden wie „überwiegend".[510] Somit steht die Auslegung des Art. 5 EVÜ im eindeutigen Widerspruch zur gegenwärtigen Rechtsprechung des EuGH. In diesem Kontext muss jedoch beachtet werden, dass bereits im Vorschlag zur Rom I-VO bzgl. der Verbrauchereigenschaft eindeutig auf die, durch den EuGH konkretisierte, Definition abgestellt wird.[511] Daraus kann dann aber, trotz der soeben aufgeführten Kritik, nur geschlossen werden, dass eine überwiegende Zweckbestimmung für die Beurteilung von Grenzfällen, wie sie noch in Art. 5 EVÜ vorgesehen war, nunmehr nicht maßgeblich sein soll.

b) Der Verbraucherbegriff aus rechtsvergleichender Sicht

Auf unionsrechtlicher Ebene hat sich eine vorherrschende Definition entwickelt, die in den meisten europäischen Rechtsakten wiederzufinden ist. Danach ist ein Verbraucher jede natürliche Person, die den Vertrag zu einem Zweck schließt,

---

507 EuGH, Urt.v. 20.01.2005 – C-464/01, Slg. 2005, I-439 – Gruber/BayWa AG; ablehnend: *Reich*, EuZW 2005, 244.

508 Staudinger/*Magnus*, Art. 6 Rom I-VO Rn 47; *Mankowski*, IPRax 2005, 503, 505; *Ders.*, ZVglRWiss 105 (2006), 120, 144 f.; *Limbach*, in: JurisPK-BGB, Art. 6 Rom I-VO Rn 18 will in Zweifelsfällen darauf abstellen, in welcher Funktion der Kunde bei Vertragsschluss auftritt. Dies würde letztlich auf ein Wahlrecht des Kunden hinauslaufen.

509 *Giuliano/Lagarde*, Bericht über das Übereinkommen über das auf vertragliche Schuldverhältnisse anzuwendende Recht, Abl. EG 1980 C 282/1, 282/23 und BT-Drucks. 10/503, S. 33, 55; vgl. *Kropholler/von Hein*, Europäisches Zivilprozessrecht, Art. 15 EuGVO Rn 5; eher ablehnend: *Lorenz*, RIW 1987, 569, 576.

510 *Faber*, ZEuP 1998, 854, 886.

511 Siehe Vorschlag für eine Verordnung des Europäischen Parlaments und des Rates über das auf vertragliche Schuldverhältnisse anzuwendende Recht (Rom I), KOM (2005) 650 endg., S. 7.

der nicht ihrer beruflichen oder gewerblichen Tätigkeit zugerechnet werden kann.[512]

Das Unionsrecht stellt somit sowohl auf persönliche als auch auf funktionelle Kriterien ab.[513] Geschützt werden soll der Verbraucher in seiner Rolle als natürliche Person. In funktionaler Hinsicht steht dabei das Gelingen des Binnenmarktes im Mittelpunkt, an dem der Verbraucher zur Befriedigung seiner privaten Bedürfnisse teilnimmt.[514]

Allein die ökonomische Rolle des Verbrauchers, der auf dem Markt tätig wird, reicht aber zur Konkretisierung des Verbraucherbegriffes nicht aus. Erst die typisierte Schutzbedürftigkeit des Verbrauchers charakterisiert die entsprechenden Vorschriften und agiert somit als Bindeglied zwischen der personalen Anknüpfung und dem konkreten Gegenstand des europäischen Verbraucherrechtes.[515] Von *typisierter* Unterlegenheit wird deshalb gesprochen, weil das unionsrechtliche Verbraucherrecht nicht an der konkreten Schutzbedürftigkeit ansetzt, sondern an rollenbezogenen typisierten Vorgängen, die die Schutzbedürftigkeit auslösen.[516] Diese Sichtweise hängt u.a. mit dem Umstand zusammen, dass das Unionsrecht keine (Gesamt)Kodifikation darstellt. Insbesondere in den Richtlinien und Verordnungen werden jeweils nur einzelne Regelungsmaterien behandelt. Die typisierte Schutzbedürftigkeit lässt den unionsrechtlichen Verbraucherbegriff daher, mit Blick auf den jeweils in Frage stehenden Sachverhalt, im gewissen Maße dynamisch werden.[517] Grundsätzlich liegt aber auch dem Unionsrecht ein einheitlicher Verbraucherbegriff zugrunde, der sich nicht durch die verschiedenen Situationen ändert.[518] Das unionsrechtliche Verbraucherleitbild stützt sich letztlich auf den selbstsicheren Verbraucher, dessen

512 *Micklitz/Rott*, in: Dauses (Hrsg.), Handbuch EU-Wirtschaftsrecht, H. V. Rn 91; Staudinger/*Kannowski*, Vorbem zu §§ 13, 14 BGB Rn 18; *Riesenhuber*, System und Prinzipien des Europäischen Vertragsrechts, S. 251 f.; *Rösler*, Europäisches Konsumentenvertragsrecht, S. 127 f.; *Reich*, ZEuP 1994, 381, 389; *Faber*, ZEuP 1998, 854, 856; *Kilian*, Der Verbraucherbegriff in der EU, S. 79; *Meller-Hannich*, Verbraucherschutz, S. 73.

513 MünchKomm/*Micklitz*, § 13 BGB Rn 3; *Denkinger*, Der Verbraucherbegriff, S. 286.

514 MünchKomm/*Micklitz*, § 13 BGB Rn 3; *Micklitz/Rott*, in: Dauses (Hrsg.), Handbuch EU-Wirtschaftsrecht, H. V. Rn 109; *Reich*, ZEuP 1994, 381, 389; ebenso *Remien*, ZEuP 1994, 34, 52 f.

515 MünchKomm/*Micklitz*, § 13 BGB Rn 3.

516 *Ibid.*

517 Vgl. *Denkinger*, Der Verbraucherbegriff, S. 292.

518 Dazu insb. *Denkinger*, Der Verbraucherbegriff, S. 288, 293; *Meller-Hannich*, Verbraucherschutz, S. 73 f.; *Riesenhuber*, System und Prinzipien des Europäischen

Aufgabe darin besteht, durch selbstbewusstes Auftreten zur Verwirklichung des Binnenmarktes beizutragen.[519]

Korrespondierend mit dem unionsrechtlichen Begriff auf kollisionsrechtlicher Ebene, werden wohl auch hier, angesichts des klaren Wortlautes, die unselbstständig beruflichen Tätigkeiten ausgeklammert. Mit Blick auf den Verbraucher als Rechtsfigur, die funktional an der Realisierung des Binnenmarktes mitarbeiten muss, kommen zudem ausschließlich natürliche Personen als Schutzobjekte in Betracht.[520] Ob sich die den Richtlinien zugrunde liegende Begriffsdefinition im Übrigen an der engen, vom EuGH entwickelten, Definition orientiert, ist noch nicht abschließend geklärt worden. Allerdings scheint zumindest das Europäische Parlament abgeneigt zu sein, der engen Auslegung des EuGH in allen durch Richtlinienrecht harmonisierten Bereichen zu folgen. So heißt es in Erwägungsgrund 17 der RL 2011/83/EU[521]: „Die Definition des Verbrauchers sollte natürliche Personen, die außerhalb ihrer gewerblichen, geschäftlichen, handwerklichen oder beruflichen Tätigkeit handeln, umfassen. Wird der Vertrag jedoch teilweise für gewerbliche und teilweise für nichtgewerbliche Zwecke abgeschlossen (Verträge mit doppeltem Zweck) und ist der gewerbliche Zweck im Gesamtzusammenhang des Vertrags nicht überwiegend, so sollte diese Person auch als Verbraucher betrachtet werden."

Unabhängig davon sei bereits jetzt darauf hingewiesen, dass die enge Auslegung des Verbraucherbegriffes im Rahmen der EU-Verordnungen zum internationalen Zivilprozess- und Privatrecht in besonderem Maße mit dem durch diese Rechtssetzungsakte verfolgten Grundsatz der Rechtssicherheit zusammenhängt.[522] Im materiellen Verbraucherrecht dominiert hingegen der Aspekt des zwingenden Charakters der Verbraucherschutzvorschriften.[523] Das vom EuGH

Vertragsrechts, 2003, S. 250, 253, Fn. 7; *Rösler*, Europäisches Konsumentenvertragsrecht, S. 127 f.; a.A.: *Dreher*, JZ 1997, 167, 170.

519 MünchKomm/*Micklitz*, § 13 BGB Rn 3; ausführlich zum Verbraucherkonzept des Marktverhaltensrechts: *Denkinger*, Der Verbraucherbegriff, S. 241 ff.

520 MünchKomm/*Micklitz*, § 13 BGB Rn 12; *Denkinger*, Der Verbraucherbegriff, S. 304.

521 Richtlinie 2011/83/EU des Europäischen Parlaments und des Rates vom 25. Oktober 2011 über die Rechte der Verbraucher, zur Abänderung der Richtlinie 93/13/EWG des Rates und der Richtlinie 1999/44/EG des Europäischen Parlaments und des Rates sowie zur Aufhebung der Richtlinie 85/577/EWG des Rates und der Richtlinie 97/7/EG des Europäischen Parlaments und des Rates, Abl. EU 2011 L 304/64.

522 Vgl. insb. Egrd. 16 der Rom I-VO sowie Egrd. 1 und 11 der EuGVO; Erman/*Saenger*, § 13 BGB Rn 17; *Ebers*, VuR 2005, 361, 364 f.; *Rösler/Siepmann*, EWS 2006, 497, 498.

523 Erman/*Saenger*, § 13 BGB Rn 17; *Ebers*, VuR 2005, 361, 364 f.; *Rösler/Siepmann*, EWS 2006, 497, 500 f.

entwickelte Verständnis des Verbrauchers kann daher nicht ohne Weiteres auf das der verbraucherschützenden Richtlinien übertragen werden.[524] Angesichts dieser variierenden Schutzzweckbestimmungen können Problemfelder, wie das der gemischten Zwecksetzung, somit durchaus unterschiedlichen Lösungsansätzen folgen.[525]

Bei Umsetzung der Richtlinien haben die einzelnen Mitgliedstaaten die unionsrechtlichen Anforderungen an den Verbraucherbegriff zu berücksichtigen. Erst in einem zweiten Schritt kann der nationale Rechtsanwender dann darüber befinden, ob die europäische Regelung für die nationalen Belange als ausreichend erachtet wird, oder aber ob die Notwendigkeit eines höheren Schutzes besteht.[526]

aa) Der Verbraucherbegriff im deutschen Recht

Auch der janusköpfige Charakter des § 13 BGB ist geprägt durch die enge Verbindung und Ergänzung nationaler Rechtsordnungen mit der Rechtsordnung der EU.[527] § 13 BGB definiert für alle verbraucherschützenden Regelungen des deutschen Rechtes, wer als Verbraucher anzusehen ist. Er dient zugleich aber auch der Umsetzung diverser Verbraucherschutzrichtlinien.[528] Bis zum Inkrafttreten des VRRLUmsG am 13.6.2014 ist ein Verbraucher gem. § 13 BGB eine natürliche

---

524 Erman/*Saenger*, § 13 BGB Rn 17; *Ebers*, VuR 2005, 361, 364 f.; *Rösler/Siepmann*, EWS 2006, 497, 500 f.; a.A.: *Gottschalk*, RIW 2006, 576, 577; *Mankowski*, EWiR 2005, 305 f.; für eine grundsätzliche Übertragung des engen EuGH Begriffes auf die in den Richtlinien enthaltenen Begriffe: *Loacker*, JZ 2013, 234 ff.

525 Zwar engt der EuGH den Verbraucherbegriff sowohl für Verordnungen als auch für Richtlinien ein, vgl. zur Haustürwiderrufs-RL: EuGH, Urt.v. 14.03.1991 – C-361/89, Slg. I-1189 – Di Pinto; EuGH, Urt.v. 17.03.1998 – C-45/96, Slg. I-1199 – Dietzinger und zur EuGVÜ: EuGH, Urt.v. 19.01.1993 – C-89/91, Slg. I-139 – Shearson Lehmann Hutten Inc./Bayerische Hypothekenbank und EuGH, Urt.v. 20.01.2005 – C-464/01, Slg. 2005, I-439 – Gruber/BayWa AG; damit ist aber noch nicht abschließend geklärt, ob das Unionsrecht einen einheitlichen Verbraucherbegriff kennt, oder ob dieser je nach Regelungsgegenstand variiert. Das Verhältnis zwischen verbraucherschützendem Richtlinienrecht auf materiellrechtlicher Ebene und den Verordnungen des internationalen Zivilprozess- und Privatrechtes kann erst nach Abschluss eines Vorlageverfahrens geklärt werden, vgl. dazu m.w.N. MünchKomm/*Micklitz*, § 13 BGB Rn 35; Bamberger/Roth/*Schmidt-Räntsch*, § 13 BGB Rn 12 hält die Übertragung der EuGH Rechtsprechung zum Verbraucherbegriff auf das Richtlinienrecht für durchaus möglich.

526 MünchKomm/*Micklitz*, § 13 BGB Rn 2; *Denkinger*, Der Verbraucherbegriff, S. 349.

527 MünchKomm/*Micklitz*, § 13 BGB Rn 1; *Kellermann*, JA 2005, 546 Fn. 3; *Ebers*, VuR 2005, 361, 362.

528 *Ebers*, VuR 2005, 361, 362.

Person, die ein Rechtsgeschäft zu einem Zweck abschließt, der weder ihrer gewerblichen noch ihrer selbstständigen beruflichen Tätigkeit zugerechnet werden kann. Der deutsche Gesetzgeber hatte sich somit bewusst für eine Formulierung entschieden, die sich in den meisten der unionsrechtlichen Verbraucherrichtlinien wiederfindet. Mit dem neuen VRRLUmsG ändert sich der Verbraucherbegriff durch die Einfügung des Wortes „überwiegend". Als Verbraucher gilt somit künftig jede natürliche Person, die ein Rechtsgeschäft *überwiegend* zu einem Zwecke abschließt, der weder ihrer gewerblichen noch ihrer selbstständig beruflichen Tätigkeit zugerechnet werden kann.

Bereits vor Verabschiedung des VRRLUmsG war in Rechtsprechung und Literatur eine klare Tendenz zu einem, im Vergleich zum EuGH, eher weiter gefassten Verbraucherbegriff auszumachen. Insbesondere im Bereich der *dual use* Problematik wurde davon ausgegangen, dass die Anwendbarkeit der schützenden Verbraucherrechtsnormen der vertragsschließenden Partei nur dann versagt werden dürfe, wenn bei dem von ihr abgeschlossenen Geschäft der gewerbliche bzw. berufliche Zweck überwiege.[529] Mit Einführung des neuen Verbraucherbegriffes wird diese Tendenz nun positivrechtlich kodifiziert.

Seine eindeutige Kontur erhält der Verbraucherbegriff des § 13 BGB durch das Zusammenspiel persönlicher, funktionaler und sachlicher Kriterien.[530] In persönlicher Hinsicht knüpft § 13 BGB, wie auch der vorherrschende unionsrechtliche Begriff, zunächst an den Verbraucher als natürliche Person an, der in seiner jeweiligen Rolle[531] als Käufer, Reisender oder eben Kreditnehmer Rechtsgeschäfte schließt.[532]

In einem zweiten Schritt muss dann in funktioneller Hinsicht der Zweck, für den das in Frage stehende Rechtsgeschäft abgeschlossen wurde, herausgefiltert werden. Nach der Negativformulierung des § 13 BGB darf dieser weder in der gewerblichen noch in der selbstständig beruflichen Tätigkeit liegen. Hier findet sich ein erster Niederschlag des, im Vergleich zur unionsrechtlichen Begriffsregelung, überschießenden Schutzcharakters der deutschen Regelung. Durch das Abstellen

529 Im Allgemeinen: Erman/*Saenger*, § 13 BGB Rn 17; Staudinger/*Kannowski*, § 13 BGB Rn 47; *Schmidt*, JuS 2006, 1, 4; für den Bereich des Verbrauchsgüterkaufes: OLG Bremen, ZGS 2004, 394 f.; OLG Celle, NJW-RR 2004, 11645,1646; Palandt/*Ellenberger*, § 13 BGB Rn 1.

530 Danach differenzierend auch: MünchKomm/*Micklitz*, § 13 BGB Rn 8; *Faber*, ZEuP 1998, 854, 858.

531 Ausführlich zum rollenbezogenen Schutzkonzept: *Denkinger*, Der Verbraucherbegriff, S. 113 ff.

532 MünchKomm/*Micklitz*, § 13 BGB Rn 10.

auf die nur *selbstständige* berufliche Tätigkeit fällt bspw. auch der abhängig beschäftigte Arbeitnehmer in den Schutzbereich des § 13 BGB.[533] Der gemeinhin gebrauchte unionsrechtliche Begriff klammert hingegen jedwede berufliche Tätigkeit und nicht nur solche, die selbstständigen Zwecken dienen, aus.[534]

Neben dem persönlichen und funktionalen Moment, kann der Verbraucherbegriff aber erst dann vollständig typisiert werden, wenn klar ist, auf welchen Regelungsgegenstand sich das Rechtsgeschäft im konkreten Fall bezieht. Dabei setzt der Verbraucherschutz, genau wie im Unionsrecht, nicht an der individuellen Schutzbedürftigkeit des Verbrauchers an. Vielmehr muss auf die jeweilige Situation abgestellt werden, in der typischerweise eine Schutzbedürftigkeit des Verbrauchers ausgelöst wird.[535]

Für die Fälle der verbundenen Verträge ist damit die konkrete Situation des Verbrauchers im Rahmen von Verbraucherkreditgeschäften zu beachten.

bb) Der Verbraucherbegriff im französischen Recht

Der Code de la Consommation fasst alle allgemeinen verbraucherschützenden Regelungen in einem Gesamtwerk zusammen.[536] Da insbesondere die unionsrechtlichen Richtlinienvorgaben stets unverändert und nur punktuell in den bereits bestehenden Gesetzestext integriert werden,[537] stellt er jedoch alles andere als ein in sich geschlossenes System dar.[538] Das führt im Ergebnis auch dazu, dass der Code de la Consommation je nach Regelungsmaterie verschiedene Verbraucherbegriffe bereithält.[539]

Bspw. wird neben den Begriffen *non-professionel* und *professionel* auch der Begriff *consommateur* zur Beschreibung des Verbrauchers verwendet.

Teilweise werden diese sogar kumulativ nebeneinander verwendet, ohne dass dahinter ein erkennbares System zu erkennen ist. So beispielsweise in Art. L 132–1 CConsom, der Generalklausel für die Kontrolle missbräuchlicher

---

533 *Denkinger*, Der Verbraucherbegriff, S. 449 mit genauer Abgrenzung der Begriffsmerkale „gewerblich" und „beruflich" in Fn. 1836; *Dauner-Lieb/Dötsch*, DB 2003, 1666, 1667.

534 Staudinger/*Kannowski*, § 13 BGB Rn 30; *Dauner-Lieb/Dötsch*, DB 2003, 1666, 1667; *Kellermann*, JA 2005, 546.

535 MünchKomm/*Micklitz*, § 13 BGB Rn 3, 37, 44; vgl. auch *Faber*, ZEuP 1998, 854, 859.

536 Staudinger/ *Kannowski*, § 13 BGB Rn 19.

537 *Denkinger*, Der Verbraucherbegriff, S. 358.

538 Staudinger/*Kannowski*, § 13 BGB Rn 19; *Kilian*, Der Verbraucherbegriff in der EU, S. 125.

539 *Denkinger*, Der Verbraucherbegriff, S. 359.

Klauseln in Verbraucherverträgen („*contrats conclus entre professionnels et non-professionnels ou consommateurs*").[540]

Ein kleiner Meilenstein für den französischen Verbraucherbegriff wurde mit dem Loi n° 2014-344 du 17 mars 2014 relative à la consommation (1), dem französischen Umsetzungsgesetz zur VRRL, gesetzt. Mit Art. 3 des Loi n° 2014-344 wird eine allgemeine Definition des Verbrauchers eingeführt, die nunmehr für den gesamten Code de la Consommation gilt. Die eingeführte Verbraucherdefinition ist wortgleich mit der in Art. 2 Nr. 1 VRRL enthaltenen Definition und umfasst jede natürliche Person, die zu Zwecken handelt, die außerhalb ihrer gewerblichen, geschäftlichen, handwerklichen oder beruflichen Tätigkeit liegen. Dennoch erstreckt sich die Definition nicht auf alle Bestimmungen des Code de la Consommation. Spezifische Definitionen, die einen eigens abgesteckten Regelungsbereich betreffen, bleiben auch weiterhin wirksam und haben Vorrang vor der allgemeinen Definition.[541]

Aus diesem Grund muss bei der Anwendung und Auslegung des Code de la Consommation besonders darauf geachtet werden, innerhalb welches Regelungsbereiches der Verbraucher agiert.

Für die Verbraucherbraucheigenschaft bei Verbraucherkreditverträgen hält der französische Code de la Consommation in Art. L. 311–1 Nr. 2 folgende Bestimmung bereit:

> „*Au sens du présent chapitre, sont considérés comme:*
>
> *Emprunteur ou consommateur, toute personne physique qui est en relation avec un prêteur, dans le cadre d'une opération de crédit réalisée ou envisagée dans un but étranger à son activité commerciale ou professionnelle.*"

„Verbraucher" i.S. dieses Kapitels sind demnach alle natürlichen Personen, die im Rahmen einer zukünftigen oder bereits abgeschlossenen Kreditoperation, deren Zweck außerhalb ihrer beruflichen oder wirtschaftlichen Tätigkeit liegt, mit einem Kreditgeber in Verbindung stehen.

Auch die für die Verbraucherkreditverträge vorgesehene Definition ist Ausfluss europäischer Vorarbeiten. Mit Umsetzung der VerbrKrRL durch das Loi n° 2010-737 du 1er juillet 2010 portant réforme du crédit à la consommation (1) hielt auch der unionsrechtliche Begriff des Verbrauchers für jene Vertragskonstellationen nahezu wortgleichen Einzug in die nationale Rechtsordnung.

---

540 Staudinger/*Kannowski*, § 13 BGB Rn 19.

541 *Bonnefoy*, Stellungnahme Nr. 792 (2012–2013), im Namen des Rechtsausschusses, eingereicht am 23. Juli 2013, abrufbar unter: http://www.senat.fr/rap/a12-792/a12-7921.pdf (Stand: 1.6.2014), S. 52.

Im französischen Recht zeichnete sich bereits unter der alten Gesetzesregelung die Tendenz zu einer eher engen Verbraucherdefinition, wie der EuGH sie bevorzugt, ab. Dass das Beurteilungskriterium der fehlenden fachlichen Kompetenz zur Schutzbedürftigkeit der vertragsschließenden Partei und damit zur Bejahung der Verbrauchereigenschaft führen sollte, war aus Sicht des Cour de Cassation nicht länger vertretbar und wurde daher verworfen.[542] Auch auf das oft kritisierte Merkmal des direkten Bezuges („*rapport direct*") zur gewerblichen oder beruflichen Tätigkeit, das aufgrund seiner Einordnung als bloße Tatsachenfrage nicht der höchstrichterlichen Kontrolle unterlag[543], wurde nicht länger abgestellt.[544] Neu eingeführt wurde indes das Beurteilungskriterium „*destinés à promouvoir l'activité professionnelle*".[545] Es kam somit darauf an, ob die in Rede stehenden Verträge geeignet sind, die berufliche Tätigkeit zu fördern. Maßgebend war nunmehr die Zweckrichtung des Geschäfts.[546]

Schon vor Erlass der VerbrKrRL war demnach zu beobachten, dass in Frankreich ein starkes Streben nach Eindeutigkeit und Präzision stattfand.

Für den Begriff des Verbrauchers sollte der Weg wegführen von unsicheren, dem Gutdünken des jeweiligen Richters unterliegenden, Beurteilungsmaßstäben, hin zu einer strikten Abgrenzung von privater und beruflicher Sphäre.[547]

Bemerkenswert ist jedoch, dass gerade im Bereich des Kreditwesens, durch jene Tendenz zur klaren Begrifflichkeit der Verbrauchereigenschaft, eine günstige Ausdehnung des Verbraucherbegriffes stattgefunden hat. Unter Ausschluss jeglicher richterlicher Einschätzungsprärogative soll für die Beurteilung des Vorliegens der Verbrauchereigenschaft als einziger maßgeblicher Umstand ein formeller herangezogen werden.[548] Die Zweckbestimmung des Vertragsgegenstandes ist nicht mehr nach dem Parteiwillen zu bestimmen, sondern einzig anhand des im

542 Cass. civ., 1ère, Urt. v. 26.11.2002, Contrats, conc., consom. 2003, comm. 80.

543 Vgl. *Denkinger*, Der Verbraucherbegriff, S. 397; *Paisant*, JCP 2003, I (Nr. 121), 549, 552 ff.; Cass. civ., 2ième, Urt. v. 15.3.2004, D 2004, 1018, obs. *Rondey*.

544 Vgl. Cass. civ., 1ère, Urt. v. 26.11.2002, Contrats, conc., consom. 2003, comm. 80; Cass. civ., 1ère, Urt. v. 15.3.2005, JCP 2005, II (Nr. 10114),1571.

545 Cass. civ., 1ère, Urt. v. 26.11.2002, Contrats, conc., consom. 2003, comm. 80.

546 *Denkinger*, Der Verbraucherbegriff, S. 391.

547 Eine umfassende Darstellung der Entwicklung des Verbraucherbegriffes in der französischen Rechtsprechung bis 2007 liefert *Denkinger*, Der Verbraucherbegriff, S. 361 ff.

548 *Denkinger*, Der Verbraucherbegriff, S. 402 f.; *Raymond*, Contrats, conc., consom. 2004, comm. 15.

Vertrag festgeschriebenen Zweckes („*stipulation expresse*“[549]). Dies führt im Umkehrschluss dazu, dass das Vorliegen der Verbrauchereigenschaft vermutet wird. Erst wenn sich aus dem Vertrag ergibt, dass der Vertragsgegenstand den professionellen Zwecken des Käufers dient, wird die Anwendung des Art. L. 311–1 ff. CConsom versagt.[550]

Eine *dual use* Problematik, wie sie in anderen Rechtsordnungen zu beobachten ist, stellt sich somit für den Bereich des französischen Verbraucherkreditrechtes nicht mehr.

Diese verbrauchergünstige Rechtsprechung bleibt jedoch auf den Bereich des Kreditwesens beschränkt. Was wohl auch dem Umstand geschuldet sein mag, dass der Verbraucherkreditvertrag (und hier insbesondere auch der verbundene Vertrag) durch seine Komplexität und Vielgestaltigkeit erhöhte Unsicherheiten mit sich bringt.[551]

cc) Der Verbraucherbegriff im englischen Recht

Will man den im Consumer Credit Act vorherrschenden Verbraucherbegriff ermitteln, liefert die in s. 8 CCA enthaltene Legaldefinition des Verbraucherkreditvertrages einen ersten Hinweis. Ein Verbraucherkreditvertrag definiert sich danach wie folgt:

> *"A consumer credit agreement is an agreement between an individual ("the debtor") and any other person ("the creditor") by which the creditor provides the debtor with credit of any amount."*

Somit ist Voraussetzung für das Vorliegen eines Verbraucherkreditvertrages, dass ein Vertrag zwischen einer natürlichen Person (*individual*) – dem Schuldner (*debtor*) – und jeder anderen Person – dem Gläubiger (*creditor*) geschlossen wurde, dessen Gegenstand eine Kreditvergabe in beliebiger Höhe ist.[552]

Was dann weitergehend unter der, den Verbraucher charakterisierenden, Eigenschaft der natürlichen Person (*individual*) zu verstehen ist, stellt s. 189 (1) CCA klar. Die Bezeichnung *individual* umfasst danach:

549 Cass. civ., 1ère, Urt. v. 06.1.2011, Bull. civ. 2011, I, Nr. 3; Cass. civ., 1ère, Urt. v. 28.1.2009, Bull. civ. 2009, I, Nr. 13; Cass. civ., 1ère, Urt. v. 08.10.2009–08-17.399; Cass. civ., 1ère, Urt. v. 27.5.2003, Contrats, conc., consom. 2003, comm. 170.

550 Vgl. *Denkinger*, Der Verbraucherbegriff, S. 405; *Raymond*, Contrats, conc., consom. 2004, comm. 15.

551 Wie hier auch *Denkinger*, Der Verbraucherbegriff, S. 405.

552 Angelehnt an die Übersetzung von *Kilian*, Der Verbraucherbegriff in der EU, S. 168.

(a) *a partnership consisting of two or three persons not all of whom are bodies corporate; and*

(b) *an unincorporated body of persons which does not consist entirely of bodies corporate and is not a partnership*

Hiermit zeigt der englische Gesetzgeber erneut auf, dass der Consumer Credit Act durch seinen weiten Schutzbereich eine der umfassendsten und strengsten Gesetzgebungen im Bereich des Verbraucherkreditrechtes darstellt.[553] Der CCA erstreckt sich in seinem persönlichen Anwendungsbereich auch auf Personenvereinigungen, soweit diese keine eigene juristische Persönlichkeit besitzen bzw. sich nicht vollständig aus juristischen Personen zusammensetzen. Von der Verbraucherdefinition des CCA wird daher nicht nur der private (End-)Verbraucher im engen Sinne erfasst.[554] Auch Zusammenschlüsse von Freiberuflern, wie z.B. eine Anwaltsfirma oder eine Gemeinschaftspraxis von Ärzten, sind vom Schutzbereich des CCA umfasst.[555]

Noch erstaunlicher ist es aber, dass der Zweck des gewährten Kredites für die Beurteilung als Verbraucherkredit bis zum Erlass des Consumer Credit Act 2006[556] völlig irrelevant war. Die Abgrenzung danach, ob der Kredit für private oder aber gewerbliche Zwecke eingesetzt wird, spielte im englischen Verbraucherkreditrecht nicht einmal eine Nebenrolle.[557] Mit der Entscheidung für einen derart weiten Anwendungsbereich hatte der Gesetzgeber insbesondere das Ziel vor Augen, auch dem Kleingewerbetreibenden die verbraucherschützenden Regelungen des CCA zugute kommen zu lassen.[558] Ein Kleingewerbetreibender kann in der konkreten Geschäftssituation genauso unterlegen und unerfahren sein, wie jede andere Privatperson. Erschwerend kommt hinzu, dass gerade die Gewerbetreibenden auf die Aufnahme von Krediten angewiesen sind, um ihren Geschäftsbetrieb gewinnbringend zu führen.[559] In

553 So auch schon *Kilian*, Der Verbraucherbegriff in der EU, S. 167.

554 *Eschmann*, Das britische Abzahlungsrecht, S. 61; *Kilian*, Der Verbraucherbegriff in der EU, S. 169.

555 *Kilian*, Der Verbraucherbegriff in der EU, S. 169; *Lowe/Woodroffe*, Consumer Law and Practice, S. 329.

556 Abrufbar unter: http://www.legislation.gov.uk/ukpga/2006/14/contents (Stand: 1.6.2014).

557 Vgl. *Kilian*, Der Verbraucherbegriff in der EU, S. 169; *Harvey/Parry*, Consumer Protection, S. 297.

558 *Kilian*, Der Verbraucherbegriff in der EU, S. 169; *Howells/Weatherill*, Consumer Protection Law, S. 307.

559 Dazu *Kilian*, Der Verbraucherbegriff in der EU, S. 170.

Umsetzung europäischer Vorgaben sieht s. 16B CCA nunmehr vor, dass all jene Geschäfte von den verbraucherschützenden Vorschriften des CCA ausgeklammert bleiben, die – entweder vom Kreditnehmer *oder* vom Kreditgeber – ganz oder überwiegend beruflichen Zwecken dienen bzw. dienen sollen. Bemerkenswert ist insoweit, dass für die Frage beruflichen Handelns nicht nur auf die Kreditnehmerseite abgestellt wird. Der CCA ist auch dann anzuwenden, wenn der Kreditgeber den Vertrag ganz oder überwiegend zu beruflichen Zwecken abschließt. Einschränkend muss jedoch berücksichtigt werden, dass diese Restriktionen nur für Kredite gelten, die den Betrag von 25.000 Pfund übersteigen. Für alle anderen Kredite bleibt die Frage, ob der Kredit für private oder aber gewerbliche Zwecke eingesetzt wird, weiterhin irrelevant.

Auch für auftretende *dual use* Fälle scheint die englische Rechtsprechung einer weiten Auslegung des Verbraucherbegriffes zumindest nicht abgeneigt zu sein. So entschied der High Court im Falle eines Rolls-Royce Kaufes von Freiberuflern, dass der Vertrag nicht „*in course of their business*“ geschlossen wurde, weil dies voraussetzen würde, dass der Kauf von Kraftfahrzeugen zumindest ein „*integral part*“ ihres Geschäftsbetriebes war oder notwendig dazu gehörte.[560]

Die englische Regierung bemüht sich, zur Unterstützung der Rechtsvereinheitlichung auf europäischer Ebene, den existierenden innerstaatlichen Verbraucherbegriff im Allgemeinen an die EU-Vorgaben anzupassen.[561] Dennoch wird sie auch in Zukunft, insbesondere im Bereich der *dual-use* Problematik, unter Absage des engen EuGH Begriffes, an ihrer Tendenz zu einer weiten Auslegung des Verbraucherbegriffes festhalten.[562]

c) Zwischenergebnis

Die Untersuchung hat gezeigt, dass sich der vertragsautonome Verbraucherbegriff und die jeweiligen Verbraucherbegriffe der untersuchten Mitgliedstaaten

---

560 Peter Symmons & Co v Cook (1981) 131 NLJ 758, allerdings bezogen auf den Verbraucherbegriff in s. 12 UCTA; dazu und m.w.N. aus der englischen Rechtsprechung: Staudinger/*Kannowski*, § 13 BGB Rn 18.

561 Z.B. durch Beschränkung des personellen Anwendungsbereiches auf natürliche Personen, unter Ausschluss von Unternehmen und ähnlichen Organisationen, vgl. *BIS*, Enhancing consumer confidence by clarifying consumer law, S. 26, abrufbar unter: https://www.gov.uk/government/uploads/system/uploads/attachment_data/file/31864/12-937-enhancing-consumer-consultation-supply-of-goods-services-digital.pdf (Stand: 1.6.2014).

562 *BIS*, Enhancing consumer confidence by clarifying consumer law, S. 220; Staudinger/*Kannowski*, § 13 BGB Rn 18.

zwar ähnlen. Vor allem aber mit Blick auf die sachliche und persönliche Anwendungsreichweite sind weiterhin deutliche Unterschiede zu erkennen.

Aus kollisionsrechtlicher Sicht scheinen die Weichen für den Verbraucherbegriff eindeutig gestellt zu sein. Wortlaut und Systematik von Art. 6 Rom I-VO lassen keinen anderen Schluss zu, als dass im Rahmen von grenzüberschreitenden Verbraucherverträgen auf den, durch den EuGH entwickelten, engen Begriff der Verbrauchereigenschaft abzustellen ist. Verbraucher ist demnach jede natürliche Person, die den Vertrag zu einem Zweck schließt, der nicht ihrer beruflichen oder gewerblichen Tätigkeit zugerechnet werden kann. Bei Verträgen mit gemischten Zwecksetzungen liegt nur dann eine Verbrauchereigenschaft des Käufers vor, wenn der dem Rechtsgeschäft inne wohnende berufliche/gewerbliche Zweck von ganz untergeordneter Bedeutung ist.

Anders stellt es sich jedoch bei Verlassen des kollisionsrechtlichen Bereiches dar. Die Analyse des materiellrechtlichen Verbraucherbegriffes der untersuchten Mitgliedstaaten zeigt eindeutig auf, dass innerhalb der nationalen Rechtsordnungen der Verbraucherbegriff durchaus weiter verstanden wird, als auf kollisionsrechtlicher Ebene.

In einem ersten Schritt muss dann aber geklärt werden, ob eine vom unionsrechtlichen Begriff abweichende nationale Definition überhaupt Bestand haben kann. Zum Teil wird die Auffassung vertreten, dass die zuvor zitierte EuGH Rechtsprechung auch Ausstrahlungswirkung gegenüber den nationalen Vorschriften entfaltet.[563] Vertreter dieser Meinung verkennen aber bereits den systematischen Zusammenhang der in Frage stehenden Fallgestaltungen. Die Ausgangsentscheidung des EuGH betraf die Auslegung des prozessrechtlichen Verbraucherbegriffes des § 13 EuGVÜ. Eine Übertragung des in diesem Zusammenhang vom EuGH entwickelten Verständnisses des Verbrauchers auf das der nationalen Rechtsordnungen ist aber aufgrund der abweichenden Zweckbestimmungen nicht ohne weiteres möglich.[564] Im Internationalen Zivilprozessrecht überwiegt der Grundsatz der Rechtssicherheit. Im materiellen Verbraucherrecht steht hingegen der zwingende Charakter der Verbraucherschutzvorschriften im Vordergrund.

Was die jeweiligen nationalen Regelungen jedoch gewährleisten müssen, ist die unionskonforme Umsetzung der verbraucherschützenden Richtlinien. Hierbei sind dann insbesondere die in den Richtlinien vorherrschende Definition des Verbraucherbegriffes und die sich daraus ergebenden Anforderungen zu beachten. Auch in diesem Zusammenhang blieb es aber bisher unklar, ob sich die

563 Bamberger/Roth/*Schmidt-Räntsch*, § 13 BGB Rn 12; *Mankowski*, EWiR 2205, 305.

564 Dazu bereits oben unter B I 2 b.

in den Richtlinien enthaltenen Verbraucherbegriffe generell an dem durch den EuGH entwickelten Begriff orientieren.[565] Ein Kurswechsel bringt zumindest RL 2011/83/EU mit sich. Konträr zur EuGH Rechtsprechung wird gem. Erwägungsgrund 17 die Verbrauchereigenschaft bereits bei Rechtsgeschäften gewährt, die bloß „überwiegend“ zu nicht gewerblichen Zwecken abgeschlossen werden. Ob der EuGH seine Rechtsprechung auch mit Blick auf andere Richtlinien modifizieren wird, bleibt abzuwarten.[566]

Selbst wenn aber den verbraucherschützenden Richtlinien der strenge Maßstab des EuGH zugrunde liegen sollte, heißt dies aber noch nicht, dass diesem Begriff auch auf nationaler Ebene unter richtlinienkonformer Auslegung gefolgt werden muss. Zwar basiert insb. die VerbrKrRL auf dem Konzept der Vollharmonisierung.[567] Wie aus den Erwägungsgründen 5 und 7 der VerbrKrRL ersichtlich wird, soll das Vereinheitlichungskonzept der Verbraucherrichtlinie vor allem dazu beitragen, die in den Mitgliedstaaten noch bestehenden unterschiedlichen Anforderungen und Voraussetzungen für Verbraucherkreditgeschäfte zu eliminieren. Entsprechend Erwägungsgrund 9 sollte es deshalb den Mitgliedstaaten nicht erlaubt sein, von dieser Richtlinie abweichende innerstaatliche Bestimmungen beizubehalten oder einzuführen.

Fraglich bleibt jedoch, ob die Vollharmonisierung auf den sachlichen Bereich beschränkt bleibt, oder ob sie auch den persönlichen Anwendungsbereich berührt. Die Kommission selbst äußert sich bisher nicht dazu.[568]

Zumindest Satz 2 und 3 des neunten Erwägungsgrundes der VerbrKrRL stellen insoweit klar, dass die zuvor erwähnten Einschränkungen nur für jene Fälle gelten, in denen Vorschriften durch diese Richtlinie harmonisiert werden. Soweit es keine solchen harmonisierten Vorschriften gibt, sollte es den Mitgliedstaaten freigestellt bleiben, innerstaatliche Rechtsvorschriften beizubehalten oder einzuführen. Das von der VebrKrRL verfolgte Konzept der Vollharmonisierung lässt es den Mitgliedstaaten daher unbenommen, die jeweiligen Bestimmungen der Richtlinie auch auf Bereiche anzuwenden, die nicht in den Geltungsbereich der Richtlinie fallen.

Zudem deutet Erwägungsgrund 13 der RL 2011/83/EU[569], die ebenfalls dem Konzept der Vollharmonisierung folgt, noch klarer darauf hin, dass der Verbraucherbegriff auch in Zukunft minimalharmonisiert bleiben soll.

---

565 *Ibid.*

566 So auch: *Tonner*, VuR 2013, 443, 446; *Wendehorst*, NJW 2014, 577.

567 Vgl. oben unter A II 2.

568 Dazu MünchKomm/*Micklitz*, § 13 BGB Rn 40.

569 S.o. Fn. 511.

Solange der europäische Gesetzgeber keine klaren Vorgaben an den Verbraucherbegriff stellt, bleibt es daher den Mitgliedstaaten überlassen den Verbraucherbegriff partiell auszuweiten.[570]

Der marktverhaltensmäßige Verbraucherschutz[571] bildet somit nicht mehr, als einen Mindestschutz, der bei Defiziten durch den eher sozialstaatlich konzipierten nationalen Verbraucherschutz ergänzt wird.[572]

Daher stellt es sich aus englischer Perspektive grundsätzlich als unproblematisch dar, dass der Gesetzgeber, insbesondere zum Schutz der Kleingewerbetreibenden, nicht auf den privaten Zweck der Kreditvergabe abstellt. Dass der englische Verbraucherbegriff im beschränkten Maße auch Personenvereinigungen umfasst, ist ebenfalls, mit Blick auf eine diesbezüglich fehlende Klarstellung innerhalb der Richtlinie, nicht vorwerfbar.[573]

Auch die deutsche Regelung, die nur die selbstständigen beruflichen Tätigkeiten vom Anwendungsbereich ausnimmt, ist grundsätzlich richtlinienkonform. Allerdings stellt Art. 2 Abs. 2 lit. g VerbrKrRL unzweifelhaft fest, dass die Richtlinie nicht für Verträge über Kredite gilt, die einem Arbeitnehmer von seinem Arbeitgeber als Nebenleistung zinsfrei oder zu einem niedrigeren effektiven Jahreszins als dem marktüblichen gewährt werden und die nicht der breiten Öffentlichkeit angeboten werden. Derartige Fallgestaltungen müssen nach unionskonformer Auslegung des deutschen Verbraucherbegriffes vom Anwendungsbereich ausgeschlossen werden. Für den Bereich der unselbstständig Berufstätigen dürfte das Verbraucherkreditrecht daher seinem größten Anwendungsbereich beraubt worden sein.

Eine sich aus der RL ergebende abschließende Sperrwirkung gegenüber der autonomen Ausgestaltung des Verbraucherbegriffes durch den französischen Gesetzgeber ist ebenfalls zu verneinen. Der Vereinheitlichungseffekt der VerbrKrRL, bzgl. der bestehenden abweichenden Anforderungen und Voraussetzungen für Verbraucherkreditgeschäfte, wird nicht dadurch unterlaufen, dass sich der Verbraucherbegriff an formalen Kriterien orientiert.

Unter den zuvor dargestellten Schlussfolgerungen bliebe es den einzelnen Mitgliedstaaten zudem grundsätzlich überlassen, Verbraucherkredite mit gemischter Zwecksetzung in den Anwendungsbereich einzubeziehen. Gesetzgeberische

---

570 MünchKomm/*Micklitz*, § 13 BGB Rn 14.

571 Vgl. dazu bereits oben unter B I 2 b.

572 MünchKomm/*Micklitz*, § 13 BGB Rn 78.

573 Dazu im Allgemeinen auch: MünchKomm/*Micklitz*, § 13 BGB Rn 14.

Freiheit besteht dann auch für die Anforderungen, die an die Gewichtung zwischen privatem und gewerbsmäßigem bzw. beruflichem Zweck gestellt werden.[574]

Im Endeffekt stehen sich somit der unionsrechtliche Verbraucherbegriff auf zivilprozessrechtlicher bzw. kollisionsrechtlicher Ebene und die auf materiellrechtlicher Ebene entwickelten Verbraucherbegriffe der jeweiligen Mitgliedstaaten gegenüber.[575] Das hier dargestellte Ergebnis, dass nämlich der Verbraucherbegriff aus kollisionsrechtlicher Sicht durchaus anders beurteilt werden kann, als der in den Richtlinien enthaltene, trägt nicht unbedingt zu einer einheitlichen und damit auch rechtssicheren europäischen Gesetzgebung bei. Der divergierende Charakter von Richtlinie und Verordnung ist aber generell eine unionsrechtliche Eigenart, die nicht nur im Verbraucherrecht zu unterschiedlichen Ergebnissen führen kann.

Zwar ähneln sich die Verbraucherbegriffe der untersuchten Mitgliedstaaten. Der Spielraum, der den Mitgliedstaaten durch die verbraucherschützenden Richtlinien erhalten bleibt, führt dennoch dazu, das Umfang und Voraussetzungen der Verbrauchereigenschaft stark variieren.

3. *Zusammenfassung und Stellungnahme*

Der Begriff des verbundenen Vertrages taucht in der Mehrzahl der nationalen Regelungen auf. Zumindest auf materiellrechtlicher Ebene trägt auch der europäische Gesetzgeber zur Entwicklung eines einheitlichen Begriffes für verbundene Verträge bei. Während aber Art. 3 lit. n der VerbrKrRL den verbundenen Vertrag anschaulich und präzise definiert, wird eine entsprechende Begrifflichkeit auf kollisionsrechtlicher Ebene derweilen vermisst.

Erst nach Anwendung der allgemein anerkannten Auslegungsmethoden des Europarechts lassen sich, zumindest für Verbraucherverträge nach Art. 6 Rom I-VO, Voraussetzungen für das Vorliegen von verbundenen Verträgen ausmachen. Wer jedoch große Präzision, Differenziertheit oder gar übertragbare Grundsätze erwartet hat, muss enttäuscht werden. Mehr als die Bejahung der Verbrauchereigenschaft im konkreten Fall, wird für das Vorliegen eines verbundenen Vertrages nicht verlangt.

In einem zweiten Schritt kommt es daher entscheidend auf den vertragsautonom zu bestimmenden Begriff des Verbrauchers unter der Rom I-VO an. Nach Art. 6 Abs. 1 Rom I-VO ist ein Verbraucher eine natürliche Person, die den Vertrag zu einem Zweck schließt, der nicht ihrer beruflichen oder gewerblichen Tätigkeit

574 A.A.: *Faber*, ZEuP 1998, 854, 887.

575 So auch *Staudinger*, jm 2014, 229, 234.

zugerechnet werden kann. Dabei werden die Voraussetzungen und die Reichweite dieser Definition maßgeblich durch die Entscheidungen des EuGH konkretisiert. Da im Vorschlag zur Rom I-VO eindeutig auf die durch den EuGH konkretisierte Definition Bezug genommen wird, bleibt für den jeweiligen Rechtsanwender insoweit kein Beurteilungsspielraum.

Schwieriger wird es, wenn man die Analyse des Verbraucherbegriffes auf nationaler Ebene betrachtet. Aufgrund des, den meisten Rechtsordnungen inne wohnenden, Schutzcharakters der Verbrauchervorschriften, ist der

Rechtsanwender eher dazu geneigt, den persönlichen Anwendungsbereich der Verbraucherverträge auszuweiten.

Welche Auswirkung diese Divergenz für die kollisionsrechtliche Beurteilung verbundener Verträge nach sich zieht, wird im Folgenden zu klären sein.

Für Fallkonstellationen, die mangels Verbrauchereigenschaft aus dem Anwendungsbereich der Rom I-VO herausfallen, aber dennoch Merkmale eines verbundenen Vertrages aufweisen, sollte jedenfalls auf die in Art. 3 lit. n VerbrKrRL enthaltene Definition des verbundenen Vertrages zurückgegriffen werden. Wo es möglich ist, ein Zusammenspiel der verschiedenen Sekundärrechtsakte zu erreichen, ist eine einheitliche Begrifflichkeit erstrebenswert.[576] Auf diese Weise wird Rechtssicherheit geschaffen und die Harmonie und Glaubwürdigkeit der unionsrechtlichen Rechtsakte gesteigert.

II. Die kollisionsrechtliche Anknüpfung verbundener Verträge unter der Rom I-VO

Gemäß dem Grundsatz der Privatautonomie richtet sich das auf den Vertrag anzuwendende Recht grundsätzlich nach dem von den Parteien gemäß Art. 3 Rom I-VO[577] gewählten Recht. Erst wenn die Parteien keine ausdrückliche oder konkludente Rechtswahl getroffen haben, gelten gemäß Art. 4 Abs. 1 lit. a-h Rom I-VO besondere Kollisionsregeln für acht spezielle Vertragstypen. Für alle Verträge, die nicht unter Abs. 1 fallen oder deren Bestandteile durch mehr als einen der Buchstaben a bis h des Abs. 1 abgedeckt sind, bestimmt sich das anwendbare Recht nach Abs. 2 und dem darin enthaltenen Grundsatz der charakteristischen Leistung.

576 S.o. unter B I 1 c.

577 Verordnung (EG) Nr. 593/2008 des Europäischen Parlaments und des Rates vom 17. Juni 2008 über das auf vertragliche Schuldverhältnisse anzuwendende Recht (Rom I).

Sollte der Vertrag eine offensichtlich engere Verbindung mit einem anderen Staat aufweisen, korrigiert Art. 4 Abs. 3 Rom I-VO die unter Abs. 1 und Abs. 2 gefundenen Anknüpfungen.

Soweit zur kollisionsrechtlichen Theorie. Wie sich aber diese Grundsätze der Rom I-VO auf die verbundenen Verträge übertragen lassen und auf welche Weise sich das anwendbare Recht letztlich bestimmt, soll im folgenden Abschnitt der Arbeit herausgearbeitet werden. Dabei werden zunächst unter (1) die Auswirkungen einer möglichen Rechtswahl auf den verbundenen Vertrag beleuchtet. Daran anschließend soll unter (2) auf die für den verbundenen Vertrag relevante Sonderanknüpfung nach Art. 6 Rom I-VO eingegangen werden. Schließlich wird unter (3) der Frage nachgegangen, wie sich das mangels Rechtswahl auf den verbundenen Vertrag anwendbare Recht ermitteln lässt.

1. Auswirkungen einer Rechtswahl auf den verbundenen Vertrag

a) Ausdrückliche und stillschweigende Rechtswahl

aa) Ausdrückliche Rechtswahl

Erwägungsgrund 11 der Rom I-VO stellt klar: „Die freie Rechtswahl der Parteien sollte einer der Ecksteine des Systems der Kollisionsnormen im Bereich der vertraglichen Schuldverhältnisse sein." Außerdem, und das kann als eines der Hauptziele des Internationalen Privatrechtes qualifiziert werden, ist eine klare Rechtswahlvereinbarung das beste Mittel, um Streitigkeiten über das anwendbare Recht vorzubeugen.[578]

Sowohl den Parteien des Darlehensvertrages als auch den Parteien des damit finanzierten Vertrages ist es grundsätzlich gestattet, frei über das auf ihren Vertrag anwendbare Recht zu entscheiden.

bb) Stillschweigende Rechtswahl

(1) Allgemeines

Bei Fehlen einer ausdrücklichen Rechtswahl durch die Parteien, kann trotz allem eine stillschweigende Rechtswahl gem. Art. 3 Abs. 1 S. 1 Alt. 2 Rom I-VO vorliegen. Da auch die stillschweigende Rechtswahl vertraglicher Natur ist, erfordert sie eine tatsächliche Willensübereinkunft der Parteien.[579] Die für das Vorliegen einer stillschweigenden Rechtswahl erforderlichen Voraussetzungen ergeben sich allein

---

578 *Von Hein* in: Rauscher, EuZPR/EuIPR, Art. 3 Rom I-VO Rn 1.

579 *Von Hein* in: Rauscher, EuZPR/EuIPR, Art. 3 Rom I-VO Rn 11; *Martiny*, in: Reithmann/Martiny, IPR, Rn 113; *Wagner*, IPRax 2008, 377, 378.

aus Art. 3 Abs. 1 S. 2 Alt. 2 Rom I-VO. Das Abstellen auf einen etwaigen hypothetischen, nach den objektiven Parteiinteressen ermittelten Willen, oder aber die Sachnormen der *lex fori* ist insoweit unzulässig.[580] Eine konkludente Rechtswahl kann sich somit nur „aus den Bestimmungen des Vertrags oder aus den Umständen des Falles ergeben". Bei der Ermittlung dieses realen Parteiwillens hilft insbesondere das Aufsuchen und Auffinden mehrerer aussagekräftiger Indizien, die für eine bestimmte Rechtswahl sprechen könnten.[581] Nicht alle Indizien haben jedoch das gleiche Gewicht. Vage Vermutungen reichen nicht aus, es müssen vielmehr konkrete Umstände vorliegen, die für einen entsprechenden Parteiwillen sprechen.[582]

Zudem ist im Rahmen der Feststellung der konkludenten Rechtswahl zu beachten, dass rechtspolitische Schutzbelange, wie der mit verbundenen Verträgen häufig zusammenhängende Verbraucherschutz, außer Betracht bleiben müssen. Derartig geschützte Interessen spielen erst nach der Rechtswahlprüfung, auf zweiter Stufe, im Rahmen von Art. 6 Rom I-VO eine Rolle.[583]

(2) Durchschlagen einer ausdrücklichen bzw. konkludenten Rechtswahl auf den verbundenen Vertrag

Ein aussagekräftiges Indiz für eine stillschweigende Rechtswahl kann die enge Verbundenheit zweier oder mehrerer Rechtsgeschäfte sein.[584] Und zwar selbst dann, wenn die Parteien der jeweiligen Vertragsverhältnisse nicht identisch sind.[585]

So wurde beispielsweise entschieden, dass die konkludente Wahl des deutschen Rechtes bzgl. eines Bauvertrages ein aussagekräftiges Indiz dafür ist, dass auch die Parteien des Architektenvertrages den Vertrag dem deutschen Recht unterstellen wollten. Zur Begründung wurde, neben anderen Anhaltspunkten, ausgeführt, dass die Parteien den Architektenvertrag dem deutschen Recht unterstellen wollten, weil die Leistungen auf Grund beider Verträge für dasselbe

---

580 So auch: BAG NZA 2008, 761, 763 = BAG RIW 2008, 644, 646; Palandt/*Thorn*, Art. 3 Rom I-VO Rn 6; *von Hein* in: Rauscher, EuZPR/EuIPR, Art. 3 Rom I-VO Rn 11; *Martiny*, in: Reithmann/Martiny, IPR, Rn 114; *Wagner*, IPRax 2008, 377, 378.

581 *Martiny*, in: Reithmann/Martiny, IPR, Rn 113.

582 *Martiny*, in: Reithmann/Martiny, IPR, Rn 114; dies ergibt sich auch unzweifelhaft aus den jeweiligen sprachlichen Fassungen der Rom I-VO („clearly demonstrated", „façon certaine" und „eindeutig").

583 *Von Hein* in: Rauscher, EuZPR/EuIPR, Art. 3 Rom I-VO Rn 19.

584 *Von Hein* in: Rauscher, EuZPR/EuIPR, Art. 3 Rom I-VO Rn 31.

585 *Ibid.*

Bauvorhaben in Deutschland erbracht werden sollten.[586] Auch verbundene Verträge weisen eine enge wirtschaftliche Verbundenheit auf. Im Unterschied zu dem zuvor dargestellten Fall des Bau- und Architektenvertrages sind jedoch die jeweiligen Leistungspflichten der Vertragsparteien nicht darauf ausgerichtet ein bestimmtes Zielvorhaben gemeinsam zu fördern. Dass Bauherr und Architekt bei der Ausführung und Umsetzung ihrer Arbeiten zusammenwirken müssen, liegt bereits in der Natur der Sache. Beim verbundenen Vertrag stellt sich die Situation anders dar. Hier soll der Darlehensvertrag die Anschaffung der Kaufsache bzw. der Dienstleistung ermöglichen. Ein enges Zusammenwirken der verschiedenen Parteien, wie beim Bau- und Architektenvertrag, muss dem verbundenen Vertrag dabei nicht immanent sein. Dies zeigt sich insbesondere mit Blick auf die, für das Kollisionsrecht vergleichend herangezogene[587], Definition des Art. 3 lit. n VerbrKrRL. Für das Vorliegen einer wirtschaftlichen Einheit beider Verträge ist bereits die bloße Benennung des finanzierten Geschäftes im Darlehensvertrag ausreichend. Die Interessenlagen dieser beiden Fallgruppen können daher stark variieren.

Aber selbst wenn die enge Verknüpfung zweier Verträge auf einen entsprechenden Rechtswahlwillen hindeuten kann, muss beachtet werden, dass im Rahmen von Art. 3 Rom I-VO stets der *reale* Rechtswahlwille im konkreten Fall ermittelt werden muss.[588] Die obigen Ausführungen finden ihren Platz daher vielmehr im Rahmen der Ausweichklausel des Art. 4 Abs. 3 Rom I-VO.[589] Erst hier können die, jeweils objektiv ermittelten, Interessen der Parteien als Indiz für eine engere Beziehung zu einem anderen Recht ihren Niederschlag finden.

Die enge Verbundenheit allein kann somit nicht ausreichen um eine konkludente Rechtswahl im Rahmen verbundener Verträge anzunehmen. Zudem ist der berufene Richter mit Blick auf den Wortlaut von Art. 3 Abs. 1 S. 2 Rom I-VO, der eine *eindeutige* Bestimmung des tatsächlichen Parteiwillens verlangt, gehalten, eine Gesamtbetrachtung aller einschlägigen Indizien vorzunehmen und diese gegeneinander abzuwägen.[590] Eine konkludente Rechtswahl anhand eines Indizes – sei es auch noch so aussagekräftig – wäre daher ohnehin nicht ausreichend.

---

586 BGH NJW 2001, 1936.

587 Vgl dazu die entsprechenden Ausführungen oben unter B I 1 c.

588 Vgl. *Roth*, in: FS Georgiades, S. 905, 917.

589 *Ibid.*

590 *Von Hein* in: Rauscher, EuZPR/EuIPR, Art. 3 Rom I-VO Rn 18.

b) Grenzen einer Rechtswahl

Die grundsätzliche Entscheidung für eine freie Vertragsgestaltung, die insbesondere auch zur „Realisierung des Binnenmarktzieles“[591] beiträgt, bedeutet indes nicht, dass der Gesetzgeber sie ausnahmslos gewährleisten muss und wollte.[592]

Bei einer ausdrücklichen Rechtswahl können sich vor allem dann Probleme ergeben, wenn die zur Anwendung gelangenden Vertragsstatuten auseinanderfallen. Fraglich ist, was gilt, wenn der finanzierte Vertrag sich nach deutschem Recht richtet, der Darlehensvertrag jedoch nicht, weil bei ihm, wegen einer anderweitigen Auslandsberührung (z.B. Darlehensgeber mit Sitz im Ausland), ein anderes Recht gewählt wurde. Dies könnte dann beispielsweise dazu führen, dass, bei Wahl eines drittstaatlichen Rechtes, die schützenden Vorschriften des Einwendungs- und Widerrufsdurchgriffes der VerbrKrRL gar nicht zur Anwendung kommen, da der Drittstaat solche Normen nicht kennt.

Aber auch bei Binnensachverhalten können sich Probleme ergeben. So könnten bspw. unauflösliche Widersprüche entstehen, wenn die Vertragsstatuten der Mitgliedstaaten unterschiedliche Anforderungen an das Eingreifen von Einwendungs- und Widerrufsdurchgriff stellen.

Zudem drängen bestimmte Schutzvorschriften, wie bspw. Art. 6 Rom I-VO, dazu, das von den Parteien gewählte Vertragsstaut unberücksichtigt zu lassen.

Welche Grenzen der Rechtswahl im Bereich der verbundenen Verträge von Bedeutung sind, soll im folgenden Abschnitt erörtert werden.

aa) Grundsatz der Abspaltbarkeit bei kumulativer Rechtswahl

Wurde in beiden Vertragsverhältnissen eine Rechtswahl getroffen, die jeweils ein anderes Vertragsstatut beruft, kann dies zu widersprüchlichen Ergebnissen führen. Während auf den Kaufvertrag deutsches Recht zur Anwendung gelangt, könnte sich bspw. der Darlehensvertrag nach drittstaatlichem Recht, das weder das Institut des Widerrufs- noch das des Einwendungsdurchgriffes kennt, richten.

Auch auf binneneuropäischer Ebene können sich ähnliche Probleme ergeben – wenn auch in Umfang und Ausmaß geringer, da die mitgliedstaatlichen Rechte durch die richtungsweisenden Richtlinien der Union weitestgehend vereinheitlicht wurden. So könnte sich die folgende Fallsituation ergeben: Zur Finanzierung eines in Deutschland abgeschlossenen Kaufvertrages schließt der Käufer mit einer in England ansässigen Bank einen Darlehensvertrag. Die

---

591 *Von Hein* in: Rauscher, EuZPR/EuIPR, Art. 3 Rom I-VO Rn 2; vgl. *Mankowski*, IHR 2008, 133, 134.

592 Vgl. *von Hein* in: Rauscher, EuZPR/EuIPR, Art. 3 Rom I-VO Rn 3.

Kaufsache weist schließlich erhebliche Mängel auf, sodass der Käufer und Darlehensnehmer sofort die weitere Bedienung des Darlehens einstellt.

Nach deutschem Recht kann der Käufer die Rückzahlung des Darlehens erst verweigern, wenn eine Nacherfüllung durch den Verkäufer fehlgeschlagen ist, vgl. § 359 S. 3 BGB. Das englische Recht sieht eine derartige Regelung indes nicht vor. S. 75 CCA verzichtet komplett auf die Subsidiarität des Einwendungsdurchgriffs, wie sie in Art. 15 Abs. 2 VerbrKrRL vorgesehen ist. Vielmehr ordnet s. 75 (1) CCA an, dass Lieferant und Darlehensnehmer dem Verbraucher als Gesamtschuldner gegenüberstehen.

Auch wenn eine teilweise bzw. kumulative Rechtswahl für verbundene Verträge bereits mit Blick auf den Wortlaut des Art. 3 Abs. 1 S. 3 Rom I-VO, der von einer Rechtswahl für einzelne Teile eines (einheitlichen) Vertrages spricht, abgelehnt werden müsste, wäre sie auch aus rein systematischen Gründen zu verneinen. Sowohl eine teilweise als auch eine kumulative Rechtswahl ist nur möglich, wenn die Teilfrage abspaltbar ist bzw. die Anwendbarkeit mehrerer Rechtssysteme nicht zu unauflöslichen Widersprüchen führt. Dieser ungeschriebene Vorbehalt der Abspaltbarkeit ist auf die verbundenen Verträge zu übertragen. Die umfängliche wirtschaftliche und rechtliche Beziehung, die die verbundenen Verträge zueinander aufweisen, führt dazu, dass bei Anwendbarkeit unterschiedlicher Rechtsordnungen auch hier Widersprüche entstehen können.

Im Rahmen der Rechtsprechung zur Teilrechtswahl wurde eine Abspaltbarkeit insbesondere dann verneint, wenn die Folgen einer Leistungsstörung betroffen waren.[593] Es ist bspw. nicht möglich, dem Käufer bei einem Mangel der Ware ein Selbstvornahmerecht nach dem einen Recht zu gewähren, während er nach dem anderen Recht dem Verkäufer zunächst das Recht zur zweiten Andienung ermöglichen muss.[594] So kann es auch im obigen Beispiel nicht funktionieren, dass der Käufer nach deutschem Recht dem Verkäufer vor Geltendmachung der Einrede ggü. dem Darlehensgeber zunächst eine Nacherfüllungsmöglichkeit gewähren

---

593 *Giuliano/Lagarde*, Bericht über das Übereinkommen über das auf vertragliche Schuldverhältnisse anzuwendende Recht, Abl. EG 1980 C 282/1, 282/17 und BT-Drucks. 10/503, S. 33, 49; Bamberger/Roth/*Spickhoff*, Art. 3 Rom I-VO Rn 28; Ferrari/Kieninger/Mankowski, u.a./*Ferrari*, Art. 3 Rom I-VO Rn 40; Palandt/*Thorn*, Art. 3 Rom I-VO Rn 10; *von Hein* in: Rauscher, EuZPR/EuIPR, Art. 3 Rom I-VO Rn 77; Bereits zu Art. 27 Abs. 1 S. 3 EGBGB: *Kropholler*, IPR, § 52 II 3 b; a.A. Erman/*Hohloch*, Art. 3 Rom I-VO Rn 21; PWW/*Brödermann*/*Wegen*, Art. 3 Rom I-VO Rn 20; Staudinger/*Magnus*, Art. 3 Rom I-VO Rn 109.

594 Beispiel nach *von Hein* in: Rauscher, EuZPR/EuIPR, Art. 3 Rom I-VO Rn 77.

muss, während er nach englischem Recht bereits dazu befugt wäre, die weitere Zahlung der Darlehensraten einzustellen.

Ob die Wahl verschiedener Rechtsordnungen im Rahmen des verbundenen Vertrages möglich ist, bleibt somit auch hier davon abhängig, ob sie Fragen betrifft, die generell aus dem zusammenhängenden System abgespalten werden können.

bb) Zwingende Normen in Verbraucherbinnensachverhalten

(1) Art. 46 b EGBGB

Es kann zu Fallkonstellationen kommen, in denen die Parteien das Recht eines Drittstaates gewählt haben, das u.U. das Institut des verbundenen Vertrages überhaupt nicht kennt und der jeweilige Gesetzgeber demnach auch keine diesbezüglichen Schutzvorschriften erlassen hat. Die Union verfolgt auf Ebene der verbundenen Verträge einen relativ hohen Schutzstandard.[595] Den innerhalb der EU tätigen Wirtschaftsakteuren könnte es daher daran gelegen sein, dieses zentrale Schutzsystem, einschließlich der damit für sie einhergehenden Restriktionen, abzumildern oder gar völlig auszuschließen.

Der harmonisierte Schutzstandard für den verbundenen Vertrag, den der europäische Gesetzgeber entwickelt hat, könnte somit durch geschickte Wahl eines anderen Vertragsstatuts umgangen werden.[596]

Für diese Fälle sieht Art. 46 b Abs. 1 EGBGB vor, dass, wenn der Vertrag einen engen Zusammenhang mit dem Gebiet eines Mitgliedstaats der Europäischen Union oder eines anderen Vertragsstaats des Abkommens über den Europäischen Wirtschaftsraum aufweist, die im Gebiet dieses Staates geltenden Bestimmungen zur Umsetzung der Verbraucherschutzrichtlinien trotz Wahl eines drittstaatlichen Rechtes anzuwenden sind. Gem. Art. 46 b Abs. 3 Nr. 5 EGBGB gehört zu diesen Verbraucherschutzrichtlinien auch die VerbrKrRL.

Art. 46 b EGBGB erfasst die geltenden nationalen Bestimmungen. Voraussetzung ist, dass sie im Staat des Aufenthaltsorts des Verbrauchers in Kraft gesetzt worden sind.[597]

Überschießende Umsetzungen können schließlich dazu führen, dass die nationale Umsetzung, über den von der Richtlinie gesicherten Standard hinaus, dem Verbraucher einen höheren Schutz gewährt. Beispielsweise kann das nationale

---

595 Siehe dazu bereits oben unter A II.

596 Vgl. *Lagarde/Tenenbaum*, Rev crit dip 2008, 727, 737 insoweit zu Art. 3 Abs. 4 Rom I-VO, dessen Schutzzweck sich aber unzweifelhaft auf Art. 46 b EGBGB übertragen lässt.

597 MünchKomm/*Martiny*, Art. 46 b EGBGB Rn 74.

Recht, wie im Falle Deutschlands, einen doppelten Widerrufsdurchgriff vorsehen (vgl. § 358 Abs. 1 und 2 BGB), obwohl diese Möglichkeit von Art. 15 Abs. 1 VerbrKrRL grundsätzlich nicht erfasst ist.

Fraglich ist, ob auch diese überschießenden Bestimmungen von Art. 46 b EGBGB erfasst werden. Teilweise ist man der Meinung, dass der Mindeststandard zugunsten überschießender Vorschriften mit Blick auf den *effet utile* und der Schaffung eines einheitlichen europäischen Rechtsraums nicht abwählbar sein dürfte.[598] Das jeweilige materielle Recht könnte dabei auf seinen Richtliniengehalt reduziert werden. Damit würde freilich ein so nicht geltendes und möglicherweise nicht einfach zu ermittelndes Recht angewendet.[599] Richtigerweise sollte man sich an den Umsetzungsvorschriften selbst orientieren. Daher wird zutreffend angenommen, Art. 46 b EGBGB erfasse auch über den Mindeststandard hinausgehende „überschießende" Vorschriften.[600]

Zu berücksichtigen bleibt jedoch, dass sich das Richtlinienkollisionsrecht nur mit dem Verhältnis zum drittstaatlichen Recht beschäftigt; dessen Anwendung wird einseitig ausgeschlossen.[601] Rechtskollisionen im Binnenmarkt werden weiterhin den Regeln des Art. 6 Rom I-VO überlassen.[602]

(2) Art. 6 Rom I-VO

Art. 6 Abs. 2 Rom I-VO bestimmt, dass die Rechtswahl nicht dazu führen darf, dass dem Verbraucher der Schutz der zwingenden Vorschriften seines Aufenthaltslandes entzogen wird. Mit den zwingenden Vorschriften, auf die Art. 6 Abs. 2 Rom I-VO abstellt, sind speziell solche gemeint, die den schwächeren Vertragsteil zu schützen suchen.[603] Dabei kommt es nicht darauf an, dass die jeweilige

---

598 *Michaels/Kamann*, JZ 1997, 601, 605 (analog Art. 3 Abs. 3 EVÜ bzw. Art. 27 Abs. 3 EGBGB).

599 MünchKomm/*Martiny*, Art. 46 b EGBGB Rn 75; *Nemeth*, wbl 2000, 341, 347.

600 MünchKomm/*Martiny*, Art. 46 b EGBGB Rn 75; Staudinger/*Magnus* Art. 46 b EGBGB Rn 51; noch zu Art. 29 a EGBGB: *Freitag/Leible*, EWS 2000, 342, 346; allgemein zur vorherigen Rechtslage: *Jayme/Kohler*, IPRax 1997, 385, 389; vgl. auch *Kronke*, RIW 1996, 985, 992.

601 Staudinger/*Magnus*, Art. 46 b EGBGB Rn 18; vgl. auch *Stoll*, FS Max-Planck-Institut, S. 461, 464 ff.

602 Staudinger/*Magnus*, Art. 46 b EGBGB Rn 18; *Nemeth*, Kollisionsrechtlicher Verbraucherschutz in Europa, S. 97 ff.; mit Blick auf die Rechtslage vor Einführung der Rom I-VO ausführlich: *Leible*, in: Schulte-Nölke/Schulze (Hrsg.), Europäische Rechtsangleichung, S. 368 ff.

603 *Dicey/Morris/Collins*, Conflict of Laws, Rule 235 Rn 33–126; *Martiny*, in: Reithmann/Martiny, IPR, Rn 4204; Staudinger/*Magnus*, Art. 3 Rom I-VO Rn 140; bereits zu

Norm ausdrücklich nur auf den „Verbraucher" abstellt. Nicht umfasst sind aber solche Vorschriften, die ganz allgemein wirtschaftlichen, sozialen und außenpolitischen Zwecken dienen.[604]

Als Rechtsfolge sieht Art. 6 Rom I-VO dann vor, dass die Verbraucherschutzvorschriften des Aufenthaltslandes uneingeschränkt zur Anwendung gelangen. Das Recht des Aufenthaltslandes des Verbrauchers bildet somit immer den Referenzrahmen an Hand dessen das gewählte Recht zu messen ist. Erst wenn das gewählte Recht für den Verbraucher günstiger ist als sein Heimatrecht, kann und muss es zur Anwendung gelangen (sog. Günstigkeitsvergleich).[605] Vergleichsbasis ist dabei nur das zwingende Verbrauchervertragsrecht, worunter insbesondere auch das Verbraucherkreditrecht fällt.[606]

Auch bei reinen Binnenmarktsachverhalten ist der Schutz des zwingenden Binnenmarktrechts – insbesondere auch in der im jeweiligen Mitgliedstaat umgesetzten Form – zu beachten. Entsprechend dem Schutzzweck der in Frage stehenden Regelungen, sollte sich hier ebenfalls nur das für den Verbraucher günstigere Recht durchsetzen.[607]

(3) Verhältnis zwischen Art. 6 Rom I-VO und Art. 46 b EGBGB

Wird eine Rechtswahl getroffen, die auf das Recht eines Staates verweist, der außerhalb des EWR liegt, stellt sich die Frage des Konkurrenzverhältnisses zwischen Art. 6 Rom I-VO und Art. 46 b EGBGB. Dass diese beiden Normen kollidieren, hängt dabei insbesondere mit deren unterschiedlicher Herkunft zusammen. Während Art. 6 Rom I-VO auf dem Grundgedanken der Vereinheitlichung des Privatrechtes beruht und der europäische Gesetzgeber somit seine Legitimation aus Art. 81 Abs. 2 lit. c AEUV herleitet, dient Art. 46 b Abs. 1–3 EGBGB der Verwirklichung des Binnenmarktes unter Berücksichtigung eines hohen Verbraucherschutzes. Die Regelungskompetenz

---

Art. 5 Abs. 2 EVÜ: *Kroeger*, Schutz der „marktschwächeren" Partei im IPR, S. 80; *Loacker*, Der Verbrauchervertrag im IPR, S. 98.

604 *Martiny*, in: Reithmann/Martiny, IPR, Rn 4204.

605 MünchKomm/*Martiny*, Art. 6 Rom I-VO Rn 47; Palandt/*Thorn*, Art. 6 Rom I-VO Rn 8; *Fricke*, in: Rauscher, EuZPR/EuIPR, Art. 6 Rom I-VO Rn 51; Staudinger/*Magnus*, Art. 6 Rom I-VO Rn 137.

606 *Fricke*, in: Rauscher, EuZPR/EuIPR, Art. 6 Rom I-VO Rn 51; *Martiny*, in: Reithmann/Martiny, IPR, Rn 4205; ebenso: *Dicey/Morris/Collins*, Conflict of Laws, Rule 235 Rn 33–164; vgl. auch *Mankowski*, ZEuP 2008, 845, 862.

607 Staudinger/*Magnus*, Art. 6 Rom I-VO Rn 30.

für diese Sachmaterie ergibt sich dann aus Art. 169 Abs. 2 lit. a und Art. 114 AEUV.[608]

Tatsächlich ist der Überschneidungsbereich beider Normen aber nur minimal. Erst das Zusammenspiel von fünf tatbestandlichen Faktoren führt zu einer Konkurrenzsituation zwischen Art. 6 Rom I-VO und Art. 46 b EGBGB: So muss (1) ein Verbrauchervertrag vorliegen, der nicht einen der Ausnahmetatbestände des Art. 6 Abs. 4 Rom I-VO erfüllt und bei dem (2) eine Rechtswahl getroffen wurde, die auf einen Staat außerhalb des EWR verweist, wobei (3) der Unternehmer seine Tätigkeit im Aufenthaltsstaat des Verbrauchers ausübt oder dorthin ausrichtet und (4) ein enger Zusammenhang mit einem EWR-Staat besteht. Schließlich muss (5) eine Umsetzungsvorschrift einer der in Art. 46 b Abs. 3 EGBGB aufgeführten Richtlinien zur Anwendung kommen.[609]

Zudem werden, in der überwiegenden Zahl der Fälle, beide Normen auf dieselbe Rechtsordnung hinweisen.[610] Bei Vorliegen aller Tatbestandsmerkmale beider Normen, verweist Art. 6 Rom I-VO auf die Normen des Aufenthaltsstaates des Verbrauchers. Art. 46 b EGBGB lässt das Recht desjenigen EWR-Staates Anwendung finden, mit dem der Vertrag eine enge Beziehung aufweist. Diese enge Beziehung wird in Art. 46 Abs. 2 EGBGB aber gerade zu jenem EWR-Staat vermutet, in dem der Verbraucher seinen gewöhnlichen Aufenthalt hat. Im Umkehrschluss bedeutet dies: Jedenfalls dann, wenn der Verbraucher seinen Aufenthalt in einem EWR-Staat hat, wird Art. 6 Rom I-VO und in der überwiegenden Zahl der Fälle auch Art. 46 b EGBGB zum gleichen Ergebnis kommen.

Dennoch verbleibt zumindest die theoretische Möglichkeit, dass beide Normen auf verschiedene Rechtsordnungen verweisen. So beispielsweise, wenn der in Frage stehende Vertrag einen engen Bezug zu einem EWR-Staat aufweist, obwohl der Verbraucher seinen gewöhnlichen Aufenthalt im außereuropäischen Ausland hat.[611]

Dass die Bestimmung eines Rangverhältnisses beider Normen erforderlich ist, liegt aber insbesondere auch an den mit ihnen verbundenen, variierenden Rechtsfolgen.[612] Nach Art. 6 Abs. 2 S. 2 Rom I-VO soll lediglich gesichert werden, dass eine Rechtswahl nicht dazu führt, dass dem Verbraucher der Schutz entzogen wird,

---

608 *Limbach*, in: JurisPK-BGB, Art. 46 b EGBGB Rn 5.

609 Ausführliche Darstellung zu den tatbestandlichen Überschneidungen und Divergenzen: *Limbach*, in: JurisPK-BGB, Art. 46 b EGBGB Rn 8; Staudinger/*Magnus*, Art. 46 b EGBGB Rn 11.

610 *Limbach*, in: JurisPK-BGB, Art. 46 b EGBGB Rn 9; *Tonner*, BB 2000, 1413, 1419.

611 *Limbach*, in: JurisPK-BGB, Art. 46 b EGBGB Rn 11.

612 *Limbach*, in: JurisPK-BGB, Art. 46 b EGBGB Rn 10.

der ihm durch die zwingenden Bestimmungen des Rechtes seines Aufenthaltsstaates gewährt wird. Diesem „bloßen" Günstigkeitsvergleich stellt Art. 46 b EGBGB jedoch eine Eingriffsnorm gegenüber. Ohne dass auf das anwendbare Recht Rücksicht zu nehmen ist, beanspruchen die betreffenden Sachnormen unbedingte Anwendung.

Für die Bestimmung des Rangverhältnisses beider Normen sieht Art. 23 Rom I-VO zunächst eindeutig und unmissverständlich vor, dass die Rom I-VO besondere Kollisionsnormen unberührt lässt. Dazu zählt schließlich auch das verbraucherschützende umgesetzte Richtlinien-IPR, und zwar unabhängig davon, ob es sich dabei um eine richtlinienkonforme Ausgestaltung handelt oder nicht.[613] Soweit Art. 46 b EGBGB in seinem Anwendungsbereich reicht, ist ihm somit Vorrang vor Art. 6 Rom I-VO einzuräumen.[614]

Nach dem Wortlaut des Art. 46 b EGBGB werden die zwingenden Vorschriften unbedingt und nicht nur mithilfe des Günstigkeitsprinzips durchgesetzt. Versteht man Art. 46 b EGBGB als unbedingte Rechtswahlbeschränkung würde dies aber im Ergebnis dazu führen, dass sogleich das von Art. 46 b EGBGB genannte umgesetzte Recht anzuwenden wäre. Auf Art. 6 Rom I-VO und das von ihm bestimmte Recht käme es dann nicht mehr an.[615] Art. 46 b EGBGB sollte indes nicht die Wahl eines drittstaatlichen Rechts unabhängig von der Korrekturmöglichkeit des Art. 6 Rom I-VO durchkreuzen.[616] Andernfalls würde er eine erhebliche Tragweite erhalten und – möglicherweise zu Lasten des Verbrauchers – weit über die Einschränkung nach dem Günstigkeitsprinzip des Art. 6 Rom I-VO hinausgehen.[617]

Das kann allein mit Blick auf den Zweck der in den Richtlinien enthaltenen Kollisionsnormen nicht überzeugen. Diese sind darauf bedacht, dem Verbraucher

---

613 Staudinger/*Magnus*, Art. 46 b EGBGB Rn 26; a.A. *Limbach*, in: JurisPK-BGB, Art. 46 b EGBGB Rn 13, der dem Art. 46 b EGBGB seinen Anwendungsvorrang abspricht, wenn dieser nicht dem in den Richtlinien vorgesehenen Günstigkeitsprinzip folgt. Damit missachtet *Limbach* nicht nur den *effet utile*. Mehr noch: Das Richtlinienrecht kann auf diese Weise systematisch unterlaufen werden, vgl. dazu Staudinger/*Magnus*, Art. 46 b EGBGB Rn 26.

614 Und zwar auch entgegen des ursprünglichen Willens des deutschen Gesetzgebers, vgl. BT-Drucks. 14/2658, S. 50: „Artikel 29 ist vor Artikel 29a zu prüfen", dazu ausführlich: *Limbach*, in: JurisPK-BGB, Art. 46 b EGBGB Rn 13.

615 Dazu im Ganzen: MünchKomm/*Martiny*, Art. 46 b EGBGB Rn 116.

616 MünchKomm/*Martiny*, Art. 46 b EGBGB Rn 117; Palandt/*Thorn*, Art. 6 Rom I-VO Rn 2.

617 MünchKomm/*Martiny*, Art. 46 b EGBGB Rn 117.

den durch die Richtlinien gewährten Mindeststandard zu sichern.[618] Nicht nachvollziehbar wäre es aber, warum ein etwaig überschießendes Schutzniveau zum Zwecke des Verbraucherschutzes versagt werden soll. M.E. wird daher zu recht davon ausgegangen, dass die Kollisionsnormen der in Frage stehenden Richtlinien dem Günstigkeitsprinzip folgen.[619] Durch richtlinienkonforme Auslegung[620] muss daher Art. 46 b EGBGB so verstanden werden, dass in Zweifelsfällen das für den Verbraucher günstigere Recht zur Anwendung gelangt.[621] Daher sollte dort, wo Art. 46 b EGBGB in seinem Schutzstandard hinter dem des Art. 6 Rom I-VO zurückbleibt, letzterem der Vorrang eingeräumt werden.[622] Dem Art. 46 b EGBGB sollte lediglich eine Ergänzungsfunktion mit Blick auf den kollisionsrechtlichen Verbraucherschutz zukommen.[623] Dies betrifft dann insbesondere jene Fälle, in denen entweder bereits die tatbestandlichen Voraussetzungen des Art. 6 Rom I-VO nicht vorliegen, oder wenn er zur Anwendung eines für den Verbraucher ungünstigeren Rechtes eines Nicht-EU bzw. EWR Mitgliedstaates führt.[624]

c) Stellungnahme

Der Grundsatz der kollisionsrechtlichen Parteiautonomie[625] führt zunächst dazu, dass es auch im Rahmen der verbundenen Verträge den Parteien frei steht, das auf ihren Vertrag anwendbare Recht zu wählen.

---

618 Vgl. insoweit beispielhaft den Wortlaut von Art. 6 Abs. 2 der KlauselRL und Art. 12 Abs. 2 der FernabsatzRL: „Die Mitgliedstaaten treffen die erforderlichen Maßnahmen, damit der Verbraucher den durch diese Richtlinie gewährten Schutz nicht verliert, […]“, sowie insb. Art. 22 Abs. 4 VerbrKrRL: „Die Mitgliedstaaten treffen die erforderlichen Maßnahmen um sicherzustellen, dass Verbrauchern der durch diese Richtlinie gewährte Schutz nicht dadurch entzogen wird, […]“; so auch: *Freitag/Leible*, ZIP 1999, 1296, 1299.

619 So auch: *Limbach*, in: JurisPK-BGB, Art. 46 b EGBGB Rn 14; Palandt/*Thorn*, Art. 6 Rom I-VO Rn 2; Staudinger/*Magnus*, Art. 6 Rom I-VO Rn 33; *Freitag/Leible*, ZIP 1999, 1296, 1299; *Staudinger*, IPRax 1999, 414, 416; a.A.: *Thorn*, BB 2000, 1413, 1419 Fn. 53.

620 A.A. *Staudinger*, IPRax 1999, 414, 418, der, noch zu Art. 29 a EGBGB, eine „richtlinienkonforme Reduktion der Rechtsfolgenanordnung“ für nicht möglich hielt.

621 Palandt/*Thorn*, Art. 6 Rom I-VO Rn 2; Staudinger/*Magnus*, Art. 6 Rom I-VO Rn 33.

622 MünchKomm/*Martiny*, Art. 46 b EGBGB Rn 117; Staudinger/*Magnus*, Art. 46 b EGBGB Rn 26; *Martiny*, RIW 2009, 737, 745; noch zu Artt. 29, 29 a EGBGB: *Staudinger*, RIW 2000, 416, 419.

623 *Martiny*, in: Reithmann/Martiny, IPR, Rn 4246.

624 Palandt/*Thorn*, Art. 6 Rom I-VO Rn 2.

625 Staudinger/*Magnus*, Art. 3 Rom I-VO Rn 1.

Eine völlig unproblematische Konstellation liegt vor, wenn Darlehensgeber und Verkäufer bzw. Dienstleistungserbringer sich gemeinsam bei Vorbereitung der Verträge ausdrücklich auf die Anwendbarkeit einer *einzigen* Rechtsordnung verständigt haben, die dann durch den Dritten akzeptiert wird.

Unüberwindbare Schwierigkeiten können sich aber dann ergeben, wenn sowohl der Darlehensgeber als auch der Verkäufer bzw. Dienstleistungserbringer unterschiedliche Rechtswahlklauseln in ihrem, mit dem Dritten abgeschlossenen, Vertrag vorsehen. Eine Rechtswahl kann sich dann nur unter stark restriktiven Voraussetzungen durchsetzen. Die Zulässigkeit der Wahl verschiedener Rechtssysteme im Rahmen der verbundenen Verträge muss grundsätzlich davon abhängig gemacht werden, ob sie Fragen betrifft, die generell aus dem zusammenhängenden System des verbundenen Vertrages abgespalten werden können oder nicht. Erst wenn sich bei der Wahl verschiedener Rechtsordnungen keine unaufhebbar widersprüchlichen Ergebnisse ergeben, bleibt sie zulässig. Gerade bzgl. der den verbundenen Vertrag charakterisierenden Rechtsfolgen des Widerrufs- und Einwendungsdurchgriffes wird eine Abspaltbarkeit, aufgrund der unterschiedlichen Ausgestaltung dieser Rechtsinstitute in den einzelnen Ländern, zu verneinen sein. Auch an dieser Stelle zeigt sich die defizitäre Umsetzung des vom europäischen Gesetzgeber favorisierten Konzepts der Vollharmonisierung. Hätte der Gesetzgeber sein Konzept der Vollharmonisierung lückenlos verwirklicht, würde sich, zumindest aus europäischer Sicht, das Problem der Abspaltbarkeit in diesem Bereich nicht stellen.

Fand eine Rechtswahl nur in einem der beiden Vertragsverhältnisse statt, wird diese nicht auf den verbundenen Vertrag durchschlagen. Die enge Verbundenheit zweier oder mehrerer Rechtsgeschäfte kann ein aussagekräftiges Indiz für eine stillschweigende Rechtswahl sein. Dies kann aber dann nicht überzeugen, wenn die, für das Kollisionsrecht vergleichend herangezogene, Definition des Art. 3 lit. n VerbrKrRL für das Vorliegen einer wirtschaftlichen Einheit beider Verträge bereits die bloße Benennung des finanzierten Geschäftes im Darlehensvertrag ausreichen lässt.

Bei Vorliegen eines Verbrauchersachverhalts sind zusätzlich die einschränkenden Voraussetzungen des Art. 6 Abs. 2 Rom I-VO zu beachten. Im Verhältnis zu drittstaatlichem Recht greift bei Bedarf Art. 46 b EGBGB korrigierend ein.

Im Ergebnis bleibt daher festzuhalten, dass die zulässigen Möglichkeiten einer Rechtswahl auf dem Gebiet der verbundenen Verträge i.S.d. vergleichend hernagezogenen Art. 3 lit. n VerbrKrRL außerordentlich gering sind und schlussendlich wohl nur in Zusammenarbeit der beteiligten Parteien zu erreichen sein werden.

2. *Kollisionsrechtliche Sonderregelung des Art. 6 Rom I-VO*

Dass der Gesetzgeber bisher keinen Bedarf zu einer entsprechenden Kodifikation des verbundenen Vertrages in der Rom I-VO sah bzw. sieht, wird wohl auch oder vor allem mit dem umfassenden Ausbau des Verbraucherschutzes zusammenhängen. Auf diese Weise soll die Entwicklung des Binnenmarktes gefördert werden. Wie steht es aber um die kollisionsrechtliche Rechtssicherheit im Rahmen der grenzüberschreitenden Verbraucherverträge?

Die gegenwärtige Ausgestaltung des Art. 6 Rom I-VO bietet einen weitaus umfassenderen Verbraucherschutz, als es noch in Art. 5 EVÜ der Fall war. Durch die Ausweitung des sachlichen Anwendungsbereiches des Art. 6 Rom I-VO auf alle – mit Ausnahme der in Abs. 4 aufgeführten – Verträge, die ein Verbraucher mit einem Unternehmer schließt, werden grundsätzlich auch *alle* Formen des Verbraucherkredits umfasst.[626]

Bei letzten geringfügigen Abweichungen bzgl. des Verbraucherschutzstandards[627] wird auf das Konzepts der Vollharmonisierung verwiesen. Eine einheitliche Umwandlung der den Verbraucher-*acquis* kennzeichnenden Richtlinien, weg von der Minimal- und hin zur Vollharmonisierung, so wird behauptet, mache letztlich sogar die verbraucherschützende Vorschrift des Art. 6 Rom I-VO entbehrlich.[628]

Diesbezüglich sei aber bereits darauf hingewiesen, dass der Stellenwert kollisionsrechtlicher Normen im Bereich des Verbraucherschutzes durch das Konzept der Vollharmonisierung zwar an Bedeutung verlieren mag. Dennoch darf die Reichweite der Verordnung nicht aus dem Blick gelassen werden. Sie erfasst auch Sachverhalte mit Bezug zum Recht von Drittstaaten. Spätestens in diesem Bereich kann das Argument des vollharmonisierten Verbraucherrechtes nicht mehr greifen.[629]

Unabhängig davon, vermag es aber auch die allgemeine Kollisionsregel des Art. 6 Rom I-VO nicht, die Problematik grenzüberschreitender verbundener Verträge angemessen zu berücksichtigen.

Um den Verbraucher bereits auf kollisionsrechtlicher Ebene gegenüber seinem professionellen Vertragspartner zu schützen, lässt ihm Art. 6 Rom I-VO mindestens das verbraucherschutzrechtliche Niveau seines Heimatstaates zukommen.[630]

---

626 Dazu oben unter B I 1 b.

627 *Clausnitzer/Woopen*, BB 2008, 1798, 1802.

628 *Clausnitzer/Woopen*, BB 2008, 1798, 1802.

629 Vgl. dazu *Berger*, ZEuP 2009, 451, 452 f.

630 Vgl. Staudinger/*Magnus*, Art. 6 Rom I-VO Rn 1.

Dass Art. 6 Rom I-VO dabei auf alle Formen des Verbraucherkredites anwendbar ist, verleiht ihm zwar eine gewisse Vollumfänglichkeit, macht die Beurteilung verbundener Verträge aber zugleich vollends abhängig vom jeweiligen Vorliegen der Verbrauchereigenschaft. Die im Rahmen der Rom I-VO zwingend anzuwendende restriktive Definition des EuGH wird viele Fälle, die aus mitgliedstaatlicher Sicht als verbundene Verbraucherverträge beurteilt werden würden, vom Anwendungsbereich ausschließen.[631]

Umgekehrt kommt es auf einen spezifischen Zusammenhang, d.h. etwaig charakterisierende Voraussetzungen, die für das Vorliegen verbundener Verträge gefordert werden würden, gar nicht an. Allein das Vorliegen der Verbrauchereigenschaft würde über das auf die verbundenen Verträge anwendbare Recht entscheiden.

Die Regelung des Art. 6 Rom I-VO mag zwar der Rechtszersplitterung weitestgehend Einhalt gebieten. Rechtssicherheit schafft sie für den Bereich der verbundenen Verträge jedoch bei Weitem nicht. Dass hierzu auch die, oftmals unterschiedlichen Ansätzen folgenden, unionsrechtlichen Rechtsinstrumente maßgeblich beitragen, ist nicht zu leugnen. Da im materiellen Verbraucherrecht der Aspekt des zwingenden Charakters der Verbraucherschutzvorschriften dominiert,[632] kann das vom EuGH entwickelte Verständnis des Verbrauchers, bei dem es, wie bereits oben dargestellt, vielmehr um Rechtssicherheitsaspekte geht, nicht ohne Weiteres auf das der verbraucherschützenden Richtlinien übertragen werden.[633]

Die Richtlinien, wie auch die für die Verbraucherkreditgeschäfte einschließlich der verbundenen Verträge einschlägige VerbrKrRL, sind jeweils auf einen bestimmten Bereich beschränkt. Allein die ökonomische Rolle des Verbrauchers, der auf dem Markt tätig wird, reicht in diesem Bereich zur Konkretisierung des Verbraucherbegriffes nicht aus. Erst die typisierte Schutzbedürftigkeit des Verbrauchers charakterisiert den Regelungsumfang. Eine Ausdehnung des Verbraucherbegriffes über die vom EuGH konkretisierte Definition hinaus, ist auf Ebene des Richtlinienrechtes bzw. des umgesetzten nationalen Rechtes daher durchaus möglich.

---

631 Zu den diesbezüglichen Unterschieden bereits oben ausführlich unter B I 2.

632 Erman/*Saenger*, § 13 BGB Rn 17; *Rösler/Siepmann*, EWS 2006, 497, 500 f.; *Ebers*, VuR 2005, 361, 364 f.

633 Erman/*Saenger*, § 13 BGB Rn 17; *Rösler/Siepmann*, EWS 2006, 497, 500 f.; *Ebers*, VuR 2005, 361, 364 f.; a.A.: *Gottschalk*, RIW 2006, 576, 577; *Mankowski*, EWiR 2005, 305 f.

Für die Bestimmung des anwendbaren Rechtes im konkreten Einzelfall kann das Folgendes bedeuten: Wurde keine Rechtswahl getroffen und kommt Art. 6 Rom I-VO mangels Vorliegens der Verbarauchereigenschaft nicht zur Anwendung, ist das auf den Vertrag anwendbare Recht nach der objektiven Grundsatzanknüpfung des Art. 4 Rom I-VO zu bestimmen. Die grundsätzlich vorrangige Anwendung des Rechtes am gewöhnlichen Aufenthaltsort des Verbrauchers entfällt somit. Sowohl für den Kauf- bzw. Dienstleistungsvertrag als auch für den Darlehensvertrag wäre dann an den Aufenthaltsort der vertragscharakteristisch leistenden Partei anzuknüpfen.[634]

Zwar kommen dann auch die verbraucherschützenden Vorschriften des auf diese Weise ermittelten Sachrechtes zur Anwendung. Haben aber Verkäufer bzw. Darlehensgeber als vertragscharakteristisch leistende Parteien ihren Aufenthaltsort in einem anderen Land als der Käufer bzw. Darlehensnehmer, bleiben letzterem die in seinem Land geltenden – insbesondere positiv überschießenden – verbraucherschützenden Regelungen verwehrt. Ein in Deutschland lebender Käufer bzw. Darlehensnehmer könnte daher bspw. nicht von dem System des doppelten Widerrufsdurchgriffes oder der in § 358 Abs. 4 S. 5 BGB vorgesehenen bilateralen Rückabwicklung profitieren.

3. *Objektive Grundsatzanknüpfung für verbundene Verträge*

a) *Getrennte Anknüpfung nach charakteristischer Leistung gem. Art. 4 Abs. 1 bzw. 2 Rom I-VO*

Lässt man den Verbundscharakter, den beide Verträge durch ihre wirtschaftliche Verknüpfung erhalten, zunächst außer Betracht, so würde sich das mangels Rechtswahl anwendbare Recht für den finanzierten Vertrag entweder, soweit es sich um die Lieferung von Waren handelt, nach Art. 4 Abs. 1 lit. a Rom I-VO, oder, bei Vorliegen einer Dienstleistung, nach Art. 4 Abs. 1 lit. b Rom I-VO bestimmen. Anzuknüpfen wäre dann an den gewöhnlichen Aufenthalt des Verkäufers bzw. Dienstleistungserbringers.

Abgesehen von der Frage, ob ein Darlehensvertrag auch als ein Dienstleistungsvertrag i.S.d. Art. 4 Abs. 1 lit. b Rom I-VO qualifiziert werden kann, bestimmt sich das auf ihn anwendbare Recht gemäß Art. 4 Abs. 2 Rom I-VO nach der charakteristischen Leistung. Beim Darlehen kommt es insoweit auf den Darlehensgeber an, da dieser das Kapital zur Verfügung stellt und die Zinszahlung

634 Dazu noch ausführlich unter B II 3 a.

lediglich das Entgelt für diese spezifische Leistung darstellt.[635] Der Darlehensvertrag richtet sich somit gemäß Art. 19 Rom I-VO nach dem Sitz des Kreditinstituts.

b) *Akzessorische Anknüpfung an den Hauptvertrag nach Art. 4 Abs. 3 Rom I-VO*

Fraglich ist, ob die soeben dargestellte Aufspaltung des anwendbaren Rechtes im Rahmen eines verbundenen Vertrages sachgerecht erscheint. Durch die Charakteristika verbundener Verträge, insbesondere das Element der wirtschaftlichen Einheit, könnte unter Umständen und je nach Einzelfall eine deutlich engere Beziehung zu einem anderen, als dem durch Art. 4 Abs. 1 Rom I-VO berufenen Recht bestehen. So könnte sich beispielsweise folgende Fallkonstellation ergeben: Sowohl der Verbraucher als auch der Lieferant haben ihren gewöhnlichen Aufenthalt in Deutschland. Vertragsschluss, Vertragssprache und auch alle sonstigen Umstände weisen starke Bezüge zum deutschen Recht auf. Allerdings bedient sich der Verbraucher zur Finanzierung dieses Vertrages eines ihm durch langjährige Geschäftsbeziehungen bekannten und vertrauten schweizerischen Kreditinstituts mit Sitz in Zürich. Im Zuge der Vorbereitung und Abwicklung arbeiten der deutsche Lieferant und der schweizerische Kreditgeber eng zusammen. Bei Lieferung der Ware treten schließlich Schwierigkeiten auf. Der Verbraucher widerruft den Liefervertrag. Das schweizerische Kreditinstitut verlangt jedoch weiterhin die Durchführung und Abwicklung des Darlehensvertrages.

Der Liefervertrag wäre zweifellos bereits nach Art. 4 Abs. 1 lit. a Rom I-VO deutschem Recht zu unterstellen. Bei Anwendung deutschen Sachrechts wäre der Verbraucher nach Widerruf des Liefervertrages, aufgrund des in § 358 Abs. 1 BGB vorgesehen Durchgriffs auf den Darlehensvertrag, an diesen ebenfalls nicht mehr gebunden.

Das anwendbare Recht für den Darlehensvertrag bestimmt sich jedoch gemäß Art. 4 Abs. 2 Rom I-VO i.V.m. Art. 19 Rom I-VO nach dem Sitz des Kreditinstituts und unterfällt im Beispielsfall schweizerischem Recht.

Bei der Bestimmung des nach Art. 4 Rom I-VO anzuwendenden Rechtes kann es somit zu Rechtszersplitterungen kommen. Eine unterschiedliche Anknüpfung der wirtschaftlich verbundenen Verträge kann dann aber das aber das auf materiellrechtlicher Ebene geschaffene System konterkarieren. Wie bereits analysiert[636],

---

635 OLG Celle, IPRax 1999, 456; MünchKomm-BGB/*Martiny*, Art. 4 Rom I-VO Rn 170; Palandt/*Thorn*, Art. 4 Rom I-VO Rn 26; Staudinger/*Magnus*, Art. 4 Rom I-VO Rn 283; *Martiny*, ZEuP 1995, 67, 76; *von Hoffmann/Thorn*, IPR, § 10 Rn 46.

636 Vgl. oben unter A II und III.

varieren in den Mitgliedstaaten die für die verbundenen Verträge geschaffenen Schutzsysteme aufgrund unterschiedlicher gesetzlicher Umsetzung der unionsrechtlichen Vorgaben und andersartiger Verbraucherbegriffe in Einzelfällen stark. Ergeben sich daraus im Ergebnis widersprüchliche Ergebnisse, sind diese vorrangig im Wege der Anpassung zu beseitigen. Zur Lösung von Anpassungsproblemen kommt eine modifizierte Anwendung des eigenen Kollisionsrechtes oder aber der beteiligten Sachrechte in Betracht.[637] Für Anpassungsprobleme bei grenzüberschreitenden verbundenen Verträgen ist dabei prinzipiell eine kollisionsrechtliche Lösung zu bevorzugen. Kollisionsrechtlich lassen sich Normenwidersprüche dadurch beseitigen, dass die gesamte Rechtsbeziehung einem einheitlichen Recht unterstellt wird. Welcher Rechtsordnung hierbei im konkreten Einzelfall der Vorrang eingeräumt wird, beruht auf einer wertenden Entscheidung. Die materiellrechtliche Lösung durch Schaffung neuer Sachnormen sollte hingegen nur dann vorgenommen werden, wenn es an einem näheren Bezug zu einer der kollisionsrechtlich zur Anwendung berufenen Rechtsordnungen fehlt.[638]

Denen sich bei verbundenen Verträgen stellenden Anpassungsproblemen könnte aber bereits zuvor dadurch entgegengewirkt werden, dass auch der Darlehensvertrag, nunmehr über Art. 4 Abs. 3 Rom I-VO, dem Recht des Kauf- bzw. Dienstleistungsvertrages, hier deutschem Recht, unterworfen wird. Dem könnte aber dadurch entgegengewirkt werden, dass auch der Darlehensvertrag, nunmehr über Art. 4 Abs. 3 Rom I-VO, dem deutschem Recht unterworfen wird. Art. 4 Abs. 3 Rom I-VO dient dabei insbesondere der kollisionsrechtlichen Einzelfallgerechtigkeit, um die Anwendung gerade jenen Rechts sicherzustellen, das tatsächlich die engste Verbindung zum Vertrag aufweist.[639] Um Rechtssicherheit zu schaffen, haben sich in Rechtsprechung und Literatur Fallgruppen entwickelt, in denen eine solche offensichtliche Näherbeziehung regelmäßig angenommen wird.[640] Dies betrifft insbesondere akzessorische Verträge.[641] Dabei sind mehrere

---

637 *von Hoffmann/Thorn*, IPR, § 6 Rn 34 f.

638 Dazu im Ganzen: *von Hoffmann/Thorn*, IPR, § 6 Rn 36 f.

639 *Thorn*, in: Rauscher, EuZPR/EuIPR, Art. 4 Rom I-VO Rn 134.

640 Dazu: MünchKomm/*Martiny*, Art. 4 Rom I-VO Rn 252 ff.; Palandt/*Thorn*, Art. 4 Rom I-VO Rn 29; *Thorn*, in: Rauscher, EuZPR/EuIPR, Art. 4 Rom I-VO Rn 148 ff.; *Martiny*, in: Reithmann/Martiny, IPR, Rn 171, 174 ff.; Soergel/*von Hoffmann*, Art. 28 EGBGB Rn 114 ff.; Staudinger/*Magnus*, Art. 4 Rom I-VO Rn 136.

641 Münch-Komm/*Martiny*, Art. 4 Rom I-VO Rn 252; Palandt/*Thorn*, Art. 4 Rom I-VO Rn 29; *Thorn*, in: Rauscher, EuZPR/EuIPR, Art. 4 Rom I-VO Rn 148 ff.; Soergel/*von Hoffmann*, Art. 28 EGBGB Rn 115 ff.; Staudinger/*Magnus*, Art. 4 Rom I-VO Rn 136.

Verträge derart miteinander verbunden, dass sie durch ihren engen wirtschaftlichen und rechtlichen Zusammenhang eine größere Einheit bilden.[642]

aa) Stellungnahme für eine akzessorische Anknüpfung

Sind in modernen Vertragsverhältnissen und Finanzierungsformen, wie beispielsweise dem verbundenen Vertrag, drei oder noch mehr Parteien durch mehrere Einzelverträge zu einem einheitlichen wirtschaftlichen Zweck verbunden, so führt eine unterschiedliche Anknüpfung dieser Verträge fast zwangsläufig zu Spannungen und Anpassungsproblemen.[643]

Insbesondere hier sollte daher überprüft werden, ob nicht alle Rechtsbeziehungen derselben Rechtsordnung unterworfen werden können.[644]

Eine akzessorische Anknüpfung fördert dabei den inneren Entscheidungseinklang.[645] Auch eine aus zwei einzelnen Verträgen bestehende dreiseitige Vertragsbeziehung kann ein einheitliches Lebensverhältnis darstellen, das möglichst nach einem einheitlichen Sachrecht zu beurteilen sein sollte.[646] Neben dem Argument des inneren Entscheidungseinklangs können zudem weitere allgemeingültige Argumente für eine akzessorische Anknüpfung ins Feld geführt werden.[647] Eine akzessorische Anknüpfung schafft kollisionsrechtliche Rechtssicherheit. Kollisionsrechtliche Rechtssicherheit entsteht, wenn es klare Kollisionsnormen gibt, die „unmissverständlich den Weg in ein anwendbares Sachrecht weisen“[648]. Dabei kommt es nicht nur auf eine klare Formulierung der Verweisungsnorm an, sondern das konkrete Ergebnis muss anhand des berufenen Rechtes kalkulierbar sein. Nicht ausreichend ist es, für beide Verträge, wenn auch jeweils unzweifelhaft, zwei verschiedene Rechtsordnungen zur Anwendung gelangen zu lassen. Denn dann

642 Vgl. auch Ergrd. 21 der Rom I-VO; MünchKomm/*Martiny*, Art. 4 Rom I-VO Rn 253; Staudinger/*Magnus*, Art. 4 Rom I-VO Rn 136.

643 MünchKomm/*Martiny*, Art. 4 Rom I-VO Rn 253; in Bezug auf Subunternehmerverträge: *Vetter*, NJW 1987, 2124 ff.

644 MünchKomm/*Martiny*, Art. 4 Rom I-VO Rn 253.

645 Dazu ausführlich: *Von der Seipen*, Akzessorische Anknüpfung, S. 55 ff.

646 *Kreuzer*, in: FS Caemmerer, S. 705, 719; *Mansel*, in: FS Weitnauer, S. 33, 53; *von der Seipen*, Akzessorische Anknüpfung, S. 55.

647 Die dargestellten Argumente wurden ursprünglich im Rahmen der Frage nach der akzessorischen Anknüpfung des Deliktsstatutes an das Vertragsstatut entwickelt. Trotz alledem sind die vorgebrachten Argumente allgemeiner Natur und können auch in einem anderen Rahmen eine Rolle spielen, vgl. *von der Seipen*, Akzessorische Anknüpfung, S. 52 ff.

648 *Von der Seipen*, Akzessorische Anknüpfung, S. 60.

kann nicht eindeutig vorhergesagt werden, ob im konkreten Fall das Nebeneinander der berufenen Sachnormen zu einer harmonischen Lösung führt.[649]

bb) Gegenargumente

Der Akzessorietät sind jedoch enge Grenzen gesetzt.[650] Sie setzt in der Regel voraus, dass an den fraglichen Vertragsverhältnissen die gleichen Parteien beteiligt sind. Ein Vertragsverhältnis mit einem Dritten kann zu seinen Lasten regelmäßig nicht dem Recht des insoweit fremden Hauptvertrages unterworfen werden, welches die Beziehungen zwischen den daran beteiligten Parteien beherrscht.[651] Auf diese Weise würden die kollisionsrechtlichen Interessen des Dritten von vornherein unbeachtet bleiben.[652]

Als entscheidendes Gegenargument wird zudem die rechtliche Selbstständigkeit beider Verträge angeführt.[653]

Selbst wenn aber eine akzessorische Anknüpfung an den Hauptvertrag in Betracht gezogen werden würde, würde dies die Bestimmung eines Schwerpunktes erforderlich machen, der entweder nur im Kauf- bzw. Dienstleistungsvertrag oder aber im Darlehensvertrag zu sehen sein kann. Eine derartige Typisierung im Bereich des verbundenen Vertrages könnte sich als problematisch erweisen.[654]

cc) Eigene Stellungnahme

Dass für eine akzessorische Anknüpfung grundsätzlich eine Identität der vertragsschließenden Parteien verlangt wird, um eine den Dritten benachteiligende Rechtssituation auszuschließen, erscheint grundsätzlich interessengerecht. Während die meisten Literaturstimmen dieses einschränkende Merkmal blind und ohne fruchtbare Argumentationsbasis fordern[655], stellt *von Hoffmann* zumindest relativierend klar, dass es für eine akzessorische Anknüpfung auch ausreichend

---

649 Im Ganzen dazu: *Von der Seipen*, Akzessorische Anknüpfung, S. 60 f.

650 MünchKomm/*Martiny*, Art. 4 Rom I-VO Rn 254.

651 Dazu: MünchKomm/*Martiny*, Art. 4 Rom I-VO Rn 255; Palandt/*Thorn*, Art. 4 Rom I-VO Rn 29; Soergel/*von Hoffmann*, Art. 28 EGBGB Rn 116; Staudinger/*Magnus*, Art. 4 Rom I-VO Rn 136; *Michel*, Die Akzessorische Anknüpfung, S. 47 ff.

652 Soergel/*von Hoffmann*, Art. 28 EGBGB Rn 116; *Dageförde*, in: Reithmann/Martiny, IPR, Rn 1132; *Michel*, Die Akzessorische Anknüpfung, S. 47 ff.

653 *Dageförde*, in: Reithmann/Martiny, IPR, Rn 1132.

654 Mit Blick auf den Leasingvertrag insoweit: *Dageförde*, in: Reithmann/Martiny, IPR, Rn 1132.

655 Vgl. MünchKomm/*Martiny*, Art. 4 Rom I-VO Rn 255; Palandt/*Thorn*, Art. 4 Rom I-VO Rn 29; Staudinger/*Magnus*, Art. 4 Rom I-VO Rn 136; *Thorn*, IPRax 2002, 349, 361.

ist, wenn sich der Dritte der Geltung des Hauptvertrages unterworfen hat.[656] Wie bereits dargestellt, setzt ein verbundener Vertrag gem. Art. 3 lit. n VerbrKrRL voraus, dass der betreffende Kredit ausschließlich der Finanzierung eines Vertrags über die Lieferung bestimmter Waren oder die Erbringung einer bestimmten Dienstleistung dient und diese beiden Verträge objektiv betrachtet eine wirtschaftliche Einheit bilden; von einer wirtschaftlichen Einheit ist dann auszugehen, wenn sich der Kreditgeber im Falle der Finanzierung durch einen Dritten bei der Vorbereitung oder dem Abschluss des Kreditvertrags der Mitwirkung des Warenlieferanten oder des Dienstleistungserbringers bedient oder wenn im Kreditvertrag ausdrücklich die spezifischen Waren oder die Erbringung einer spezifischen Dienstleistung angegeben sind.[657] Wie im Folgenden noch genauer erläutert werden wird, setzt sich der Kreditgeber in eine gewisse Abhängigkeit zu eben jenem Kauf- bzw. Dienstleistungsvertrag, wenn er sich der Mitwirkung des Lieferanten bzw. Dienstleistungserbringers bedient. Es ist daher nicht von vornherein auszuschließen, dass sich der Kreditgeber auch dem auf diesen Vertrag anwendbaren Recht unterwirft. Im Zweifel wäre dies nach den Umständen des Einzelfalles zu beurteilen. Hier könnten insbesondere die Art und Weise und der Umfang der Korrespondenz zwischen Darlehensgeber und Lieferant als Indizien herangezogen werden. Die bloße Nennung der spezifischen Waren oder der spezifischen Dienstleistungen im konkreten Vertrag wird indes nicht ausreichen um eine Unterwerfung unter den finanzierten Vertrag anzunehmen.

Wie oben bereits erwähnt, kommt es nicht nur auf eine klare Formulierung der Verweisungsnormen an, sondern das konkrete Ergebnis muss anhand des berufenen Rechtes kalkulierbar sein. Zwei verschiedene Rechtsordnungen für die jeweiligen Verträge zur Anwendung gelangen zu lassen, ist weder ausreichend noch mit Blick auf die Rechtssicherheit und Rechtseinheit sonderlich wünschenswert. Eine akzessorische Anknüpfung könnte daher durchaus erstrebenswert sein.[658] Auch wenn einige Vertreter in der Literatur, wie bereits zuvor erwähnt, diese Lösungsmöglichkeit mit einem kurzen Verweis auf eine fehlende Parteiidentität aus dem Weg zu räumen suchen, scheint gerade der europäische Gesetzgeber der Frage nach einer akzessorischen Anknüpfung bis heute, größtenteils bewusst[659],

656 Soergel/*von Hoffmann*, Art. 28 EGBGB Rn 116.

657 Zur Feststellung, dass diese, primär für das materielle Recht entwickelte, Definition auch auf das Kollisionsrecht zu übertragen ist, bereits oben unter B I 3.

658 Für den Bereich der rechtsgeschäftlichen Vertragsübernahme mit ähnlichen Argumenten auch: *Selke*, IPRax 2013, 205, 214.

659 Die bewusst offene Formulierung der gesetzlichen Regelungen in der Rom II-VO überlässt es weitestgehend den mitgliedstaatlichen Gerichten, ob eine akzessorische

aus dem Weg gegangen zu sein. Positiv rechtliche Regelungen auf supranationaler Ebene bei Beteiligung von Dritten an Vertragsverhältnissen haben sich der Verfasserin nicht erschlossen. So ist es auch nicht verwunderlich, dass, in Ermangelung einer klaren Positionierung des europäischen Gesetzgebers, die kollisionsrechtliche Beurteilung derartiger Fallgestaltungen in der Literatur häufig und je nach konkreter Ausgestaltung divergiert.

Das zeigt sich bspw. bei der kollisionsrechtlichen Beurteilung der Haftung des Sachwalters aus *culpa in contrahendo*. Auch im vorvertraglichen Bereich ist es grds. möglich, dass Dritte Einfluss auf das jeweilige Rechtsverhältnis nehmen und für haftungsbegründende Verletzungshandlungen einstehen müssen. Soweit jene Dritte selbst Vertrauen für sich in Anspruch genommen und dann verletzt haben, muss der Rechtsanwender zunächst feststellen, welches das auf diese Konstellation anwendbare Recht ist. Dieses bestimmt sich für Ansprüche aus *culpa in contrahendo* grundsätzlich nach Art. 12 Rom II-VO und somit nach dem Statut des verhandelten Vertrages.

Bzgl. der Sachwalterhaftung wurde jedoch teilweise eine akzessorische Anknüpfung an das Statut des verhandelten Vertrages abgelehnt, weil die betreffenden Personen nicht Partei dieses Vertrages werden, sodass an das Deliktsstatut[660] oder an eine eigenständige vertragsähnliche Beziehung der anderen Vertragspartei zum Verhandlungsgehilfen[661] angeknüpft wird. Mangels Rechtswahl entscheide dann der Wohnsitz des Sachwalters.[662]

Andere vertreten jedoch die Position, dass es auf die Parteistellung gerade nicht ankommen solle, sodass die Geltung des Vertragsstatuts vorzuziehen sei.

Anknüpfung das Zusammentreffen verschiedener Rechtsordnungen verhindern soll, *Spelsberg-Korspeter*, Anspruchskonkurrenz im IPR, S. 40 f., 79; bewusste Regelungslücken finden sich auch bei Rechtsbeziehungen, an denen mehrere Parteien beteiligt sind und die einer akzessorischen Anknüpfung grds. zugänglich wären, wie bspw. die Vertragsübernahme, vgl. dazu: *Selke*, IPRax 2013, 206, 211 ff., oder aber die Haftung des *falsus procurator*, *Behnen*, IPRax 2011, 221, 225.

660 OLG Frankfurt IPRax 1986, 373, 378; *Von Bar*, IPR II, § 4 Rn 559; *Kreuzer*, IPRax 1988, 16, 20; *Reder*, Die Eigenhaftung vertragsfremder Dritter im IPR, S. 266 ff.; auch Erman/*Hohloch*, Art. 12 Rom II-VO Rn 14, aber bereits mit Hinweis darauf, dass ggf. eine akzessorische Anknüpfung durch Anwendung des Vertragsstatus über Art. 4 Abs. 3 Rom II-VO sinnvoll ist.

661 Staudinger/*von Hoffmann*, Vorbem zu Art. 40 EGBGB Rn 14; *Dörner*, JR 1987, 198, 202; *Thorn*, IPRax 2002, 349, 361; *Looschelders*, IPR, Art. 32 Rn 33; *Grabinski*, Die kollisionsrechtliche Behandlung des Durchgriffs, S. 117 ff.; *Mansel*, in: FS Schlosser, S. 554 ff.; offen gelassen in BGH NJW-RR 2004, 308.

662 Vgl. MünchKomm/*Spellenberg*, Art. 12 Rom II-VO Rn 18.

Prinzipiell sei der soziale Kontakt der Vertragsverhandlungen mit dem Ziel eines Vertrages die Grundlage der Haftung. Durch die Teilnahme des Dritten an den Verhandlungen kann man ein „Schuldverhältnis aus Verhandlungen vor Abschluss eines Vertrages" bejahen. Voraussetzung für die Anwendung des Vertragsstatuts sei aber schließlich eine engere Verbindung mit dem fremden Vertragsverhältnis, die insbesondere in der Teilnahme an den Verhandlungen liegen könne.[663]

Im Vergleich zur Sachwalterhaftung scheint hingegen die Beurteilung von Verträgen mit Schutzwirkung zugunsten Dritter in der Literatur weitestgehend unbestritten zu sein. Auch hier können, bei Nichtvorhandensein speziellerer Kollisionsnormen, über die Grundregel des Art. 4 Rom II-VO, die entsprechenden Ansprüche akzessorisch an das Statut des verletzten Vertrages angebunden werden.[664]

An sich könnte auch die Haftung des *falsus procurator* vertragsakzessorisch, entweder über Art. 12 Abs. 1 Rom II-VO oder aber über Art. 4 Abs. 3 Rom II-VO angeknüpft werden.[665]

Eine einheitliche Linie für die kollisionsrechtliche Beurteilung bei Beteiligung von Dritten an Vertragsverhältnissen lässt sich aber letztlich nicht gewinnen.

Unabhängig von den soeben dargestellten Fallgestaltungen ist aber darauf hinzuweisen, dass die oben aufgeführten Gegenargumente der akzessorischen Anknüpfung insbesondere im Zusammenhang mit der kollisionsrechtlichen Beurteilung von Leasingverträgen entwickelt wurden. Dabei scheint vor allem das Finanzierungsleasing eine dem verbundenen Vertrag vergleichbare Dreieckskonstellation darzustellen. Sowohl der Leasing- als auch der Kaufvertrag sind aber richtigerweise als rechtlich selbstständige Vertragsverhältnisse zu qualifizieren.[666]

---

663 Zum Ganzen insbesondere: MünchKomm/*Spellenberg*, Art. 12 Rom II-VO Rn 19; ähnlich auch: LG Düsseldorf WM 2000, 1191, 1194.

664 *Freitag*, in: Rauscher, EuZPR/EuIPR, Art. 12 Rom I-VO Rn 4; *Dutta*, IPRax 2009, 293, 298 f.

665 So auch: MünchKomm/*Spellenberg*, Vor Art. 11 EGBGB Rn 141. Diese Frage muss indes nicht beantwortet werden, da der europäische Gesetzgeber sich dafür entschied, die Fragen der kollisionsrechtlichen Regelungen der Stellvertretung insgesamt den Mitgliedstaaten zu überlassen, dazu ausführlich: *Behnen*, IPRax 2011, S. 221.

666 *Dageförde*, in: Reithmann/Martiny, IPR, Rn 1132; *Schmalenbach*, in: Ebenroth/Boujong/Joost/Strohn, Das Finanzierungsgeschäft Rn V80.

Der Bestand des Kaufvertrages stellt, nach deutschem materiellen Recht, lediglich die Geschäftsgrundlage des Leasingvertrages dar.[667]

Der trotz allem bestehende, wirtschaftliche Zusammenhang beider Verträge ist für die Begründung der Notwendigkeit der Anwendung eines einheitlichen Rechtes dann nicht ausreichend, wenn die akzessorische Anknüpfung dazu führt, dass verschiedene Interessen- und Risikolagen außer Betracht gelassen werden.[668] Ob dies der Fall ist, muss zunächst, unabhängig von der kollisionsrechtlichen Beurteilung, auf der Ebene des materiellen Rechtes ermittelt werden. In der leasingtypischen Dreiecksbeziehung verfolgen alle Parteien eigene und unterschiedliche Interessen. Der Leasingnehmer profitiert von einer erleichterten Finanzierung und erhält Bilanz- und Steuervorteile. Für den Leasinggeber bedeutet das Finanzierungsleasing eine günstige Kapitalnutzung und der Lieferant erzielt u.U., durch die Schaffung des Kaufanreizes des Finanzierungsangebotes, einen höheren Absatz.[669]

Diese unterschiedlich verfolgten Parteiinteressen führen im Ergebnis dazu, dass der Kaufvertrag zwischen Verkäufer und Leasinggeber, der die Ware zunächst kauft, grundsätzlich den jeweiligen Regeln über den Warenkauf gem. Art. 4 Abs. 1 lit. a Rom I-VO (ggf. i.V.m. Art. 19 Abs. 1 Rom I-VO) untersteht. Die Beziehungen zwischen Leasingnehmer und dem vertragscharakteristisch leistenden Leasinggeber folgen indes gem. Art. 4 Abs. 2 Rom I-VO dem Recht am Niederlassungsort des Leasinggebers.[670] Nach herrschender Meinung kommt es zu keiner einheitlichen oder auch nur akzessorischen Anknüpfung der unterschiedlichen Vertragsbeziehungen.[671]

---

667 Ganz überwiegende Meinung: OLG Brandenburg, Urt. v. 23.4.2008–3 U 115/07, BeckRS 2008, Nr. 10218; OLG Frankfurt a.M., Urt. v. 28.1.2009 – 17 U 241/08, BeckRS 2009, Nr. 10685; *Greiner*, NJW 2012, 961; *Omlor*, NJW 2010, 2694, 2699 f., m.w.N. in Fn. 59, 60; Münch-Komm/*Koch*, Finanzierungsleasing Rn 67, 109; *Reinicke/Tiedtke*, Kaufrecht, S. 673 ff.; a.A. *Woitkewitsch*, in: Graf von Westphalen, Der Leasingvertrag, S. 697 ff.

668 Vgl. *Dageförde*, in: Reithmann/Martiny, IPR, Rn 1132.

669 *Klunzinger*, Einführung in das Bürgerliche Recht, § 48 VI.

670 Ferrari/Kieninger/Mankowski, u.a./*Ferrari*, Art. 4 Rom I-VO Rn 147; Münch-Komm/*Martiny*, Art. 4 Rom I-VO Rn 33; Palandt/*Thorn*, Art. 4 Rom I-VO Rn 13; *Thorn*, in: Rauscher, EuZPR/EuIPR, Art. 4 Rom I-VO Rn 94; *Martiny*, in: Reithmann/Martiny, IPR, Rn 1135; Staudinger/*Magnus*, Art. 4 Rom I-VO Rn 265.

671 MünchKomm/*Martiny*, Art. 4 Rom I-VO Rn 33; *Thorn*, in: Rauscher, EuZPR/EuIPR, Art. 4 Rom I-VO Rn 94; ausführliche Darstellung in: *Dageförde*, Internationales Finanzierungsleasing, S. 59 ff.

Die dem Finanzierungsleasing zugrunde liegenden Parteikonstellationen und die damit einhergehenden Interessen- und Risikolagen weichen aber von jenen des verbundenen Vertrages ab. Zwar liegt in beiden Fällen eine Dreieckskonstellation vor. Beim Finanzierungsleasing liegt aber kein verbundenes Geschäft zwischen dem Leasing- und dem Kaufvertrag vor.

Auf materiellrechtlicher Ebene kann unterstützend noch auf die VerbrKrRL verwiesen werden. Nach autonomer Auslegung sieht auch die VerbrKrRL beim Finanzierungsleasing nicht die Voraussetzungen des verbundenen Vertrages erfüllt. Das Finanzierungsleasing ist dabei, entsprechend der Legaldefinition des Art. 3 lit. c VerbrKrRL, als Kreditvertrag i.S.d. Richtlinie einzuordnen. Eine Einordnung als verbundener Kreditvertrag i.S.v. Art. 3 lit. n VerbrKrRL schließt sich aus, denn der Begriff des Kreditvertrags in der Form des Finanzierungsleasingvertrags umfasst sowohl die Finanzierungs- als auch die Gebrauchsüberlassungskomponente.[672]

Zudem ist der Leasingnehmer zwar Partei des Leasingvertrags, nicht aber (auch) des Kaufvertrags. Es liegt somit gerade nicht das bei verbundenen Verträgen typische Dreiecksverhältnis zwischen den Beteiligten vor, bei welchem der Leasingnehmer sowohl mit dem Lieferanten als auch mit dem Darlehensgeber einen Vertrag abgeschlossen hat.[673] Als Mittelsmann zwischen Leasingnehmer und Verkäufer fungiert hier der jeweilige Leasinggeber. Auch der Schutz des Leasingnehmers erfordert keine akzessorische Anknüpfung. Eine akzessorische Anknüpfung würde der Durchsetzbarkeit der Ansprüche des Leasingnehmers gegen den Lieferanten, die ihm vom Leasinggeber als Ersatz für den Ausschluss der Gewährleistungsrechte abgetreten wurden, dienen.[674] Ausreichend wäre es insoweit, dass auf kollisionsrechtlicher Ebene ausschließlich die Ansprüche des Leasingnehmers gegen den Lieferanten dem Recht des Leasingvertrages unterstehen würden.[675] Unabhängig davon führt die Anwendung unterschiedlicher Rechtsordnungen im Bereich der Leasingverträge nur selten zu Störungen. Insbesondere der jeweilige inländische Schutzstandard wird in den meisten Fällen über Sonderanknüpfungen zur Anwendung gelangen.[676]

---

672 Im Ganzen dazu: *Omlor*, NJW 2010, 2694, 2696.

673 *Tavakoli*, NJW 2010, 2768, 2769; *Tiedtke*, DB 2004, 583, 585; *Kabey*, Der Tatbestand des verbundenen Vertrags, S. 184 f. m.w.N. in Fn. 621.

674 *Dageförde*, Internationales Finanzierungsleasing, S. 67.

675 Sog. Akzessorische Anknüpfung des Direktanspruches; *Martiny*, in: Reithmann/Martiny, IPR, Rn 1132; *Dageförde*, Internationales Finanzierungsleasing, S. 67.

676 Vgl. *Dageförde*, Internationales Finanzierungsleasing, S. 70.

Zu überlegen ist nunmehr, inwieweit es angebracht erscheint, diese materiellrechtlichen Wertungen auf das Kollisionsrecht zu übertragen. Anders als beim Leasingvertrag knüpfen die Rechtsfolgen des verbundenen Vertrages an die schützenswerte Position des Käufers bzw. Darlehensnehmers an. Beide Verträge müssen von der gleichen Person abgeschlossen worden sein, die dann objektiv betrachtet zwei Vertragspartnern gegenübersteht. Eine akzessorische Anknüpfung dient hier, anders als im Rahmen des Leasingvertragsrechtes, nicht der Durchsetzbarkeit etwaiger Ansprüche gegen den Verkäufer. Vielmehr soll vor der Aufspaltung eines wirtschaftlich einheitlichen Geschäfts geschützt werden. Bei Auftreten von Problemen im Zusammenhang mit dem Kaufvertrag oder aber bei der Ausübung seines Widerrufsrechtes, soll der Käufer durch eben jene Aufspaltung nicht schlechter gestellt werden.

Die gegen dieses Aufspaltungsrisko entwickelten Schutzmechanismen des Einwendungs- und Widerrufsdurchgriffes können aber bzgl. Umfang und Bedingungen ihres Eingreifens stark variieren.[677] Bei einer grundsätzlichen Trennung beider Schuldverhältnisse führt dies dann im ungünstigsten Falle dazu, dass, bei Berufung verschiedener Rechte, die Funktionsweise dieser Mechanismen nicht mehr ausreichend gewährleistet ist.

Wenn aber dem, insoweit einem doppelten Risiko ausgesetzten, Käufer und Darlehensnehmer eine schützenswerte Position eingeräumt wird, kommt man nicht umhin besonders seinem Interesse an der ganzheitlichen Anknüpfung beider Verträge Rechnung zu tragen. Unzweifelhaft wird ihm daran gelegen sein, dass bspw. Zulässigkeit und Durchsetzung von Widerrufs- und Einwendungsdurchgriffen nach dem gleichen Recht beurteilt werden.[678] Die Zulässigkeit einer akzessorischen Anknüpfung bei Fällen, in denen der Schutz einer Vertragspartei die Einheitlichkeit des Vertragsstatuts zwingend erforderlich macht, ist allgemein anerkannt und sollte demnach auf die Fälle verbundener Verträge übertragen werden.[679]

Aber auch den anderen Parteien des Kauf- bzw. Dienstleistungsvertrages und des Darlehensvertrages wird daran gelegen sein, dass, wenn sich das von ihnen erhoffte Recht wegen der sonst entstehenden Reibungen nicht durchsetzen kann,

---

677 Innerhalb der VerbrKrRL wurde die Möglichkeit divergierender Ausgestaltungen in diesem Bereich sogar ausdrücklich durch Art. 15 Abs. 2 S. 2 eröffnet.

678 Welche Risiken sich bei getrennter Beurteilung für diese Schutzmechanismen ergeben würden, dazu bereits oben unter B II 1 b aa.

679 Trotz genereller Ablehnung der akzessorischen Anknüpfung bei Finanzierungsleasingverträgen so auch: *Dageförde*, Internationales Finanzierungsleasing, S. 70 f.

eine fremde Rechtsordnung einheitlich zur Anwendung gelangt.[680] Der Vorteil ist die hierdurch gewährte Rechtssicherheit.[681] Isolierte Anknüpfungen folgen einem einzelnen Parteiinteresse, das aufgrund der Konstellation u.U. nicht durchgesetzt werden kann. Dann aber muss ein Anknüpfungsmodell gefunden werden, das allen Beteiligten gleichermaßen gerecht wird.[682]

Die akzessorische Anknüpfung auf kollisionsrechtlicher Ebene macht zwangsläufig eine materiellrechtliche Schwerpunktsuche erforderlich. Sie lässt sich vergleichsweise einfach denken, wenn zwei Personen mit einer dritten kontrahieren, eigentlich zusammengehörige Funktionen aufeinander geteilt haben und einer der Verträge bloße Ergänzungsfunktion zum anderen wahrnimmt.[683] Dass der Darlehensvertrag eine bloße Ergänzungsfunktion zum Kauf- bzw. Darlehensvertrag wahrnimmt, kann nicht verallgemeinernd angenommen werden. Typischerweise bildet er die Grundlage der Finanzierung des jeweiligen Kauf- bzw. Dienstleistungsvertrages. Das gilt nicht nur für die Fälle, in denen der Darlehensnehmer finanzielle Hilfe benötigt, sondern auch für den Fall, dass er das Geld anlegen und so eine attraktive Rendite erzielen möchte. Dennoch kann es hilfreich sein, zu analysieren, in welchem Abhängigkeitsverhältnis die verbundenen Verträge – zumindest in der Regel – zueinander stehen und ob sich daraus schließlich eine allgemeine Schlussfolgerung ziehen lässt.

Ausgangspunkt des gesetzgeberischen Tätigwerdens für den Regelungsbereich der verbundenen Verträge war, sowohl aus deutscher[684] als auch aus unionsrechtlicher Sicht[685], das sog. B-Geschäft. Bei dieser Grundkonstellation des verbundenen Vertrages wirkt der Verkäufer beim Kreditantrag an einen von ihm bestimmten Kreditgeber mit. Zumeist durch Vorlage eines vom Darlehensgeber vorgefertigten Formulars offeriert der Verkäufer seinen Käufern die einschlägigen Abzahlungskonditionen. Bei Zustandekommen der Verträge bekommt der Verkäufer dann in aller Regel den kreditierten Kaufpreis direkt vom Kreditgeber ausgezahlt.

Vorgeschaltet ist die Aushandlung eines zwischen Verkäufer und Darlehensgeber geltenden Rahmenvertrages, der die relevanten Bedingungen ihrer

---

680 Vgl. insoweit die Ausführungen zur Frage der akzessorischen Anknüpfung des Subunternehmervertrages in: *Von der Seipen*, Akzessorische Anknüpfung, S. 266.

681 *Von der Seipen*, Akzessorische Anknüpfung, S. 266.

682 *Von der Seipen*, Akzessorische Anknüpfung, S. 267.

683 *Mankowski*, IPRax 2003, 464, 471.

684 MünchKomm/*Habersack*, § 358 BGB Rn 56 f.; Staudinger/*Magnus*, § 358 BGB Rn 33; dazu bereits auch die Materialien zum VerbrKrG: BT-Drucks. 11/5462, S. 23.

685 Vgl. Art. 11 Abs. 2 lit b der RL 87/102/EWG.

Zusammenarbeit, insb. auch Anzahl und Höhe der vom Darlehensnehmer zu entrichtenden Raten, regelt. Der Käufer bzw. Darlehensnehmer spielt in dieser Dreieckskonstellation zunächst keine entscheidende Rolle.

Diese Grundkonstellation sollte dann auch der Lokalisierung des materiellrechtlichen Schwerpunktes zugrunde gelegt werden. Dreh- und Angelpunkt wird insoweit der in Frage stehende Kauf- bzw. Dienstleistungsvertrag sein. Im klassischen B-Geschäft agiert der Verkäufer als Mittelsmann zwischen Darlehensgeber und Käufer. Die vom Verkäufer zu erbringenden Leistungen sind i.d.R. die komplexeren, weshalb gerade sie besonderer rechtlicher Würdigung bedürfen.[686] Auch die Institute des Einwendungs- und Widerrufsdurchgriff wurden zunächst für all jene Fälle geschaffen, in denen es zu Leistungsstörungen des in Frage stehenden Kaufvertrages kommt.

Die Definitionen des Art. 3 lit. n (ii) VerbrKrRL sowie des § 358 Abs. 2 S. 2 BGB sprechen ebenfalls für eine gewisse Abhängigkeit des Darlehensvertrages vom Kauf- bzw. Dienstleistungsvertrag. Beide Definitionen sehen für das Vorliegen der wirtschaftlichen Einheit der Verträge vor, dass sich der Darlehensgeber der Mitwirkung des Unternehmers bedient. Was unter der unternehmerischen Mitwirkung zu verstehen ist, wurde durch *Kabey* anschaulich in folgender Subsumtionsformel zusammengefasst: „Demnach bedient sich der Darlehensgeber bei der Vorbereitung oder dem Abschluss des Verbraucherdarlehensvertrages dann der Mitwirkung des Unternehmers, wenn er den geleisteten aktiven Beitrag des Unternehmers bei dessen Vornahme sowohl kennt, als auch billigt und dieser die Ursachenkette zum Zustandekommen des Kreditvertrags entscheidend in Gang setzt, der Mitwirkungsbeitrag in der Übernahme eines bedeutenden Arbeitsschritts bzw. in der nachhaltigen Unterstützung des Kreditgebers bei einer solchen im Zusammenhang mit dem Darlehensvertrag besteht oder wenn der Beitrag sich zur Förderung des konkreten Kreditvertrags in erheblichem Maße eignet."[687] Hier wird besonders klar, dass der Darlehensgeber, bei Vorliegen dieser Merkmale, die Vorteile des Leistungserbringers gezielt für seine Geschäftspraktiken nutzt.[688]

---

686 Staudinger/*Magnus*, Art. 4 Rom I-VO Rn 107; *Lando*, RabelsZ 38 (1974), 6, 30, der insbesondere darauf hinweist, dass der Verkäufer i.d.R. die vertraglichen Rahmenbedingungen setzt, dass sein Niederlassungsort der „real place of performance" ist und dass, an diesem Ort der Vertrag vorbereitet, ausgehandelt, kalkuliert und durchgeführt wird; *Kropholler*, IPR, § 52 III 2 a; *von Hoffmann*, in: Lando/von Hoffmann/Siehr, European Private International Law of Obligations, S. 8.

687 *Kabey*, Der Tatbestand des verbundenen Vertrages, S. 127.

688 *Kabey*, Der Tatbestand des verbundenen Vertrages, S. 127; ähnlich auch *Wolf*, in: FS Heinsius, S. 967, 975; allerdings ist diese Argumentation nicht vereinbar mit

Diese, auf Ebene des materiellen Rechtes, gefundenen Ergebnisse sind auch auf den kollisionsrechtlichen Bereich übertragbar. Mit Blick auf die vorhergehenden Erwägungen ist es rechtlich nicht benachteiligend, wenn man das anwendbare Recht nach dem gewöhnlichen Aufenthalt des Verkäufers beurteilt. Jenen Kritikern, die darin eine Bevorzugung des Rechtes des Verkäufers sehen, ist bereits jetzt entgegenzuhalten, dass der mit der Ermittlung eines fremden Rechtes verbundene Aufwand nicht zu einer unzumutbaren Belastung der beteiligten Parteien führt. Bei Ausweitung der eigenen Geschäfte zu ausländischen Kunden muss der jeweilige Unternehmer prinzipiell die Maßgeblichkeit eines anderen Rechtes einkalkulieren.[689] Auch dem Darlehensgeber ist es daher zuzumuten, sich über das auf den Vertrag anwendbare Recht zu informieren.

Für den oben skizzierten Fall würde dies somit bedeuten:

Der Kaufvertrag wird nach Art. 4 Abs. 1 lit. a Rom I-VO beurteilt. Das anwendbare Recht richtet sich nach dem gewöhnlichen Aufenthaltsort des Verkäufers. Somit wäre auf den Kaufvertrag deutsches Recht anzuwenden. Sowohl der Käufer als auch der Lieferant haben ihren gewöhnlichen Aufenthalt in Deutschland. Vertragsschluss, Vertragssprache und auch alle sonstigen Umstände weisen starke Bezüge zum deutschen Recht auf.

Auch wenn sich der Käufer eines ihm durch langjährige Geschäftsbeziehungen bekannten und vertrauten schweizerischen Kreditinstituts mit Sitz in Zürich bedient, ergeben die vorgenannten Umstände, dass ein engerer Bezug zum deutschen Recht besteht. Eine Schwerpunktbildung würde daher den in Deutschland abgeschlossenen Kaufvertrag als Hauptvertrag qualifizieren.

Der Darlehensvertrag könnte dann, bei Vorliegen der Voraussetzungen eines verbundenen Vertrages, über Art. 4 Abs. 3 Rom I-VO durch eine akzessorische Anknüpfung an den Kaufvertrag, ebenfalls dem deutschen Recht unterstellt werden.

4. *Zusammenfassung*

Die Analyse hat gezeigt, dass es nicht unmöglich ist, mit dem von der Rom I-VO zur Verfügung gestellten Werkzeug die verbundenen Verträge einer vernünftigen kollisionsrechtlichen Lösung zuzuführen.

---

dem zweiten, für die Bejahung der wirtschaftlichen Einheit von Art. 3 lit n (ii) VerbrKrRL vorgesehenen, Merkmal der ausdrücklichen Benennung der spezifischen Waren oder Dienstleistungen im Kreditvertrag. Dass dieses Merkmal ohnehin mit Skepsis zu betrachten ist, dazu bereits oben unter A II 3 a bb.

689 *Von der Seipen*, Akzessorische Anknüpfung, S. 269.

Nicht ganz einfach gestaltet sich eine Rechtswahl im Zusammenhang mit den verbundenen Verträgen. Vor allem, wenn sowohl der Darlehens- als auch der Kauf- bzw. Dienstleistungsvertrag ein unterschiedliches Recht zur Anwendung berufen, können sich mit Blick auf die Rechtsfolgen der verbundenen Verträge unauflösbare Widersprüche ergeben. Eine Rechtswahl hängt daher maßgeblich von dem Zusammenwirken aller am verbundenen Vertrag beteiligten Parteien ab.

Das mangels Rechtswahl anwendbare Recht könnte sich für die verbundenen Verträge vorrangig nach der verbraucherschützenden Sonderkollisionsnorm des Art. 6 Rom I-VO richten. Gerade in diesem Bereich stößt die kollisionsrechtliche Rechtssicherheit jedoch an ihre Grenzen. Da dem Kollisionsrecht ein anderer Verbraucherbegriff als in den jeweiligen (untersuchten) Mitgliedstaaten zugrunde gelegt wird, muss der verbundene Vertrag im Zweifel nach getrennten Rechtsordnungen bestimmt werden. Dies führt letztlich zu einer vorgefertigten Rechtszersplitterung, die insbesondere das Eingreifen verbraucherschützender Mechanismen, wie dem Einwendungs- und Widerrufsdurchgriff, verhindert.

Zu einer durchaus vertretbaren kollisionsrechtlichen Lösung, die zudem eine relativ hohe Rechtssicherheit bietet, gelangt man hingegen, wenn man den Darlehensvertrag akzessorisch gem. Art. 4 Abs. 3 Rom I-VO an den Kauf- bzw. Dienstleistungsvertrag anknüpft.

C. Fazit und Regelungsvorschlag

Zwar lassen sich die verbundenen Verträge auch ohne gesetzliche Regelung kollisionsrechtlich lösen. Langfristig wäre aber eine ausdrückliche Regelung wünschenswert.

Eine vergleichsweise hohe Rechtssicherheit kann dann geschaffen werden, wenn die Rom I-VO eine ausdrückliche Kollisionsnorm für verbundene Verträge bereithält. Eine spezifische Norm würde sich allerdings nur schwerlich in das System der Rom I-VO einfügen. Unabhängig von den Vorschriften zur Rechtswahl (Art. 3 Rom I-VO) und zur objektiven Anknüpfung (Art. 4 Rom I-VO) enthält die Rom I-VO insbesondere einen eigenständigen Normensatz zum kollisionsrechtlichen Schutz der schwächeren Partei (Art. 5–8 Rom I-VO). Unbeschadet des bereits durch Art. 6 Rom I-VO gewährten Schutzes bei Beteiligung eines Verbrauchers, weisen verbundene Verträge zwar eine differenzierte Systematik auf. Das verbundene Vertragsverhältnis bleibt dennoch, mit Blick auf mögliche Variationen und die jeweiligen Rechte und Pflichten der beteiligten Parteien, weitestgehend überschaubar. Rechtsverhältnisse, wie die mit Art. 6 Rom I-VO geregelten Verbraucherverträge oder das in Art. 5 Rom I-VO regulierte Arbeitsverhältnis, umfassen hingegen jeweils umfangreiche Fallgestaltungen mit einer

Vielzahl an vertraglichen Verpflichtungen. Die strukturelle Unterlegenheit von Verbrauchern oder Arbeitnehmern in derart komplexen Verhältnissen rechtfertigt eine höhere Schutzbedürftigkeit. Für den Käufer bzw. Darlehensnehmer eines verbundenen Vertrages mag dies in einem derartigen Umfang aber kaum gerechtfertigt sein. Auch der europäischen Gesetzgeber wird, mit Blick auf die Regelungssystematik der Rom I-VO, eine derartige Anwendungsbreite nicht gewollt haben bzw. wollen.

Zusätzlich sieht die Rom I-VO Regelungen zur Durchsetzung international zwingender Normen (Art. 9 Rom I-VO und Art. 21 Rom I-VO) sowie Regelungen zur Vereinheitlichung des allgemeinen Vertragsrechtes (Art. 10–17 Rom I-VO) vor. Insbesondere im letztgenannten Bereich wurden Sonderregeln für einzelne Institute des allgemeinen Vertragsrechtes aufgestellt. So finden sich eigene Regelungen zur Form (Art. 11 Rom I-VO), zur Abtretung und Legalzession (Art. 14 und 15 Rom I-VO), zum Schuldnerausgleich (Art. 16 Rom I-VO) sowie zur Aufrechnung (Art. 17 Rom I-VO). Dass die verbundenen Verträge nicht zu jenen Eckpfeilern des regelungsbedürftigen allgemeinen Vertragsrechtes gehören, wird bereits dadurch ersichtlich, dass sie erst durch die VerbrKrRL einer international einheitlichen Regelung zugeführt wurden.

Durchaus denkbar wäre es hingegen, den verbundenen Vertrag in die Liste des Art. 4 Abs. 1 Rom I-VO aufzunehmen. Art. 4 Abs. 1 Rom I-VO stellt Anknüpfungsregeln für besonders wichtige oder häufige auftretende Verträge auf.[690] Er soll aber gerade auch für jene Verträge Klarheit schaffen, deren Anknüpfung bisher umstritten war (bspw. Franchise- und Vertriebsverträge) oder besonders schwierig ist (z.B. Verträge über bestimmte Finanzinstrumente)[691]. Die in Art. 4 Abs. 1 Rom I-VO aufgestellten Regeln streben präzise Definitionen an und ermöglichen (in aller Regel) eine genaue Einordnung.[692] Umso mehr scheint die Ausweichklausel dazu geeignet zu sein, auch dem verbundenen Vertrag kollisionsrechtliche Rechtssicherheit zu verleihen. Gerade für jene modernen Vertragsverhältnisse, die vor allem durch ihre Drei- oder Mehrparteienkonstellation besondere Schwierigkeiten aufweisen, ist eine genauere Anleitung und festere Hilfestellung für den Praktiker wünschenswert.[693] Rechtssicherheit

---

690 Ferrari/Kieninger/Mankowski, u.a./*Ferrari*, Art. 4 Rom I-VO Rn 11; Staudinger/*Magnus*, Art. 4 Rom I-VO Rn 4; PWW/*Brödermann*/*Wegen*, Art. 4 Rom I-VO Rn 9; *Clausnitzer*/*Woopen*, BB 2008, 1798, 1799 f.; *Wagner*, IPRax 2008, 377, 382; *Magnus*, IPRax 2010, 27, 35.

691 Staudinger/*Magnus*, Art. 4 Rom I-VO Rn 4; *Magnus*, IPRax 2010, 27, 35.

692 *Mankowski*, IHR 2008, 133, 137.

693 Im Allgemein auch *Mankowski*, IHR 2008, 133, 137.

und eine einheitliche Beurteilung beider Verträge ist für die Erhaltung der dem Käufer bzw. Darlehensnehmer zugebilligten Schutzmechanismen (insb. Einwendungs- und Widerrufsdurchgriff) unverzichtbar.

Art. 4 Abs. 1 Rom I-VO folgt im Grundsatz dem Prinzip der charakteristischen Leistung.[694] Es sollte daher das Recht derjenigen Partei zur Anwendung gelangen, die die für den Vertrag charakteristische Leistung erbringt.

Die Anknüpfung an das Charakteristikum des Vertragstypes ermöglicht es, Verträge gleicher Funktion und mit der gleichen Interessenlage dem gleichen kollisionsrechtlichen Schicksal zu unterwerfen.[695] Die charakteristische Leistung bezeichnet dabei diejenige Vertragsverpflichtung, auf welche es kollisionsrechtlich ankommt.[696]

Bereits die oben im Rahmen der akzessorischen Anknüpfung vorgenommene Schwerpunktsuche hat ergeben, dass maßgeblich auf den Kauf- bzw. Dienstleistungsvertrag abzustellen ist. Nichts anderes kann für die Bestimmung der charakteristischen Leistung des verbundenen Vertrages gelten. Im Zentrum steht der Kauf- bzw. Dienstleistungsvertrag, der den mit ihm gekoppelten Darlehensvertrag in entscheidender Weise bestimmt.

Korrigierend bleibt Art. 4 Abs. 3 Rom I-VO zu beachten. Gerade in Mehrparteienverhältnissen ist es durchaus denkbar, dass, trotz des Vorliegens einer speziellen Anknüpfungsregel, der Vertrag eine offensichtlich engere Verbindung zu einem anderen Staat aufweist. Auch ursprünglich nicht ausschlaggebende Umstände können, wegen der für das konkrete Rechtsgeschäft besonderen Bedeutung, ein derartiges Gewicht gewinnen, dass sie die Regelanknüpfung nach Art. 4 Abs. 1 Rom I-VO außer Kraft setzen.[697] Das gilt insbesondere für jene Fallkonstellationen, die von der Grundkonstellation des B-Geschäftes abweichen. So könnte bspw. der Fall liegen, wenn sich der Käufer in starker Eigeninitiative um ein den Vertrag finanzierendes, nicht im Land des Verkäufers ansässiges, Kreditinstitut bemüht, weil er durch langjährige Geschäftsbeziehung besonderes Vertrauen zu diesem aufgebaut hat. Das anwendbare Recht könnte sich dann gem. Art. 4 Abs. 3 Rom I-VO i.V.m. Art. 19 Rom I-VO nach dem Sitz des Kreditinstituts richten. Zwar sollte hierbei nicht einseitig auf die Interessen des Käufers bzw. Darlehensnehmers abgestellt werden. Vielmehr muss auch in diesem Bereich die Gesamtheit der Umstände maßgeblich sein. Dennoch kann es

694 *Martiny*, in: Reithmann/Martiny, IPR, Rn 143; *Wagner*, IPRax 2008, 377, 382; *Clausnitzer/Woopen*, BB 2008, 1798, 1799; *Mankowski*, IPRax 2006, 101, 103.

695 MünchKomm/*Martiny*, Art. 4 Rom I-VO Rn 149.

696 MünchKomm/*Martiny*, Art. 4 Rom I-VO Rn 152.

697 MünchKomm/*Martiny*, Art. 4 Rom I-VO Rn 248.

beispielsweise durch eine entsprechende Initiative des Darlehensnehmers und Hinzutreten weiterer Indizien dazu kommen, dass auf diese Weise der Schwerpunkt des verbundenen Vertrages weg vom Kauf- bzw. Dienstvertrag hin zum Darlehensvertrag verlagert wird.

Der kollisionsrechtliche Prüfungsaufbau könnte sich schließlich an den folgenden Grundsätzen orientieren:

1. Unter einem verbundenen Vertrag i.S.d. folgenden Regelungen sollte, im Einklang mit der in Art. 3 lit. n VerbrKrRL enthaltenen Definition, ein Vertrag verstanden werden, bei dem der betreffende Kredit ausschließlich der Finanzierung eines Vertrags über die Lieferung bestimmter Waren oder die Erbringung einer bestimmten Dienstleistung dient und diese beiden Verträge objektiv betrachtet eine wirtschaftliche Einheit bilden; von einer wirtschaftlichen Einheit ist dann auszugehen, wenn sich der Kreditgeber im Falle der Finanzierung durch einen Dritten bei der Vorbereitung oder dem Abschluss des Kreditvertrags der Mitwirkung des Warenlieferanten oder des Dienstleistungserbringers bedient oder wenn im Kreditvertrag ausdrücklich die spezifischen Waren oder die Erbringung einer spezifischen Dienstleistung angegeben sind.
2. Grundsätzlich unterliegt der verbundene Vertrag gem. Art. 3 Rom I-VO dem von den Parteien gewählten Recht.
3. Dort, wo der kollisionsrechtliche Verbraucherbegriff erfüllt wird, findet Art. 6 Rom I-VO auf die verbundenen Verträge vorrangig Anwendung.
4. Wird die Verbrauchereigenschaft verneint und liegt auch keine gültige Rechtswahl gem. Art. 3 Rom I-VO vor, unterliegt der verbundene Vertrag dem Recht des Staates, in dem der Verkäufer seinen gewöhnlichen Aufenthalt hat. Dies sollte durch die Einfügung einer eigenständigen Anknüpfungsregel in Art. 4 Abs. 1 Rom I-VO sichergestellt werden.
5. Weist der Vertrag eine offensichtlich engere Verbindung zu einem anderen als dem nach Abs. 1 bestimmten Staat auf, bleibt korrigierend Art. 4 Abs. 3 Rom I-VO zu beachten.

Zusammenfassung

Ziel dieser Arbeit war es, für die gemischten und verbundenen Verträge einen geeigneten kollisionsrechtlichen Lösungsansatz zu finden. Dieser sollte idealerweise dazu führen, dass dem jeweiligen Rechtsanwender rechtssichere Ermittlungsmethoden zur Beurteilung grenzüberschreitender Sachverhalte zur Verfügung stehen. Dabei sollte in einem ersten Schritt die allgemeine Systematik beider Vertragsarten anhand nationaler Gemeinsamkeiten und Unterschiede untersucht und beurteilt werden. Repräsentativ wurde insoweit das deutsche, französische und englische Recht herangezogen.

Für die, in vielseitigen Kombinationen auftretenden, gemischten Verträge sollten die zu untersuchenden nationalen Besonderheiten anhand einer Analyse des Systembegriffes des gemischten Vertrages sowie Typenabgrenzungs- und Gruppenunterteilungsversuche ermittelt werden. Bei den verbundenen Verträgen war es für die spätere kollisionsrechtliche Fragestellung neben der Analyse des Systembegriffes zudem erforderlich, auch unionsrechtliche Vorgaben, einschließlich deren Umsetzung in das nationale Recht, zu beleuchten.

Im jeweils zweiten Teil beider Kapitel sollten adäquate kollisionsrechtliche Lösungsstrategien anhand bestehender Regelungen erforscht bzw. neu entwickelt werden.

Im Wesentlichen können die folgenden Ergebnisse festgehalten werden:

1. Bei gemischten Verträgen kann zwischen den gemischt*typischen* Verträgen und *atypischen* bzw. *unbenannten* Verträgen unterschieden werden. Während erstere aus verschiedenen gesetzlich kodifizierten bzw. verkehrstypisch ausgeprägten Verträgen bestehen, können die atypischen bzw. unbenannten Verträge nicht mehr einem bestimmten Vertragstyp zugeordnet werden.
   Kann der gemischte Vertrag als typischer bzw. benannter Verträge eingeordnet werden, wird dem jeweiligen Rechtsanwender bereits auf erster Ebene ermöglicht, einen abgrenzbaren Normensatz bestimmter kodifizierter bzw. verkehrstypischer Vertragsordnungen zur Lösungsfindung heranziehen.
   Die zur Qualifizierung gemischttypischer Verträge in den untersuchten Mitgliedstaaten entwickelten Theorien (insb. Absorptions- und Kombinationstheorie) können, jeweils für sich allein genommen, nicht alle Fallvarianten gemischttypischer Verträge einer sachgerechten Lösung zuführen. So vermag bspw. die Absorptionstheorie, die auf das Recht der Hauptleistungspflicht abstellt, jene Fallgestaltungen nicht zu lösen, bei denen nicht eine bestimmte Vertragspflicht überwiegt, sondern alle Elemente des gemischttypischen

Vertrages für die Vertragsparteien gleichwertig nebeneinanderstehen. Eine Trennung des Vertrages in seine einzelnen Bestandteile, wie es die Kombinationsmethode vorsieht, eignet sich ebenfalls nicht für alle gemischttypischen Vertragskonstellationen. Als Beispiel kann die gemischte Schenkung herangezogen werden, bei der der Vertrag sowohl Elemente der Schenkung als auch des Kaufs enthält. Bei Anwendung der Kombinationsmethode müsste der gesamte Vertrag, trotz eines nicht teilbaren Gegenstandes, in fiktive Teile zerlegt werden.

Der Rechtsanwender muss daher, aufgrund der Bandbreite auftretender Mischformen, im Zweifel eine Beurteilung anhand des konkreten Einzelfalles vornehmen.

2. Eine eindeutige Begriffsbestimmung des gemischten Vertrages findet sich weder in der Rechtsprechung des EuGH noch in den Materialien zur Rom I-VO. Unter gemischten Verträge sollten im Ergebnis all jene Verträge zu verstehen sein, bei denen die Parteien einen einheitlichen Vertrag schließen und sich mindestens einer der Vertragspartner zur Erbringung verschiedener vertragscharakteristischer Leistungen verpflichtet.

   Aus kollisionsrechtlicher Sicht richten sich gemischte Verträge gem. Art. 4 Abs. 2 Rom I-VO nach dem Aufenthaltsort der charakteristisch leistenden Vertragspartei. Die charakteristische Leistung sollte dabei gem. Erwägungsgrund 19 der Rom I-VO nach ihrem Schwerpunkt bestimmt werden. Die Rom I-VO folgt somit grundsätzlich weder der Absorptions- noch der Kombinationstheorie in ihrer Ursprungsform.

3. Für gemischte Verträge hat der Gesetzgeber in Art. 4 Abs. 2 Rom I-VO einen eigenständigen Lösungsansatz entwickelt, der für alle Fälle der Nicht- bzw. Mehrfacherfassung von den in Art. 4 Abs. 1 Rom I-VO vorgesehenen Vertragstypen an die jeweilige vertragscharakteristische Leistung anknüpft. Art. 4 Abs. 2 Rom I-VO erfasst aber nur bestimmte Konstellationen gemischter Verträge. Zur Systematisierung der Lösungsfindung wurden in der vorliegenden Arbeit drei Fallkonstellationen unterschieden und einer getrennten Beurteilung unterzogen: (1) Eine Koppelung aus spezifizierten (Art. 4 Abs. 1 Rom I-VO) und nicht spezifizierten Vertragsbestandteilen, (2) solche, die sich durch eine Kumulation von spezifizierten Vertragsbestandteilen nach Art. 4 Abs. 1 Rom I-VO zusammensetzen und schließlich (3) jene Verträge, die sich ausschließlich durch nicht von Art. 4 Abs. 1 Rom I-VO erfasste Vertragsbestandteile charakterisieren.

   Als zentrales Problem hat sich die Ermittlung der charakteristischen Leistung dargestellt. Hier bereitet vor allem das Verhältnis zwischen Art. 4 Abs. 2 Rom I-VO und Art. 4 Abs. 1 Rom I-VO Schwierigkeiten. Bei Verträgen mit andersartiger Nebenleistung ist noch eine Subsumtion unter einen der als in Betracht kommenden Vertragstypen des Art. 4 Abs. 1 Rom I-VO möglich. Absatz 2 wird insoweit teleologisch reduziert und der gesamte Vertrag richtet sich nach dem Recht der Hauptleistung. Bei der Bestimmung des anwendbaren Rechtes für Typenkombinationsverträgen, Typenverschmelzungsverträgen und Verträgen mit atypischer Gegenleistung wird die Ermittlung einer Hauptleistungspflicht i.d.R. nicht möglich sein, sodass sich das anwendbare Recht gem. Art. 4 Abs. 2 Rom I-VO nach dem Recht am Aufenthaltsort der vertragscharakteristisch leistenden Partei bestimmt. Vor allem in den Fallkonstellationen, in denen sich der gemischte Vertrag aus mehreren der in Art. 4 Abs. 1 Rom I-VO geregelten Vertragstypen zusammensetzt, ergeben sich bei der Ermittlung der charakteristischen Leistung diverse Probleme: Bei komplexen Vertragsverhältnissen wirft die Reichweite der in Art. 4 Abs. 1 Rom I-VO spezifizierten Vertragstypen Fragen auf. Zur Veranschaulichung wurde dazu der Auktionsvertrag nach Art. 4 Abs. 1 lit. g Rom I-VO herangegezogen. Wenn dieser, bei Nichtbestimmbarkeit des Versteigerungsortes, auch als einfacher Kaufvertrag gem. Art. 4 Abs. 1 lit. a Rom I-VO eingestuft werden kann, stellt sich die Frage, ob eine Mehrfacherfassung nach Art. 4 Abs. 2 Alt. 2 Rom I-VO vorliegt. Konsequenterweise wäre dann die charakteristische Leistung zu ermitteln. Widersprüche ergeben sich auch dann, wenn die in Art. 4 Abs. 1 Rom I-VO geregelten Vertragstypen nicht, wie in Art. 4 Abs. 2 Rom I-VO vorgesehen, an das Merkmal der charakteristischen Leistung anknüpfen. So richtet sich das anwendbare Recht für Grundstücksgeschäfte gem. Art. 4 Abs. 1 lit. c Rom I-VO nach der *lex rei sitae*. Der Versteigerungskauf knüpft, sofern dieser bestimmt werden kann, gem. Art. 4 Abs. 1 lit. g Rom I-VO an den Ort der Versteigerung an und Verträge, die innerhalb eines multilateralen Systems geschlossen wurden (Art. 4 Abs. 1 lit. h Rom I-VO), unterliegen dem jeweiligen Recht des multilateralen Systems. Richtet sich das anwendbare Recht in diesen Fällen gem. Art. 4 Abs. 2 Alt. 2 Rom I-VO nach dem gewöhnlichen Aufenthaltsort der Parteien, kann dies zu einer Umgehung der gesetzgeberischen Entscheidung mit Blick auf das anwendbare Recht führen. So würde sich das anwendbare Recht bei einem Grundstücksverkauf unter gleichzeitiger Verpflichtung zur Abfallentsorgung, statt nach dem Belegenheitsort nach dem gewöhnlichen Aufenthaltsort des Dientsleisters bestimmen. Auch stellt sich die Frage, ob die in Art. 4 Abs. 1 Rom I-VO enthaltenen Anknüpfungsmomente Einfluss auf die Bestimmung der charakteristischen Leistung nach Art. 4 Abs. 2 Rom I-VO haben. Beispielhaft wurde hierzu der Franchisevertrag, der gem. Art. 4 Abs. 1 lit. e Rom I-VO eine Anknüpfung zugunsten des Franchisenehmers vorsieht, herangezogen. Hier könnten die Wertentschiedungen des Gesetzgebers umgangen werden, sollte Art. 4 Abs. 2 Rom I-VO an das Recht am Aufenthaltsort des Franchisegebers als vertragscharakteristisch leistender Partei anknüpfen.

4. Eine objektive dépeçage ist für die Konstellationen der gemischten Verträge nicht geeignet. Durch die Spaltung des Vertrages in seine einzelnen Elemente würden sich zwar die dargestellten Probleme der abweichenden Anknüpfungskriterien in Art. 4 Abs. 1 Rom I-VO, sowie der möglichen Ausstrahlungswirkung verschiedener in Art. 4 Abs. 1 Rom I-VO geregelter Vertragstypen auf die Bestimmung der charakteristischen Leistung nach Abs. 2 weitestgehend erübrigen. Eine objektive dépeçage ist dennoch nur möglich, wenn die jeweiligen Vertragsteile autonom und abtrennbar sind. Selbst für den am ehesten in seine Teile zu trennenden Typenkombinationsvertrag kommt aber eine kollisionsrechtliche Vertragsspaltung nicht in Betracht. Sind bei diesen Verträgen Fragen betroffen, die die Wirksamkeit oder den Bestand des gesamten Vertragsgefüges betreffen, verlangt das Gesamtgefüge des Vertrages die Beurteilung nach einem einheitlichen Recht. Eine unterschiedliche kollisionsrechtliche Anknüpfung von Form und Wirksamkeitsfragen würde in solchen Fällen zu unauflöslichen Widersprüchen führen.
Zur Bestimmung der charakteristischen Leistung muss gem. Erwägungsgrund 19 der Rom I-VO der Schwerpunkt ermittelt werden. Da verbindliche Vorgaben zur Bestimmung des Schwerpunktes fehlen, können berechenbare Ergebnisse anhand der derzeitigen Gesetzessystematik nicht erreicht werden. Zur Erreichung einheitlicher Rahmenbedingungen, wird vorgeschlagen, den Schwerpunkt i.S.d. Erwägungsgrundes 19 der Rom I-VO *typisierend* anhand einer wirtschaftlichen Gesamtbetrachtung unter Berücksichtigung von Wertverhältnissen, Parteiinteressen, Risikotragung und wirtschaftlichem Gesamtgewicht der in Frage stehenden Leistungen zu ermitteln. So kommt es für die Bestimmung des Schwerpunktes bei einem Grundstücksverkauf, der neben der Übertragung des Grundstücks auch die Verpflichtung zur Sanierung eines Altbautes umfasst, entscheidend auf Umfang und Bedeutung der Sanierungsarbeiten an. Werden nur einzelne Teile des Gebäudes (z.B. Dach, Keller, etc.) grundsaniert, spricht vieles dafür, den wirtschaftlichen Schwerpunkt im kaufrechtlichen Teil zu sehen. Es wird kaum im Interesse der Parteien liegen, bei im Verhältnis nur untergeordneten Sanierungsarbeiten, den Gesamtvertrag nach dem Recht des Erbringers der Werkleistung zu beurteilen. Die Hauptfunktion des Vertrages wird in der rechtsmangelfreien Übertragung des Grundstück inkl. Gebäude vom Verkäufer auf den Käufer liegen. Anders ist der

Fall zu beurteilen, wenn nicht der Erwerbscharakter des Grundstückes sondern die Errichtung des Gebäudes im Mittelpunkt steht. Dann sollte sich das anwendbare Recht gem. Art. 4 Abs. 1 lit. b Rom I-VO nach dem gewöhnlichen Aufenthaltsort des Erbringers der Werkleistung richten. Bei vollständiger Sanierung eines Gebäudes stellt die zu erbringende Werkleistung mit Blick auf potentielle Vertragsstörungen i.E. auch die risikobehaftetere Leistung dar.

Es verbleiben aber auch Fallkonstellationen, bei denen die Eingrenzungskriterien zur Schwerpunktbestimmung versagen, da beide Leistungen nach Wertverhältnis, Parteiinteresse, Risikotragung und wirtschaftlichem Gesamtgewicht als gleichwertig einzustufen sind. So z.B., wenn ein Grundstück mit mehreren Gebäuden, wovon bspw. nur eines grundsaniert werden soll, veräußert wird. Das anwendbare Recht richtet sich dann nach Art. 4 Abs. 4 Rom I-VO.

Allgemeinverbindlichkeit könnten die zur Bestimmung des Schwerpunktes ermittelten Kriterien durch eine positivrechtliche Ausgestaltung im Rahmen des Erwägungsgrundes 19 der Rom I-VO erlangen.

Die dann noch verbleibenden Unsicherheiten bei der Ermittlung des anwendbaren Rechtes sind in Abwägung zu der den Parteien gewährten Vertragsfreiheit im Ergebnis hinzunehmen.

5. Trotz vereinzelter Abweichungen sind die auf nationaler Ebene entwickelten Definitionen des verbundenen Vertrages mit Blick auf Art. 3 lit. n VerbrKrRL richtlinienkonform ausgestaltet.

   Das mit der VerbrKrRL verfolgte Konzept der Vollharmonisierung auf dem Gebiet des Verbraucherschutzes garantiert in weiten Teilen einen einheitlichen unionsrechtlichen Standard. Dennoch verbleiben – insbesondere auch auf dem Gebiet der verbundenen Verträge – Unterschiede, die eine umfassende Rechtsvereinheitlichung im Ergebnis unmöglich machen. In allen der untersuchten Mitgliedstaaten finden sich teilweise positiv überschießende Regelungen. Der deutsche Gesetzgeber führte den doppelten Widerrufsdurchgriff und in § 358 Abs. 4 S. 5 BGB einen besonders verbraucherfreundlicher Mechanismus für eine etwaige Rückabwicklung der Verträge ein. Frankreich gewährt besonders starken Schutz in der Vertragsabschlussphase. Durch Art. L. 311–31 und Art. L. 311–35 CConsom wird der Verbraucher durch eine wechselseitige Abhängigkeit der beiden Verträge geschützt.

   Die englische Regelung in s. 75 CCA geht durch ihren umfassenden Anwendungsbereich selbst über die weit gefasste Definition des verbundenen Vertrages in Art. 3 lit. n VerbrKrRL hinaus.

6. Auf materiellrechtlicher Ebene ist der europäische Gesetzgeber bemüht, zur Entwicklung eines einheitlichen Begriffes für verbundene Verträge beizutragen. Art. 3 lit. n der VerbrKrRL enthält eine präzise Begriffsdefinition des verbundenen Vertrages. Im Kollisionsrecht wird der verbundene Vertrag nicht definiert. Die zur Erforschung allgemeingültiger Voraussetzungen vorgenommene Analyse anhand anerkannter Auslegungsmethoden hat schließlich ergeben, dass es, zumindest für Verbraucherverträge nach 6 Rom I-VO, für das Vorliegen von verbundenen Verträgen ausschließlich auf die Verbrauchereigenschaft im konkreten Fall ankommt. Der Verbraucherbegriff ist vertragsautonom zu bestimmen und wird maßgeblich durch die Entscheidungen des EuGH konkretisiert.
   Liegt eine Verbrauchereigenschaft nach der Rom I-VO nicht vor, sollte auf die in Art. 3 lit. n VerbrKrRL enthaltene Definition des verbundenen Vertrages zurückgegriffen werden. Art. 3 lit. n VerbrKrRL steht nicht in einem spezifisch verbraucherrechtlichen Zusammenhang. Daher kann und sollte er, insbesondere mit Blick auf eine zu verstärkende Rechtssicherheit durch unionsrechtlichen Einklang, auch für die kollisionsrechtliche Beurteilung verbundener Verträge vergleichend herangezogen werden.
   Ein verbundener Vertrag liegt somit vor, wenn:
   1. Der betreffende Kredit ausschließlich der Finanzierung eines Vertrags über Lieferung bestimmter Waren oder die Erbringung einer bestimmten Dienstleistung dient und
   2. Diese beiden Verträge objektiv betrachtet eine wirtschaftliche Einheit bilden; von einer wirtschaftlichen Einheit ist auszugehen, wenn der Warenlieferant oder der Dienstleistungserbringer den Kredit zugunsten des Verbrauchers finanziert oder wenn sich der Kreditgeber im Falle der Finanzierung durch einen Dritten bei der Vorbereitung oder dem Abschluss des Kreditvertrags der Mitwirkung des Warenlieferanten oder des Dienstleistungserbringers bedient oder wenn im Kreditvertrag ausdrücklich die spezifischen Waren oder die Erbringung einer spezifischen Dienstleistung angegeben sind.
7. Die Untersuchung hat schließlich gezeigt, dass sich die verbundenen Verträge auch ohne gesetzliche Regelung kollisionsrechtlich nach der Rom I-VO lösen lassen.
   Eine wirksame Rechtswahl für verbundene Verträge kann nur durch Zusammenwirken aller am verbundenen Vertrag beteiligten Parteien erreicht werden. Behalten sich sowohl Darlehensgeber als auch der Verkäufer bzw. Dienstleistungserbringer unterschiedliche Rechtswahlklauseln vor, können diese nur dann wirksam werden, wenn sie Fragen betreffen, die generell aus

dem zusammenhängenden System des verbundenen Vertrages abgespalten werden können. Aufgrund national unterschiedlich umgesetzter unionsrechtlicher Vorgaben, insb. auch auf Rechtsfolgenebene, wird dies bei verbundenen Verträgen in der Regel zu verneinen sein. Beispielhaft wurde dafür der Fall eines in Deutschland abgeschlossenen Kaufvertrages herangezogen, bei dem zur Finanzierung ein Darlehensvertrag mit einer in England ansässigen Bank geschlossen wurde. Aufgrund erheblicher Mängel an der Ware, stellten Käufer und Darlehensnehmer sofort die weitere Bedienung des Darlehens ein. Hier kann der Käufer, nach deutschem Recht, die Rückzahlung des Darlehens erst verweigern, wenn eine Nacherfüllung durch den Verkäufer fehlgeschlagen ist, vgl. § 359 S. 3 BGB. Das englische Recht sieht eine derartige Regelung nicht vor. S. 75 CCA verzichtet komplett auf die Subsidiarität des Einwendungsdurchgriffs, wie sie in Art. 15 Abs. 2 VerbrKrRL vorgesehen ist. Vielmehr ordnet s. 75 (1) CCA an, dass Lieferant und Darlehensnehmer dem Verbraucher als Gesamtschuldner gegenüberstehen. Dies führt im Ergebnis zu dem unauflösbaren Widerspruch, dass der Käufer nach deutschem Recht dem Verkäufer vor Geltendmachung der Einrede ggü. dem Darlehensgeber zunächst eine Nacherfüllungsmöglichkeit gewähren muss, während er nach englischem Recht bereits dazu befugt wäre, die weitere Zahlung der Darlehensraten einzustellen.

8. Eine eigenständige Kollisionsnorm für die verbundenen Verträge enthält die Rom I-VO nicht. Das mangels Rechtswahl anwendbare Recht richtet sich dann zunächst nach der verbraucherschützenden Sonderkollisionsnorm des Art. 6 Rom I-VO. Problematisch stellt sich hierbei das Verhältnis zwischen dem autonom zu bestimmenden kollisionsrechtlichen Verbraucherbegriff und den jeweils national geprägten Verbraucherbegriffen auf materiellrechtlicher Ebene dar. Nach Art. 6 Abs. 1 Rom I-VO ist ein Verbraucher eine natürliche Person, die den Vertrag zu einem Zweck schließt, der nicht ihrer beruflichen oder gewerblichen Tätigkeit zugerechnet werden kann. Konkretisiert wird dieser Verbraucherbegriff durch die Rechtsprechung des EuGH, der eine grundsätzlich restriktive Anwendung favorisiert. So wird eine Verbrauchereigenschaft des Käufers für Fälle der gemischten Zwecksetzung bspw. nur dann bejaht, wenn der dem Rechtsgeschäft inne wohnende berufliche/gewerbliche Zweck von ganz untergeordneter Bedeutung ist. Eine andere Beurteilung kann sich hingegen im jeweils national umgesetzten materiellen Recht finden. Die den Verbraucherschutz betreffenden Richtlinien sind nur auf bestimmte Bereiche beschränkt und regeln jeweils typisierte Schutzbedürftigkeiten des Verbrauchers. Trotz Vollharmonisierung bleibt es den Mitgliedstaaten unbenommen, die jeweiligen

Bestimmungen der Richtlinie auch auf Bereiche anzuwenden, die nicht in den Geltungsbereich der Richtlinie fallen. In diesen Fällen kann der Verbraucherbegriff, anders als der autonom zu bestimmende Begriff auf kollisionsrechtlicher Ebene, auch über die vom EuGH konkretisierte Definition ausgedehnt werden.
So stellt bspw. der englische Verbraucherbegriff, insbesondere zum Schutz der Kleingewerbetreibenden, nicht auf den privaten Zweck der Kreditvergabe ab und umfasst, im beschränkten Maße, auch Personenvereinigungen. Die deutsche Regelung nimmt nur die selbstständig beruflichen Tätigkeiten vom Anwendungsbereich aus. Frankreich richtet den Verbraucherbegriff an rein formalen Kriterien aus. Auch Verbraucherkredite mit gemischter Zwecksetzung können grundsätzlich in den Anwendungsbereich einzubezogen werden. Dabei bleibt es den Mitgliedstaaten überlassen, welche Anforderungen sie an die Gewichtung zwischen privatem und gewerbsmäßigem bzw. beruflichem Zweck stellen.
Kollisionsrechtlicher und materiellrechtlicher Verbraucherschutz können somit auseinanderfallen. Für den Bereich der verbundenen Verträge kann dies wiederrum, durch unterschiedliche Anknüpfung von Kauf- bzw. Dienstleistungsvertrag und Darlehensvertrag, zu Rechtszersplitterungen führen. Institute wie der Einwendungs- und Widerrufsdurchgriff können im Zweifel keine schützende Wirkung mehr entfalten.

9. Findet Art. 6 Rom I-VO keine Anwendung, bestünde die Möglichkeit, beide Verträge getrennt anzuknüpfen. Das anwendbare Recht für den finanzierten Vertrag würde sich dann entweder nach Art. 4 Abs. 1 lit. a Rom I-VO oder, bei Vorliegen einer Dienstleistung, nach Art. 4 Abs. 1 lit. b Rom I-VO bestimmen. Anzuknüpfen wäre dann an den gewöhnlichen Aufenthalt des Verkäufers bzw. Dienstleistungserbringers. Das auf den Darlehensvertrag anwendbare Recht bestimmt sich gemäß Art. 4 Abs. 2 Rom I-VO i.V.m. Art. 19 Rom I-VO hingegen nach dem Sitz des Kreditinstituts.
Vorzugswürdig ist es jedoch, das auf den verbundenen Vertrag anwendbare Recht mittels akzessorischer Anknüpfung an den Hauptvertrag nach Art. 4 Abs. 3 Rom I-VO zu bestimmen.
Viele lehnen, ohne fundierte Argumentationsbasis, eine akzessorische Anknüpfung mangels Identität der vertragsschließenden Parteien ab. Auch der Gesetzgeber lässt keine einheitliche Linie für die kollisionsrechtliche Beurteilung bei Beteiligung von Dritten an Vertragsverhältnissen erkennen.
Eine akzessorische Anknüpfung für verbundene Verträge ist jedoch für alle Vertragsbeteiligten interessengerecht. Die dem Käufer und Darlehensnehmer zugeschriebene schützenswerte Position macht eine einheitliche Beurteilung

des Vertragsstatuts zwingend erforderlich. Zulässigkeit und Durchsetzung von Widerrufs- und Einwendungsdurchgriffen sollten nach dem gleichen Recht beurteilt werden. Kann sich das erhoffte Recht nicht durchsetzen, wird auch den anderen Parteien des Kauf- bzw. Dienstleistungsvertrages und des Darlehensvertrages daran gelegen sein, dass eine fremde Rechtsordnung einheitlich zur Anwendung gelangt. Nur so bleibt die Frage nach dem auf den Vertrag anwendbaren Recht berechenbar.

Das auf den Gesamtvertrag anwendbare Recht sollte sich nach dem gewöhnlichen Aufenthalt des Verkäufers beurteilen. Zwar bildet der Darlehensvertrag typischerweise die Grundlage der Finanzierung des jeweiligen Kauf- bzw. Dienstleistungsvertrages. Die Analyse des zwischen den verschiedenen Parteien bestehenden Abhängigkeitsverhältnisses hat jedoch ergeben, dass der Schwerpunkt verbundener Verträge beim Verkäufer liegt. Er agiert i.d.R. als Mittelsmann, erbringt die komplexeren Leistungen und setzte den Ausgangspunkt für die Schaffung von Einwendungs- und Widerrufsdurchgriff. Zur Veranschaulichung einer diesen Ansätzen folgenden kollisionsrechtlichen Lösung dient das bereits oben dargestellte Fallbeispiel. Sowohl der Verbraucher als auch der Lieferant haben ihren gewöhnlichen Aufenthalt in Deutschland und auch alle sonstigen Umstände des in Rede stehenden Kaufvertrages weisen starke Bezüge zum deutschen Recht auf. Der Verbraucher bedient sich zur Finanzierung des Vertrages eines ihm bekannten und vertrauten schweizerischen Kreditinstituts mit Sitz in Zürich. Der deutsche Lieferant und der schweizerische Kreditgeber arbeiten bei Vorbereitung und Durchführung des Vertrages eng zusammen. Nach Lieferung der Ware treten schließlich Schwierigkeiten auf. Der Verbraucher widerruft den Liefervertrag. Das schweizerische Kreditinstitut verlangt weiterhin die Durchführung und Abwicklung des Darlehensvertrages.

Nach den hier entwickelten Grundätzen wird der Kaufvertrag nach Art. 4 Abs. 1 lit. a Rom I-VO beurteilt. Das anwendbare Recht richtet sich nach dem gewöhnlichen Aufenthaltsort des Verkäufers. Auf den Kaufvertrag wäre somit deutsches Recht anzuwenden. Selbst wenn sich der Käufer eines schweizerischen Kreditinstituts mit Sitz in Zürich bedient, ergeben alle anderen Vertragsumstände, dass ein engerer Bezug zum deutschen Recht besteht. Eine Schwerpunktbildung würde daher den in Deutschland abgeschlossenen Kaufvertrag als Hauptvertrag qualifizieren.

Der Darlehensvertrag könnte dann, bei Vorliegen der Voraussetzungen eines verbundenen Vertrages, über Art. 4 Abs. 3 Rom I-VO durch eine akzessorische Anknüpfung an den Kaufvertrag, ebenfalls dem deutschen Recht unterstellt werden.

10. Zur Erleichterung der Rechtsfindung und Verstärkung der Rechtssicherheit wird schließlich vorgeschlagen, das Rechtsinstitut des verbundenen Vertrages durch die Einfügung einer eigenständigen Anknüpfungsregel in Art. 4 Abs. 1 Rom I-VO aufzunehmen. Hier, wie bereits im Rahmen der akzessorischen Anknüpfung, sollte maßgeblich auf den Kauf- bzw. Dienstleistungsvertrag, als den verbundenen Vertrag charakterisierenden Teil, abgestellt werden. Weißt der Vertrag in Einzelfällen eine offensichtlich engere Verbindung zu einem anderen Staat auf, sollte sich das anwendbare Recht korrigierend nach Art. 4 Abs. 3 Rom I-VO bestimmen.

STUDIEN ZUM VERGLEICHENDEN UND INTERNATIONALEN RECHT

Herausgeber: Bernd von Hoffmann (†), Erik Jayme und Heinz-Peter Mansel

Band 1 Ferdinand Henke: Die Datenschutzkonvention des Europarates. 1986.

Band 2 Peter Czermak: Der express trust im internationalen Privatrecht. 1986.

Band 3 Peter Kindler: Der Ausgleichsanspruch des Handelsvertreters im deutsch-italienischen Warenverkehr. Eine rechtsvergleichende und kollisionsrechtliche Untersuchung. 1987.

Band 4 Wilhelm Denzer: Stellung und Bedeutung des Engineers in den FIDIC-Bauvertragsbedingungen. 1988.

Band 5 Marijan-Maximilian Lederer: Die internationale Enteignung von Mitgliedschaftsrechten unter besonderer Berücksichtigung der französischen Enteignungen 1982. 1989.

Band 6 Rainer Esser: Klagen gegen ausländische Staaten. 1990.

Band 7 Chang Jae-Ok: Auf dem Weg zu einer Materialisierung des Immateriellen? Personen-, Persönlichkeitsschutz und Geldersatz des immateriellen Schadens in rechtsvergleichender Hinsicht am Beispiel des koreanischen und japanischen Zivilrechts unter besonderer Berücksichtigung des deutschen Rechts. 1990.

Band 8 Paul-Frank Weise: Lex mercatoria. Materielles Recht vor der internationalen Handelsschiedsgerichtbarkeit.1990.

Band 9 Werner Born: Der Auftrittsvertrag für Musikgruppen im Bereich der Rock- und Popmusik. 1990.

Band 10 Ralf Erich Jürgens: IPR und Verfassung in Italien und in der Bundesrepublik Deutschland. 1990.

Band 11 Rainer Gildeggen: Internationale Schieds- und Schiedsverfahrensvereinbarungen in Allgemeinen Geschäftsbedingungen vor deutschen Gerichten. 1991.

Band 12 Klaus Grabinski: Die kollisionsrechtliche Behandlung des Durchgriffs bei rechtlich verselbständigten Unternehmen in privater oder öffentlicher Hand. 1991.

Band 13 Dieter Stummel: Konkurs und Integration. Konventionsrechtliche Wege zur Bewältigung grenzüberschreitender Insolvenzverfahren. 1991.

Band 14 Joachim Güntzer: Die Rechtsstellung des Geschäftsführers im spanischen Aktienrecht. Die Neuregelung des spanischen Aktienrechts nach dem Beitritt Spaniens zur EG. 1991.

Band 15 Sabine Isenburg-Epple: Die Berücksichtigung ausländischer Rechtshängigkeit nach dem Europäischen Gerichtsstands- und Vollstreckungsübereinkommen vom 27.9.1968. Untersuchungen zum Anwendungsbereich von Art. 21 EuGVÜ unter schwerpunktmäßiger Behandlung der Frage nach der Bestimmung eines europäischen Streitgegenstandsbegriffs. 1992.

Band 16 Ulrich Nickl: Die Qualifikation der culpa in contrahendo im Internationalen Privatrecht. 1992.

Band 17 Theo Rauh: Leistungserschwerungen im Schuldvertrag. Eine rechtsvergleichende Untersuchung des englischen, US-amerikanischen, französischen und deutschen Rechts unter besonderer Berücksichtigung der gerichtlichen Praxis. 1992.

Band 18 Bernadette Chaussade-Klein: Vorvertragliche "obligation de renseignements" im französischen Recht. 1992.

Band 19 Josef Sievers: Verbraucherschutz gegen unlautere Vertragsbedingungen im französischen Recht. Vom Code civil zum "Code de la consommation" – die Entstehung eines Sonderprivatrechts für Verbraucher. 1993.

Band 20 Achim Schäfer: Grenzüberschreitende Kreditsicherung an Grundstücken, unter besonderer Berücksichtigung des deutschen und italienischen Rechts. 1993.

Band 21 Eugenio Hernández-Breton: Internationale Gerichtsstandsklauseln in Allgemeinen Geschäftsbedingungen. Unter besonderer Berücksichtigung des deutsch-südamerikanischen Rechtsverkehrs (dargestellt am Beispiel Argentinien, Brasilien und Venezuela). 1993.

Band 22 Ingo Reng: Unterhaltsansprüche aufgrund nichtehelicher Lebensgemeinschaft – Internationales Privatrecht und ausländisches materielles Recht. 1994.

Band 23 Stefanie Roloff: Die Geltendmachung ausländischer öffentlicher Ansprüche im Inland. 1994.

Band 24 Katharina Ludwig: Der Vertragsschluß nach UN-Kaufrecht im Spannungsverhältnis von Common Law und Civil Law. Dargestellt auf der Grundlage der Rechtsordnungen Englands und Deutschlands. 1994.

Band 25 Malte Diesselhorst: Mehrparteienschiedsverfahren. Internationale Schiedsverfahren unter Beteiligung von mehr als zwei Parteien. 1994.

Band 26 Manfred Kost: Konsensprobleme im internationalen Schuldvertragsrecht. 1995.

Band 27 Wolff-Heinrich Fleischer: Das italienische Wettbewerbsrecht und die Probleme des selektiven Parfümvertriebs unter Berücksichtigung der Rechtslage in Frankreich und Deutschland. 1995.

Band 28 Angelika Fuchs: Lateinamerikanische Devisenkontrollen in der internationalen Schuldenkrise und Art. VIII Abschn. 2 b) IWF-Abkommen. 1995.

Band 29 Jacques Matthias Aull: Der Geltungsanspruch des EuGVÜ: "Binnensachverhalte" und Internationales Zivilverfahrensrecht in der Europäischen Union. Zur Auslegung von Art. 17 Abs. 1 S. 1 EuGVÜ. 1996.

Band 30 Hartmut Ost: EVÜ und fact doctrine. Konflikte zwischen europäischer IPR-Vereinheitlichung und der Stellung ausländischen Rechts im angelsächsischen Zivilprozeß. 1996.

Band 31 Stefan Wagner: Die Testierfähigkeit im Internationalen Privatrecht. 1996.

Band 32 Wolfgang Jakob Hau: Positive Kompetenzkonflikte im Internationalen Zivilprozeßrecht. Überlegungen zur Bewältigung von *multi-fora disputes*. 1996.

Band 33 Markus Schütz: UN-Kaufrecht und *Culpa in contrahendo*. 1996.

Band 34 Volker Geyrhalter: Das Lösungsrecht des gutgläubigen Erwerbers. Ein "vergessener" Kompromiß und die Auswirkungen auf das heutige deutsche Recht unter besonderer Berücksichtigung des internationalen Sachenrechts. 1996.

Band 35 Andreas Kramer: Abwicklungsstörungen bei Kaufverträgen. Die Lieferung vertragswidriger Sachen im deutschen und italienischen Recht. 1996.

Band 36 Petra Krings: Erfüllungsmodalitäten im internationalen Schuldvertragsrecht. 1997.

Band 37 Tonja Gaibler: Der rechtsgeschäftliche Irrtum im französischen Recht. 1997.

Band 38 Dirk Otto: Rechtsspaltung im indischen Erbrecht. Bedeutung und Auswirkungen auf deutsch-indische Nachlaßfälle. 1997.

Band 39 Gregor W. Decku: Zwischen Vertrag und Delikt. Grenzfälle vertraglicher und deliktischer Haftung dargestellt am Beispiel der Berufs- und Expertenhaftung zum Schutze des Vermögens Dritter im deutschen und englischen Recht. 1997.

Band 40 Gregor W. Decku: Zwischen Vertrag und Delikt. Grenzfälle vertraglicher und deliktischer Haftung dargestellt am Beispiel der Berufs- und Expertenhaftung zum Schutze des Vermögens Dritter im deutschen und englischen Recht. 1997.

Band 41 Ulrike Höpping: Auswirkungen der Warenverkehrsfreiheit auf das IPR unter besonderer Berücksichtigung des Internationalen Produkthaftungsrechts und des Internationalen Vertragsrechts. 1997.

Band 42 Helene Boriths Müller: Die Umsetzung der europäischen Übereinkommen von Rom und Brüssel in das Recht der Mitgliedstaaten. Dargestellt am Beispiel Deutschlands und Dänemarks. 1997.

Band 43 Bernd von Hoffmann / Myong-Chang Hwang (eds.): The Public Concept of Land Ownership. Reports and Discussions of a German-Korean Symposium held in Seoul on October 7-9, 1996. 1997.

Band 44 Oliver Heeder: Fraus legis. Eine rechtsvergleichende Untersuchung über den Vorbehalt der Gesetzesumgehung in Deutschland, Österreich, der Schweiz, Frankreich und Belgien unter besonderer Berücksichtigung des Internationalen Privatrechts. 1998.

Band 45 Heinrich Schütt: Deliktstyp und Internationales Privatrecht. Dargestellt an grenzüberschreitenden Problemen der Arzthaftung. 1998.

Band 46 Axel Steiner: Die stillschweigende Rechtswahl im Prozeß im System der subjektiven Anknüpfungen im deutschen Internationalen Privatrecht. 1998.

Band 47 Martina Schulz: Der Eigentumsvorbehalt in europäischen Rechtsordnungen. Rechtsvergleichende Untersuchung des deutschen, englischen und französischen Rechts unter besonderer Berücksichtigung von Erweiterungen und Verlängerungen. 1998.

Band 48 Karin Dreher: Die Rechtswahl im internationalen Erbrecht. Unter besonderer Berücksichtigung des italienischen IPR-Reformgesetzes N. 218 vom 31. Mai 1995. 1999.

Band 49 Giuliano Gabrielli: Das Verhältnis zwischen der Anfechtung wegen Eigenschaftsirrtums und den Gewährleistungsansprüchen im deutschen, österreichischen und italienischen Recht. 1999.

Band 50 Bernd von Hoffmann / Myong-Chan Hwang (eds.): Developments in Land Law. Reports and Discussions of a German-Korean Symposium held in Berlin and Trier on July 21-24, 1997. 1999.

Band 51 Volker Heidbüchel: Das UNCITRAL-Übereinkommen über unabhängige Garantien und Standby Letters of Credit. Vergleiche mit den Richtlinien der Internationalen Handelskammer, dem deutschen, englischen und US-amerikanischen Recht. 1999.

Band 52 Jan Christoph Nordmeyer: Pflichtteilsansprüche und Wiedervereinigung. Eine systematische Analyse der Ausgleichsansprüche nach BGB-Pflichtteilsrecht unter besonderer Berücksichtigung der durch den Wiedervereinigungsprozeß eingetretenen Wertveränderungen. 1999.

Band 53 Bettina Linder: Vertragsabschluß beim grenzüberschreitenden Verbraucherleasing. 1999.

Band 54 Almontasser Fetih: Die zivilrechtliche Haftung bei Vertragsverhandlungen. Eine rechtsvergleichende Studie zum deutschen, französischen, ägyptischen und islamischen Recht. 2000.

Band 55 Sona Rajani: Die Geltung und Anwendung des Gemeinschaftsrechts im Vereinigten Königreich von Großbritannien und Nordirland. Der Grundsatz der Parlamentssouveränität im Wandel. 2000.

Band 56 Joachim Kayser: Gegenmaßnahmen im Außenwirtschaftsrecht und das System des europäischen Kollisionsrechts. Eine Analyse der EU-Abwehrverordnung gegen die Auswirkungen extraterritorialer Rechtserstreckung eines Drittlandes. 2001.

Band 57 Albrecht Conrad: Qualifikationsfragen des Trust im Europäischen Zivilprozeßrecht. 2001.

Band 58 Bernd Borgmann: Die Entsendung von Arbeitnehmern in der Europäischen Gemeinschaft. Wechselwirkungen zwischen Kollisionsrecht, Grundfreiheiten und Spezialgesetzen. 2001.

Band 59 Aleksandar Jaksic: Arbitration and Human Rights. 2002.

Band 60 Islamisches und arabisches Recht als Problem der Rechtsanwendung. Symposium zu Ehren von Professor Emeritus Dr. iur. Omaia Elwan. Veranstaltet vom Institut für ausländisches und internationales Privat- und Wirtschaftsrecht der Universität Heidelberg und der Gesellschaft für Arabisches und Islamisches Recht e.V. Herausgegeben von Herbert Kronke, Gert Reinhart und Nika Witteborg. 2001.

Band 61 Patrick Fiedler: Stabilisierungsklauseln und materielle Verweisung im internationalen Vertragsrecht. 2001.

Band 62 Werner Mangold: Die Abtretung im Europäischen Kollisionsrecht. Unter besonderer Berücksichtigung des spanischen Rechts. 2001.

Band 63 Eike Dirk Eschenfelder: Beweiserhebung im Ausland und ihre Verwertung im inländischen Zivilprozess. Zur Bedeutung des US-amerikanischen discovery-Verfahrens für das deutsche Erkenntnisverfahren. 2002.

Band 64 Bernd Ehle: Wege zu einer Kohärenz der Rechtsquellen im Europäischen Kollisionsrecht der Verbraucherverträge. 2002.

Band 65 Heiko Lehmkuhl: Das Nacherfüllungsrecht des Verkäufers im UN-Kaufrecht. 2002.

Band 66 Jochen Nikolaus Schlotter: Erbrechtliche Probleme in der Société Privée Européenne. IPR-Harmonisierung im einheitlichen Europäischen Rechtsraum. 2002.

Band 67 Konrad Ost: Doppelrelevante Tatsachen im Internationalen Zivilverfahrensrecht. Zur Prüfung der internationalen Zuständigkeit bei den Gerichtsständen des Erfüllungsortes und der unerlaubten Handlung. 2002.

Band 68 Tobias Bosch: Die Durchbrechungen des Gesamtstatuts im internationalen Ehegüterrecht. Unter besonderer Berücksichtigung deutsch-französischer Rechtsfälle. 2002.

Band 69 Ursula Philipp: Form im amerikanischen Erbrecht. Zwischen Formalismus und harmless error. 2002.

Band 70 Christian Stefan Wolf: Der Begriff der wesentlich engeren Verbindung im Internationalen Sachenrecht. 2002.

Band 71 André Fomferek: Der Schutz des Vermögens Minderjähriger. Ein Vergleich des deutschen und des englischen Rechts unter Berücksichtigung des schottischen und irischen Rechts. 2002.

Band 72 nicht erschienen

Band 73 Markus Dreißigacker: Sprachenfreiheit im Verbrauchervertragsrecht. Der Verbraucher im Spannungsfeld zwischen kultureller Identität und Privatautonomie. 2002.

Band 74 Vassiliki Myller-Igknay: Auskunftsansprüche im griechischen Zivilrecht. Auswirkungen im deutsch-griechischen Rechtsverkehr sowie im deutschen internationalen Privat- und Verfahrensrecht. 2003.

Band 75 Stefan Bruinier: Der Einfluss der Grundfreiheiten auf das Internationale Privatrecht. 2003.

Band 76 Nika Witteborg: Das gemeinsame Sorgerecht nichtverheirateter Eltern. Eine Untersuchung im soziologischen, rechtsgeschichtlichen, verfassungsrechtlichen, rechtsvergleichenden und internationalen Kontext. 2003.

Band 77 Peter Stankewitsch: Entscheidungsnormen im IPR als Wirksamkeitsvoraussetzungen der Rechtswahl. 2003.

Band 78 Jan Wilhelm Ritter: Euro-Einführung und IPR unter besonderer Berücksichtigung nachehelicher Unterhaltsverträge. Eine Untersuchung mit Blick auf das deutsche, französische und schweizerische Recht. 2003.

Band 79 Wolf Richard Herkner: Die Grenzen der Rechtswahl im internationalen Deliktsrecht. 2003.

Band 80 Ira Ditandy: Internationale Zuständigkeit. Neuregelung durch die LOPJ 1985. Vergleich mit dem europäischen Vorbild und Auswirkungen auf das spanische internationale Zivilverfahrensrecht. 2003.

Band 81 Andrea Verena Schefold: Werbung im Internet und das deutsche Internationale Privatrecht. 2004.

Band 82 Klaus Herkenrath: Die Umsetzung der Richtlinie 93/13/EWG über missbräuliche Klauseln in Verbraucherverträgen in Deutschland, dem Vereinigten Königreich, Frankreich und Italien. Auswirkungen nationaler Umsetzungstechniken auf dem Harmonisierungserfolg. 2003.

Band 83 Alexander Thünken: Das kollisionsrechtliche Herkunftslandprinzip. 2003.

Band 84 Barbara v. Daumiller: Die Rechtswahl im italienischen internationalen Erbrecht: und ihre Auswirkungen im deutsch-italienischen Rechtsverkehr. 2003.

Band 85 Robert Mödl: Macht, Verantwortlichkeit und Zurechnung im Konzern. Eine rechtsvergleichende Untersuchung auf der Grundlage des deutschen, spanischen und US-amerikanischen Rechts. 2003.

Band 86 Ursula Kerpen: Das Internationale Privatrecht der Persönlichkeitsrechtsverletzungen. Eine Untersuchung auf rechtsvergleichender Grundlage. 2003.

Band 87 Barbara Ploeckl: Umgangsrechtsstreitigkeiten im deutsch-französischen Rechtsverkehr. Bestehende internationale und nationale Regelungen und der geplante *europäische Besuchstitel*. 2003.

Band 88 Katrin Wannemacher: Die Außenkompetenzen der EG im Bereich des Internationalen Zivilverfahrensrechts. Der räumliche Anwendungsbereich des Art. 65 EGV am Beispiel der EuGVO und der EheVO. 2003.

Band 89 Maren B. Eilinghoff: Das Kollisionsrecht der ungerechtfertigten Bereicherung nach dem IPR-Reformgesetz von 1999. 2004.

Band 90 Patrick Niehr: Die zivilprozessuale Dokumentenvorlegung im deutsch-englischen Rechtshilfeverkehr nach der deutschen und der englischen Prozessrechtsreform. 2004.

Band 91 Anna Christina Gördes: Internationale Zuständigkeit, Anerkennung und Vollstreckung von Entscheidungen über die elterliche Verantwortung. Die VO(EG) Nr. 1347/2000, ihre geplanten Änderungen und das Verhältnis beider zum Minderjährigen- und Kinderschutzabkommen. 2004.

Band 92 Martin Rädler: Rechtsbehelfe des Käufers eines Unternehmens oder einer unternehmerischen Beteiligung gegen den Verkäufer im deutschen und französischen Recht. 2004.

Band 93 Marc-Yngve Dietrich: Rechtsstellung und Beteiligung der Gläubiger im französischen Insolvenzverfahren. 2004.

Band 94 Katia Niemann: Die rechtsgeschäftliche und organschaftliche Stellvertretung und deren kollisionsrechtliche Einordnung. Deutschland und England im Vergleich. 2004.

Band 95 Daniel Ludwig: Neuregelungen des deutschen Internationalen Insolvenzverfahrensrechts. Eine Untersuchung unter vergleichender Heranziehung der Europäischen Insolvenzverordnung. 2004.

Band 96 Cordelia Faulenbach: Der gemeinschaftsrechtliche Vorbehalt im europäischen Wettbewerbsrecht. Die Herkunftslandanknüpfung der E-Commerce-Richtlinie unter dem Einfluss der Grundfreiheiten. 2004.

Band 97 Ulf Dörner: Der Vertragsgerichtsstand nach dem Protokoll von Buenos Aires. 2004.

Band 98 Martin Schmidhuber: Verhaltenskodizes im nationalen und grenzüberschreitenden elektronischen Geschäftsverkehr. Zur Frage der Integration der Selbstregulierung durch Private in die staatliche Rechtsordnung. 2004.

Band 99 Florian Kienle: Die fehlerhafte Banküberweisung im internationalen Rechtsverkehr. Unter besonderer Berücksichtigung des Artikels 4A US Uniform Commercial Code. 2004.

Band 100 Thomas Alexander Brandt: Die Adoption durch eingetragene Lebenspartner im internationalen Privat- und Verfahrensrecht. 2004.

Band 101 Florian Pulkowski: Subunternehmer und Internationales Privatrecht. Der Subunternehmer als Quasi-Verbraucher im Europäischen Kollisionsrecht. 2004.

Band 102 Ulrich Becker: Grundrechtsschutz bei der Anerkennung und Vollstreckbarerklärung im europäischen Zivilverfahrensrecht. Bestimmung der Grenzen für die Einführung eines europäischen Vollstreckungstitels. 2004.

Band 103 Thomas Badelt: Aufrechnung und internationale Zuständigkeit unter besonderer Berücksichtigung des deutsch-spanischen Rechtsverkehrs. 2005.

Band 104 Florian D. Wagner: Vorvertragliche Aufklärungspflichten im internationalen Franchising. Zur Harmonisierung von Delikts- und Vertragsstatut im internationalen Privatrecht unter besonderer Berücksichtigung der Franchise-Gesetzgebung des US-Bundesstaates Kalifornien. 2005.

Band 105 Vera Heine: Die Umsetzung der *EG-Richtlinie über missbräuchliche Klauseln in Verbraucherverträgen* im englischen und deutschen Recht. 2005.

Band 106 Alexander Franz: Überregionale Effektentransaktionen und anwendbares Recht. Eine kollisionsrechtliche Untersuchung unter besonderer Berücksichtigung der Vorschrift des § 17 a DepotG. 2005.

Band 107 Hanna-Maria Uhlenbrock: Gesetzliche Regelungen für nichteheliche Lebensgemeinschaften in Deutschland und Frankreich. Ein Vergleich des Unterhaltsrechts bei der eingetragenen Lebenspartnerschaft und beim Pacte civil de Solidarité. 2005.

Band 108 Katrin Stieß: Anknüpfungen im internationalen Urheberrecht unter Berücksichtigung der neuen Informationstechnologien. 2005.

Band 109 Hendrik Otto: Der gesetzliche Abschlussprüfer im italienischen Recht. Eine rechtsvergleichende Untersuchung unter besonderer Berücksichtigung der zivilrechtlichen Haftung. 2005.

Band 110 Frauke Stuphorn: Bankhaftung für Kreditauskünfte im deutschen und französischen Recht. 2005.

Band 111 Nina Fürer: Die zivilrechtliche Haftung für Raucherschäden. 2005.

Band 112 Giovanni B. Barillà: *Contratto autonomo di garanzia* e *Garantievertrag*. Categorie civilistiche e prassi del commercio. 2005.

Band 113 Timo Torz: Gerichtsstände im Internationalen Insolvenzrecht zur Eröffnung von Partikularinsolvenzverfahren. 2005.

Band 114 Martina Schmid: Die Grenzen der Auslegungskompetenz des EuGH im Vorabentscheidungsverfahren nach Art. 234 EG. Dargestellt am Beispiel der überschießenden Richtlinienumsetzung. 2005.

Band 115 Stephan Lesage-Mathieu: Dispositives Kollisionsrecht im prozessualen Kontext. 2005.

Band 116 Jürgen Görtz: Die subjektiven Grenzen der Rechtskraft US-amerikanischer Urteile. 2005.

Band 117 Vera Hoppe: Die Einbeziehung ausländischer Beteiligter in US-amerikanische class actions. Unter Berücksichtigung des Class Action Fairness Act 2005. 2005.

Band 118 Silke Pütz: Parteiautonomie im internationalen Urhebervertragsrecht – Eine rechtsdogmatische und rechtspolitische Betrachtung der Grenzen freier Rechtswahl im internationalen Urhebervertragsrecht unter besonderer Berücksichtigung des neuen deutschen Urhebervertragsrechts. 2005.

Band 119 Alice Nieroba: Die europäische Rechtshängigkeit nach der EuGVVO (Verordnung (EG) Nr. 44/2001) an der Schnittstelle zum nationalen Zivilprozessrecht. 2006.

Band 120 Jan Kayser: Alternative Formen gerichtlicher und außergerichtlicher Streitbeilegung im deutschen und französischen Zivilprozess. Les modes alternatifs judiciaires et extrajudiciaires de résolution des conflits en procédure civile allemande et française. 2006.

Band 121 Mirko Ehrich: Der internationale Anwendungsbereich des deutschen und französischen Rechts gegen irreführende Werbung. Freie Wahl von Form und Mittel, Rom II und Herkunftslandprinzip. 2006.

Band 122 Daniel Thelen: Die Haftung des Sekundärschädigers für Gewalttaten anderer im US-amerikanischen Deliktsrecht ausgehend von dem Problem rechtsextremistisch motivierter Gewalttaten. 2006.

Band 123 Anne Winterling: Die Entscheidungszuständigkeit in Arbeitssachen im europäischen Zivilverfahrensrecht. 2006.

Band 124 Sarah Gerling: Die Gleichstellung ausländischer mit inländischen Vollstreckungstiteln durch die Verordnung zur Einführung eines Europäischen Vollstreckungstitels für unbestrittene Forderungen. Im Vergleich zum bisherigen Recht und zur Rechtslage in den USA. 2006.

Band 125 Christian Bank: Präventivmaßnahmen börsennotierter Gesellschaften zur Abwehr feindlicher Übernahmeversuche in Deutschland und Großbritannien. Eine rechtsvergleichende Untersuchung des deutschen und britischen Rechts unter Berücksichtigung der Europäischen Übernahmerichtlinie. 2006.

Band 126 Christian Weis: Kaufrechtliche Gewährleistung und Garantievergabe in Deutschland und Spanien. Unter besonderer Berücksichtigung des Unternehmenskaufs. 2006.

Band 127 Emilio Maus Ratz: Der Nacherfüllungsanspruch nach UN-Kaufrecht. Im Lichte der deutschen, spanisch-mexikanischen und US-amerikanischen Rechtswissenschaft. 2006.

Band 128 Constanze Jacobs: Die Sachmängelgewähr im deutschen und belgischen Kaufrecht nach Umsetzung der Verbrauchsgüterkauf-Richtlinie. 2006.

Band 129 Ulrike Teichert: Lückenfüllung im CISG mittels UNIDROIT-Prinzipien – Zugleich ein Beitrag zur Wählbarkeit nichtstaatlichen Rechts. 2007.

Band 130 Sascha Reichardt: Internationale Zuständigkeit im Gerichtsstand der unerlaubten Handlung bei Verletzung europäischer Patente. 2006.

Band 131 Bilgehan Cetiner: Die Sachmängelhaftung des Verkäufers im UN-Kaufrecht und im neuen deutschen Schuldrecht. Eine rechtsvergleichende Studie. 2006.

Band 132 Jan Streer: Die Umsetzung der Verbrauchsgüterkaufrichtlinie im englischen Recht durch die Sale and Supply of Goods to Consumer Regulations 2002. 2007.

Band 133 Kathrin Wannenmacher: Einstweilige Maßnahmen im Anwendungsbereich von Art. 31 EuGVVO in Frankreich und Deutschland: Eine Betrachtung ausgesuchter Verfahren des einstweiligen Rechtsschutzes im internationalen Zivilverfahrensrecht – gerichtliche Zuständigkeit, Anerkennung und Vollstreckung. 2007.

Band 134 Wim Kreytenberg: Die individuelle Schwerpunktbestimmung internationaler Schuldverträge nach der Ausweichklausel des Artikel 4 Absatz 5 Satz 2 EVÜ. Ein Beitrag zur Förderung von Rechtssicherheit und Einzelfallgerechtigkeit im europäischen Kollisionsrecht der Schuldverträge. 2007.

Band 135 Nikolaus Geiben: Der Vorvertrag im Internationalen Privatrecht. Unter besonderer Berücksichtigung des Immobilienerwerbs im portugiesischen und brasilianischen Recht. 2007.

Band 136 Predrag Maksimovic: Der Kapitalschutz im europäischen, serbischen und deutschen Recht der Gesellschaft mit beschränkter Haftung. 2007.

Band 137 Alexander Rathenau: Die Anwendung des EuGVÜ durch portugiesische Gerichte unter Berücksichtigung des autonomen internationalen Zivilverfahrensrechts. 2007.

Band 138 Matthias Creydt: Die Besicherung von Weltraumvermögenswerten. Ein neues einheitliches internationales Sicherungsrecht und dessen Vergleich zum US-amerikanischen Mobiliarsicherungsrecht. 2007.

Band 139 Oliver Borkhardt: Registerpublizität und Kollisionsrecht besitzloser Mobiliarsicherheiten nach dem neuen Art. 9 UCC. 2007.

Band 140 Jens Engelmann-Pilger: Deliktische Haftung für das Fehlverhalten Dritter im Common Law. 2007.

Band 141 Bastian Rotmann: Der Schutz des Dritten in der europäischen Mobiliarzwangsvollstreckung. Eine rechtsvergleichende Untersuchung vor dem Hintergrund der Verordnung (EG) Nr. 805/2004 zur Einführung eines Europäischen Vollstreckungstitels für unbestrittene Forderungen. 2007.

Band 142 Oliver Ratzel: Die Präklusion isolierter Unterhaltsverfahren durch den ausländischen Scheidungsverbund. Zugleich ein Beitrag zur internationalen Verbundszuständigkeit im Lichte der Quellenveränderung. 2007.

Band 143 Bettina Maria Stade: Die Konstitutionalisierung des Zivilprozessrechts in Spanien und Deutschland vor dem Hintergrund der Europäisierung des Zivilprozessrechts. 2007.

Band 144 Julia El-Bitar: Der deutsche und der französische Kulturgüterschutz nach der Umsetzung der Kulturgüterrückgaberichtlinie. Eine materiellrechtliche und kollisionsrechtliche Untersuchung. 2007.

Band 145 Aris Kaschefi: Sachmängelhaftung im französischen Kaufrecht vor und nach Umsetzung der Verbrauchsgüterkaufrichtlinie. Mit rechtsvergleichenden Hinweisen zum deutschen Recht unter besonderer Berücksichtigung von Weiterfressersachverhalten. 2007.

Band 146 Isabel Roth: Die internationale Zuständigkeit deutscher Gerichte bei Persönlichkeitsrechtsverletzungen im Internet. 2007.

Band 147 Theresa Wilhelmi: Das Weltrechtsprinzip im internationalen Privat- und Strafrecht. Zugleich eine Untersuchung zu Parallelitäten, Divergenzen und Interdependenzen von internationalem Privatrecht und internationalem Strafrecht. 2007.

Band 148 Alice Halsdorfer: Privat- und kollisionsrechtliche Folgen der Verletzung von Kulturgüterschutznormen auf der Grundlage des UNESCO-Kulturgutübereinkommens 1970. 2008.

Band 149 Thomas Müller-Froelich: Der Gerichtsstand der Niederlassung im deutsch-amerikanischen Rechtsverkehr. Eine Untersuchung zu Fragen der Entscheidungs- und Anerkennungszuständigkeit. 2008.

Band 150 Christopher Luhn: Privatautonomie und Inhaltskontrolle von Eheverträgen. Ein kritischer Vergleich des deutschen und des australischen Rechts mit Bezügen zum Internationalen Privatrecht. 2008.

Band 151 Kristin Kohler: Die grenzüberschreitende Verbraucherverbandsklage nach dem Unterlassungsklagengesetz im Binnenmarkt. 2008.

Band 152 Dorothee Maria Kaulen: Die Anerkennung von Gesellschaften unter Artikel XXV Abs. 5 S. 2 des deutsch-US-amerikanischen Freundschafts-, Handels- und Schifffahrtsvertrags von 1954. 2008.

Band 153 Birka Vanessa Stroschein: Parteizustellung im Ausland. Eine systemvergleichende Untersuchung des Gemeinschafts- und Staatsvertragsrechts unter Einbeziehung des deutschen, französischen, englischen und US-amerikanischen Zustellungsrechts. 2008.

Band 154 Nancy Gruschinkse: Das europäische Kollisionsrecht der Aufrechnung unter besonderer Beachtung des Insolvenzfalles. 2008.

Band 155 Hans-Christian Frick: Sprachrisiko im Zeitalter des Ethnomarketings. US-amerikanische Erfahrungen und europäische Rechtsentwicklung. 2009.

Band 156 Stephan Mangold: Verbraucherschutz und Kunstkauf im deutschen und europäischen Recht. 2009.

Band 157 Robert Beier: Die gesetzlichen Rechte des überlebenden Ehegatten nach dem deutschen und spanischen Kollisionsrecht. Unter besonderer Berücksichtigung der *viudedad aragonesa*. 2009.

Band 158 Julia-Marie Oppermann: Internationale Handelsschiedsgerichtsbarkeit und Verjährung. 2009.

Band 159 Stephan Boese: Strukturprinzipien im Gläubigerschutz. Eine rechtsvergleichende Untersuchung zur GmbH und zur englischen Limited Company. 2009.

Band 160 Thomas Rosa: Das Kaufrecht nach dem Zivilgesetzbuch der Tschechischen und Slowakischen Republik. Eine rechtsvergleichende Darstellung im Lichte des deutschen Bürgerlichen Gesetzbuches. 2009.

Band 161 Roland Weis: Rechnungslegungspflichten von EU-Scheinauslandsgesellschaften im Land ihrer tatsächlichen wirtschaftlichen Betätigung. Insbesondere im Hinblick auf in Deutschland tätige englische Limiteds. 2009.

Band 162 Henning Frase: "Leoninische Vereinbarungen" und Ergebnisbeteiligungspflicht im deutschen und italienischen Gesellschaftsrecht. Zum *patto leonino* des italienischen Rechts und möglichen Entsprechungen im deutschen Recht. 2010.

Band 163 Christiane Tödter: Europäisches Kindschaftsrecht. Nach der Verordnung (EG) Nr. 2201/ 2003. 2010.

Band 164 Edda Gampp: *Perpetuatio fori internationalis* im Zivilprozeß und im Verfahren der freiwilligen Gerichtsbarkeit. 2010.

Band 165 Mei Wu: Die Reform des chinesischen Beweisrechts vor dem Hintergrund deutscher und US-amerikanischer Regelungsmodelle. 2010.

Band 166 Corina Leimert: Stand und Entwicklung des italienischen Rechts der Unternehmenszusammenschlüsse (gruppi di società / gruppi di imprese). 2010.

Band 167 Kasim Özen: Die Scheidungsgründe im türkischen Zivilgesetzbuch. 2010.

Band 168 Helena Isabel Maier: Marktortanknüpfung im internationalen Kartelldeliktsrecht. Eine internationalzuständigkeits- und kollisionsrechtliche Untersuchung unter Einbeziehung rechtsvergleichender Überlegungen zum englischen Recht. 2011.

Band 169 Thomas Spernat: Die gleichgeschlechtliche Ehe im Internationalen Privatrecht. Unter besonderer Berücksichtigung des Einflusses des EG-Vertrags. 2011.

Band 170 Max Johann Lipsky: Statutenwechsel im italienischen Sachenrecht – Auswirkungen auf den Im- und Export von Mobiliarsicherheiten. Eine Untersuchung der rechtlichen Beständigkeit dinglicher Kreditsicherheiten im deutsch-italienischen Rechtsverkehr. 2011.

Band 171 Silvia Karolina Seilstorfer: Die Umsetzung der Verbrauchsgüterkaufrichtlinie in Portugal mit rechtsvergleichenden Hinweisen zum deutschen Recht. 2011.

Band 172 Stephan Georg Knöchel: Anerkennung französischer Urteile mit Drittbeteiligung. Eine Untersuchung der Anerkennung von Drittbindungswirkungen nach der EuGVVO und autonomem deutschem Recht. 2011.

Band 173 Kristina Menzel: Vollstreckungsschutz zugunsten privater Altersvorsorge. Eine rechtsvergleichende Untersuchung zum deutschen und schweizerischen Recht. 2011.

Band 174 Manuela Krach: Scheidung auf Mexikanisch. Das materielle Recht der Scheidung im Mehrrechtsstaat Mexiko unter Berücksichtigung von Eheschließung und Ehewirkungen. 2011.

Band 175 Vanessa Sofia Wagner: Verkehrsschutz beim redlichen Erwerb von GmbH-Geschäftsanteilen. Ein Vergleich des Rechts für Gesellschaften mit beschränkter Haftung in Deutschland, England und Italien. 2011.

Band 176 Alexander Swienty: Der Statutenwechsel im deutschen und englischen internationalen Sachenrecht unter besonderer Betrachtung der Kreditsicherungsrechte. 2011.

Band 177 Kathrin Süß: Streitbeilegungsmechanismen im Verbraucherrecht. Unter besonderer Berücksichtigung der australischen Rechtsordnung. 2011.

Band 178 Efe Direnisa: Die materielle Rechtskraft im deutschen und türkischen Zivilverfahrensrecht. 2012.

Band 179 Julia Faenger: Leistungsunabhängige Nebenpflichten zum Schutz des Integritätsinteresses im deutschen und französischen Recht. Eine rechtsvergleichende Betrachtung ausgehend von den Rücksichtspflichten des § 241 Abs. 2 BGB. 2012.

Band 180 Dorothea Heine: Das Kollisionsrecht der Forderungsabtretung. UNCITRAL-Abtretungskonvention und Rom I-Verordnung. 2012.

Band 181 Lisa B. Möll: Kollidierende Rechtswahlklauseln in Allgemeinen Geschäftsbedingungen im internationalen Vertragsrecht. 2012.

Band 182 Jutta Jasmin Uusitalo: Einbeziehung von AGB im unternehmerischen Geschäftsverkehr zwischen Deutschland und Finnland. 2012.

Band 183 Darya Alikhani Chamgardani: Der Allgemeine Teil des iranischen Schuldvertragsrechts. Im Spannungsverhältnis zwischen rezipiertem französischen und traditionellem islamischen Recht. 2013.

Band 184 Volker Anton: Aktuelle Entwicklungen des Bankgeheimnisses im Rechtsvergleich unter besonderer Berücksichtigung seiner exterritorialen Wirkungen. Deutschland, Luxemburg, Österreich, Schweiz und Liechtenstein. 2013.

Band 185 Charlotte Wilhelm: Die Regelung der Geld- und Warenkreditsicherheiten nach dem deutschen Recht im Vergleich zum Draft Common Frame of Reference (DCFR). 2013.

Band 186 Michael Nehmer: Erbunwürdigkeit und Elternunterhalt im Internationalen Privatrecht. Eine historisch-rechtspolitische Betrachtung. 2013.

Band 187 Pınar Şamiloğlu-Riegermann: Türkisches und deutsches Vertragshändlerrecht im Rechtsvergleich. 2014.

Band 188 Elvan Er: Realsicherheiten des türkischen Mobiliarsachenrechts. Eine Darstellung des geltenden türkischen Rechts unter vergleichender Berücksichtigung des deutschen und schweizerischen Kreditsicherungsrechts. 2014.

Band 189 Maya Mandery: Party Autonomy in Contractual and Non-Contractual Obligations. A European and Anglo-Common Law perspective on the freedom of choice of law in the Rome I Regulation on the law applicable to contractual obligations and the Rome II Regulation on the law applicable to non-contractual obligations. 2014.

Band 190 Gregor Nikolas Rutow: Rechtsvergleich über die Zulässigkeit von Haftungsausschlüssen, Haftungsbeschränkungen und pauschaliertem Schadensersatz in einzelnen arabischen Rechtsordnungen. 2014.

Band 191 Christoph Rödter: Das Gesellschaftskollisionsrecht im Spannungsverhältnis zur Rom I- und II-VO. Eine Untersuchung zur Reichweite des Gesellschaftsstatuts in Abgrenzung zu den Kolligionsregeln der Rom I- und II-VO. 2014.

Band 192 Melanie Kaspers: Die gemischten und verbundenen Verträge im Internationalen Privatrecht. 2015.

www.peterlang.com

www.ingramcontent.com/pod-product-compliance
Ingram Content Group UK Ltd.
Pitfield, Milton Keynes, MK11 3LW, UK
UKHW022101051026
15623UKWH00003B/600

9 783631 665886